Altruisme & Droit

Le droit aujourd'hui

La collection « Le droit aujourd'hui » regroupe des études juridiques concernant des problèmes d'actualité nationale et internationale, dans divers domaines (éthique, politique, questions de société…).

Déjà parus

Cristina Elena POPA TACHE, *Le dynamisme du droit international public contemporain et la transdisciplinarité,* 2023.
Charles COLOMAR, *Le droit de l'art en question(s). 20 réponses juridiques sur des thématiques artistiques*, 2023.
Marcel Yannick MISONGUI, *La protection juridictionnelle par la Cour de justice dans l'ELSJ et la PESC après le Brexit*, 2023.
François CAMPAGNOLA, *Précis de droit de l'énergie*, 2023.
Sébastien DEMAY, *La charge de travail à l'ère du numérique*, 2023.
Meganne NATALI, *Le droit international face au trafic illégal de biodiversité sauvage,* 2023.
Rahma BENTIROU MATHLOUTHI (dir.), *Proportionnalité, droits fondamentaux et juge, Proportionality, fundamental rights and judges*, 2023.
Aécio Filipe COELHO FRAGA DE OLIVEIRA, *L'exécution des mesures à titre provisoire rendues par un tribunal arbitral situé à l'étranger*, 2022.
Naivi CHIKOC BARREDA, *Succession internationale et dispositions spéciales de la lex rei sitae. Contribution à l'étude de l'impérativité internationale en matière successorale*, 2022.
Boris BARRAUD, *Éthique de l'intelligence artificielle*, 2022.
Boris BARRAUD, *Dignité, liberté, égalité*, 2022.
Boris BARRAUD, *Humanisme et intelligence artificielle*, 2022.
Michel BOUDJEMAÏ, *La territorialisation de l'aide sociale légale*, 2022.
Carine VAYSSE, *La théorie générale du contrat administratif*, 2022.
Thomas LARDEUX, *La sécurité juridique et le contentieux international des investissements*, 2021.
Coffi Dieudonné ASSOUVI, *L'influence du droit international des changements climatiques sur le droit de l'environnement de l'Union européenne*, 2021.
Zohra Aziadé ZEMIRLI, *Le statut juridique des non-musulmans en Algérie. L'exemple des évangéliques et des ahmadis,* 2020.

Sous la direction de
Claire Borrel, Loïc Pelissier
et Abélisse Pinchon

Altruisme & Droit

L'Harmattan

Du même auteur :

S. HORTALA, C. HASSOUN, A. CHARPY et V. GARCIA (Dir.), *Désir(s) et droit*, Colloque de l'ADIDP, 19 oct. 2017, PU Toulouse, 2017.

A. CHARPY, R. SEBAL, C. REVET et V. GARCIA (Dir.), *Jeu(x) et droit(s),* Colloque de l'ADIDP, 25 oct. 2018, L'Epitoge, 2019.

C. POURLIER-CUCHERAT, C. REVET, R. SEBAL et N. TORZ-DUPUIS (Dir.), *Mixité et droit(s),* Colloque de l'ADIDP, 18 oct. 2019, L'Epitoge, 2022.

5-7, rue de l'École-Polytechnique, 75005 Paris

http://www.editions-harmattan.fr

ISBN : 978-2-336-40383-0
EAN : 9782336403830

Les présentes contributions ont été réunies à l'occasion du colloque de l'Association des Doctorants de l'Institut de Droit Privé (ADIDP) du 24 novembre 2022 à l'Université Toulouse Capitole

SOMMAIRE

PROPOS INTRODUCTIFS

Jérôme Julien

Professeur à l'Université Toulouse Capitole

Institut de droit privé

Il est toujours agréable, pour un Professeur et ancien directeur de l'Institut de droit privé, d'ouvrir la journée de colloque organisée par l'Association des doctorants de son laboratoire de recherche, car cette manifestation est la marque du dynamisme et de l'implication de jeunes chercheurs. Il faut donc en remercier les organisateurs, et les participants, qui s'inscrivent dans une histoire qui commence à être longue. Après avoir inauguré cet exercice en 2017 avec un colloque intitulé *Désir(s) et Droit*, l'Association des doctorants de l'Institut de droit privé le poursuivit en 2018, avec *Jeu(x) et Droit(s)*, et en 2019 avec *Mixité et Droit*. La crise sanitaire conduisit à faire ensuite une pause, mais voici que ces rencontres sont de retour avec un thème tout aussi passionnant : *Altruisme et Droit*.

De prime abord, le thème pourrait paraître singulier dans la mesure où la règle de droit apparait souvent comme un instrument de résolution des conflits. Et qui dit conflit dit antagonisme d'intérêts, ce qui semble bien éloigné de l'altruisme… Le *Dictionnaire de l'Académie française* en donne la définition suivante : « *disposition à se soucier d'autrui de façon désintéressée* ». Dans un second sens, philosophique, il s'agit de la « *doctrine qui assigne comme but à la conduite morale l'intérêt de nos semblables, en tant que tel* », par opposition à l'égoïsme, l'hédonisme ou encore l'utilitarisme. Ainsi, l'altruisme se caractérise par un regard tourné vers l'autre, et sans rechercher son propre intérêt. Appliquée à la règle juridique, cette définition semble à la fois correcte et surprenante. Correcte, elle l'est en ce sens que le droit ayant vocation à organiser les rapports sociaux, la prise en compte de l'autre lui semble inhérente. La relation sociale ne s'entend, par nature, que dans la perspective d'un lien avec autrui.

En revanche, l'aspect désintéressé peut apparaître, de prime abord, plus surprenant. L'homme n'est-il pas, en effet, fondamentalement autocentré, et ne poursuit-il pas, dans ses relations avec les autres, la recherche de la satisfaction d'intérêts égoïstes ? S'il est bien entendu capable d'aussi nobles sentiments, ceux-ci ne sont-ils pas, presque par nature, a-juridiques ? Pour le dire autrement, le droit reconnait-il l'altruisme, le protège-t-il, voire le promeut-il ? Il y a dans la proposition quelque chose de presque contre-intuitif. Agir dans l'intérêt d'autrui, et non du sien, voire être au service d'autrui paraîtrait ainsi presque contraire à la nature profonde de l'individu. L'homme n'est-il pas un loup pour lui-même, et la règle de droit n'a-t-elle pas pour fonction de le protéger contre ses instincts naturels, par l'organisation de la société, l'édiction de règles qui sont autant de contraintes destinées à encadrer, et à sanctionner, dans un but de protection ? En somme, l'altruisme serait du ressort de la morale de chacun, de son for intérieur, mais pas de celui des règles juridiques.

Il y aurait là, pourtant, une erreur de perspective. Il faut bien avouer que les études de droit conduisent presque naturellement à avoir une vision pessimiste de la société car, finalement, c'est au travers des décisions de justice, et donc du contentieux, que le droit semble se révéler à nous. Le juge tranche un conflit, découlant évidemment d'une opposition d'intérêts. Dans ce cas, la prise en considération des intérêts de l'autre, de manière désintéressée, semble bien éloignée. Mais ce prisme, incontournable, n'en est pas moins déformant. Le droit ne se résume pas au fait de trancher un différend, et c'est même paradoxalement lorsque le juge applique la règle de droit qu'en même temps il reconnait son impuissance originelle à être naturellement appliquée. Pourtant, et à l'inverse, il faut se garder de tout angélisme : *si vis pacem para bellum* en quelque sorte… Ceci étant dit, la règle de droit est d'abord structurante, et ce n'est qu'à défaut qu'elle devient sanctionnatrice ; elle est d'abord positive, au sens propre du terme. Loin de ne formuler que des interdits – qui existent bien évidemment – elle dit aux individus comment il faut se comporter. Cela est particulièrement vrai pour la règle civile. Et ne voir dans les hommes que des êtres égoïstes, belliqueux et querelleurs serait pour tout dire bien triste. Les bons sentiments ne peuvent tout simplement pas être exclus, car ils font aussi partie de la nature humaine[1]. PORTALIS, dans

---

[1] V. H. LECUYER, L'optimisme *in Mélanges Jacques MESTRE*, LGDJ 2019, p. 617.

le *Discours préliminaire au premier projet de Code civil*, avait magnifiquement résumé cet exercice délicat d'équilibre auquel doit se livrer le législateur, entre réalisme et optimisme : « *c'est un autre principe, que les lois, faites pour prévenir ou pour réprimer la méchanceté des hommes, doivent montrer une certaine franchise, une certaine candeur. Si l'on part de l'idée qu'il faut parer à tout le mal et à tous les abus dont quelques personnes sont capables, tout est perdu.* (...) *Quelques hommes sont si méchants, que, pour gouverner la masse avec sagesse, il faut supposer les plus mauvais d'entre les hommes, meilleurs qu'ils ne sont* ». Par cela s'explique le fait, par exemple, que la bonne foi est toujours présumée[1]. Par conséquent, la règle de droit doit appréhender les individus tels qu'ils sont, avec leurs défauts bien entendu, mais aussi avec leurs qualités. Ainsi, le désintéressement, tourné vers l'autre, ne peut-il être relégué aux limbes de la règle juridique.

Non seulement le droit doit-il reconnaître l'altruisme, mais encore est-il bon qu'il le protège, voire qu'il le promeuve. Que serait, en effet, une société qui découragerait les individus de leurs bonnes actions, désintéressées et tournées vers l'autre ? L'altruisme est sans doute, sans verser dans une poétique béatitude, un liant aussi fort, si ce n'est plus, que l'intérêt personnel. Et, finalement, les manifestations juridiques de l'altruisme sont loin d'être anecdotiques, qu'il s'agisse d'inclinations personnelles et ponctuelles, ou collectives et s'inscrivant dans la durée. Au titre des premières, citons à titre d'exemple l'obligation naturelle, « *devoir de conscience envers autrui* » pour reprendre la formule de l'article 1100 du Code civil, la gestion d'affaires, la convention d'assistance ou encore le – discuté – solidarisme. Au titre des secondes, évoquons simplement l'essor considérable des mouvements associatifs et caritatifs. Autant de manifestations reçues et encadrées par le droit.

Tel est donc le thème de ce beau colloque, organisé autour de deux thématiques complémentaires : les acteurs de l'altruisme d'abord, les pratiques de l'altruisme ensuite. Il s'en dégage un sentiment profond de bienveillance et d'optimisme, à l'image de ce qu'est l'altruisme, qui soutient son destinataire et élève son auteur.

---

[1] Sauf bien entendu lorsque le juge considère possible de renverser cette présomption, comme par exemple pour le vendeur professionnel s'agissant des vices cachés de la chose vendue.

PREMIERE PARTIE : LES ACTEURS DE L'ALTRUISME

TITRE 1 : LES ACTEURS INDIVIDUELS DE L'ALTRUISME

Altruisme et relation contractuelle

Claire BORREL,

Doctorante contractuelle de l'Institut de Droit Privé, Université Toulouse Capitole

Introduit dans la langue française avec les travaux d'Auguste Comte[1], l'altruisme renvoyait dans les années 1850 à un idéal quasi-religieux du « vivre pour autrui », construit en opposition à l'égoïsme. Aujourd'hui, il désigne « la disposition à se soucier d'autrui de façon désintéressée »[2] et se rapproche de nombreux autres termes : charité, générosité, bienfaisance… À plus grande échelle, l'on parle également de philanthropie. Dans un rapport remis au Premier ministre en février 2020, mesdames les députées El Haïry et Moutchou ont brossé le portrait de la « philanthropie à la française » moderne. La philanthropie y est ainsi présentée comme le pendant « laïc et scientifique » de la charité chrétienne, une valeur mise en avant au XVIIIe siècle. Les conflits du XXe siècle n'ont pas permis de développer plus en avant les initiatives philanthropiques privées et c'est bien l'État qui s'est retrouvé le principal ingénieur de l'intérêt général. Cet État dit « providence » connaît cependant une période de crise qui fait espérer un retour des actions privées. Le rapport œuvre à l'établissement d'une philanthropie du quotidien, favorisée par divers instruments juridiques français. Les propositions s'axent ainsi autour des fondations, du droit des libéralités et des successions.

Bien qu'il n'existe pas de définition juridique de l'altruisme ou de la philanthropie, la loi a pu consacrer la figure du mécénat depuis 1989 qui désigne le « soutien matériel apporté, sans contrepartie directe de la part du bénéficiaire, à une œuvre ou à une personne pour l'exercice

---

[1] A. Comte, *Système de politique positive ou traité de sociologie positive instituant la religion de l'Humanité*, 4 vol., 1851-1854.

[2] Dictionnaire de l'Académie française, 9e éd., en ligne.

d'activités présentant un intérêt général »[1]. L'étude du contenu des notions de philanthropie et de mécénat révèle que l'on s'intéresse ici à l'action bienfaisante d'acteurs privés envers l'intérêt général et une première interrogation surgit alors : agir dans l'intérêt général, est-ce réellement de l'altruisme ? L'intérêt général, pourrait-on le formuler ainsi, sert tout le monde et personne à la fois et en ce sens, il est inévitable que le philanthrope ou le mécène bénéficie de répercussions positives[2]. Dans le rapport précédemment mentionné, les autrices ont mis en avant la dynamique « fédérative et visible » de la philanthropie. L'action par les acteurs privés dans l'intérêt des autres a ici un caractère ostensible.

L'altruisme serait-il alors réservé à la relation horizontale entre un acteur privé qui vient agir, non dans l'intérêt général, mais dans l'intérêt d'une seule personne ? À défaut de pouvoir cerner définitivement la notion, l'hypothèse de travail de la présente contribution sera celle de l'altruisme entre deux personnes privées. Il peut paraître incongru de chercher à appréhender une telle relation du point de vue du droit des obligations qui vient régir le lien unissant deux personnes en vertu duquel l'une – créancière – est fondée à demander à l'autre – débitrice – l'exécution d'une prestation. Ainsi, par principe et *a fortiori* en droit des contrats, si une personne agit pour une autre, c'est en exécution de son propre engagement et au moyen d'un instrument juridique conçu pour satisfaire tous les intérêts en présence.

Malgré ce prompt antagonisme, force est de constater que la matière comporte certaines terminologies qui peuvent suggérer un rapprochement avec l'altruisme : l'ancien contrat de bienfaisance, l'assistance bénévole, l'intention de gratifier ou encore la gestion des affaires d'autrui. La présente contribution s'axera sur l'étude de deux figures : le prêt à usage et la convention d'assistance bénévole. Pour la première, il est question de ce que la doctrine qualifie très couramment d'un « service d'ami » ; il est intéressant d'examiner le lien entre le caractère gratuit de l'opération et l'altruisme supposé du prêteur et notamment l'influence de la nature de ce contrat sur son régime. La

---

[1] Arrêté du 6 janvier 1989 relatif à la terminologie économique et financière, JO du 31 janvier 1989.

[2] Au rang desquelles figure *a minima* la réduction d'impôts pour le mécénat d'entreprise, voir CGI., art. 238 bis.

question est d'autant plus pertinente qu'un avant-projet de réforme des contrats spéciaux vient très récemment de proposer un enrichissement des dispositions sur le contrat de prêt, enrichissement qui permet de nourrir le dialogue entre altruisme, prêt à usage et gratuité contractuelle. La seconde figure envisagée présente, du fait de son intitulé, un lien sans doute plus apparent avec le sujet. Exemple d'œuvre prétorienne par excellence, la convention d'assistance bénévole est venue encadrer l'aide ponctuelle apportée à une personne, notamment dans le cas où l'assistant était victime d'un dommage. La thématique a déjà fait couler beaucoup d'encre, pour autant la convention d'assistance ne cesse d'être employée en jurisprudence, en témoigne un arrêt rendu sur ce fondement le 5 janvier 2022 qui sera ultérieurement présenté.

La question se pose alors de savoir quel rôle peut jouer l'altruisme dans la mise en œuvre de dispositifs contractuels. La sélection de ces deux axes d'étude permet de faire ressortir une dynamique double. Tantôt l'altruisme paraît *anticipé* par le droit qui prévoit – avec le prêt à usage – une figure contractuelle à laquelle on associe *ab initio* un esprit de bienfaisance (I). Tantôt en revanche l'altruisme se retrouve *rattrapé* par le droit qui doit alors trouver – comme l'illustre la convention d'assistance – un juste équilibre dans la balance des intérêts de l'altruiste et du bénéficiaire (II).

I- L'altruisme anticipé par le droit : le cas du contrat de prêt, entre continuité et transformation

Le prêt à usage est une figure contractuelle marquée par une certaine mutation. En effet, dans une approche classique, la gratuité de l'opération apparaît comme un gage de comportement altruiste du prêteur et influe ainsi sur le régime juridique applicable au contrat (A). Toutefois, sous l'influence de la pratique du prêt à usage – notamment en matière commerciale – une distance est prise avec cet altruisme supposé, distance qui se manifeste par la proposition d'un nouveau critère de qualification : le caractère intéressé du prêt à usage (B).

A) L'approche classique du prêt à usage : la gratuité, manifestation supposée de l'altruisme et fondement d'un régime favorable au prêteur

Héritier du commodat de droit romain – du latin *commodatum*, *commodare* qui signifie prêter – et qualifié de « petit contrat » par le juriste Troplong[1], le prêt à usage est aujourd'hui largement considéré par la doctrine comme un « service d'ami ». L'actuel article 1875 du Code civil en pose la définition : « Le prêt à usage est un contrat par lequel l'une des parties livre une chose à l'autre pour s'en servir, à la charge par le preneur de la rendre après s'en être servi ». Du point de vue de la typologie des contrats telle qu'elle résulte de la réforme du droit des obligations opérée par l'ordonnance n° 2016-131 du 10 février 2016, le prêt à usage est un contrat réel, unilatéral[2] et « essentiellement à titre gratuit »[3].

Le caractère gratuit de ce contrat constitue le noyau de la présente contribution. Il permet en premier lieu de distinguer le prêt à usage du louage de choses au sujet duquel l'article 1708 du Code civil dispose qu'il s'agit d'un « contrat par lequel l'une des parties s'oblige à faire jouir l'autre d'une chose pendant un certain temps et moyennant un certain prix que celle-ci s'oblige de lui payer ». La finalité entre les deux contrats est la même : le propriétaire d'une chose concède un droit de jouissance sur son bien à une autre personne pendant un certain temps mais dans le premier cas, l'emprunteur ne paiera aucune contrepartie alors que dans le second, il sera redevable d'une somme d'argent. La gratuité du prêt à usage offre ainsi l'occasion de s'interroger sur la nature du geste consenti par le prêteur : le fait qu'il n'obtienne aucune contrepartie pourrait-il faire de ce contrat une manifestation altruiste ?

---

[1] Cité par C. Mauro, « Permanence et évolution du commodat », *Defrénois*, 2000, n° 18, p. 1024.

[2] L'on rencontre également la qualification de « synallagmatique imparfait » ; l'obligation principale est certes seulement à la charge de l'emprunteur (la restitution) mais le prêteur a également des obligations (laisser l'usage libre de la chose ou rembourser les dépenses extraordinaires).

[3] C. civ., art. 1876.

Il apparaît alors nécessaire de s'arrêter un instant sur la notion de gratuité dans le contrat. En droit commun, le contrat à titre gratuit désigne celui dans lequel « l'une des parties procure à l'autre un avantage sans attendre ni recevoir de contrepartie »[1]. Le terme utilisé en 1804 paraît plus révélateur quant à l'esprit que les rédacteurs prêtaient à cette figure contractuelle : l'on parlait en effet de « contrat de bienfaisance ». Le vocable de « bienfaisance » se rapproche ainsi des notions de générosité et de charité en ce qu'il désigne « une action de faire du bien dans un intérêt social »[2]. Quant au terme d'altruisme, il a été vu lors de l'introduction qu'il s'agit d'une disposition à agir dans l'intérêt d'autrui sans pour attendre une contrepartie pour récompenser son geste. Dès lors la gratuité saurait-elle être assimilée à l'altruisme ?

L'altruisme se construit en deux temps : une action dans le souci de l'intérêt de l'autre (une donnée plutôt subjective) et une absence de récompense (une donnée objective ici). La gratuité quant à elle, tend à s'analyser principalement du point de vue objectif : l'absence de contrepartie, comme il découle de l'article 1107 du Code civil, point de vue hérité du droit romain[3]. Pour autant une partie de la doctrine avait proposé d'adjoindre à la gratuité une dimension plus subjective, l'une des parties au contrat agissant dans un but désintéressé[4]. D'une part cependant, l'éventuel but désintéressé dans la gratuité ne s'accorde pas parfaitement avec l'intérêt porté à l'intérêt d'autrui dans l'altruisme : ne pas se soucier de son intérêt et se soucier activement de celui de l'autre sont deux choses différentes. D'autre part, l'adjonction du caractère intéressé ou désintéressé témoigne du réel effort entrepris par la doctrine pour tenter d'enrichir et de préciser la notion de gratuité au regard des termes apparemment voisins comme la bienfaisance ou la charité. Si cet ajout apparaît aujourd'hui opportun, à la lumière de la proposition de réforme des contrats de spéciaux dont les dispositions concernant le prêt à usage seront envisagées ultérieurement, il n'en

---

[1] C. civ., art. 1107.

[2] Le Robert, dictionnaire en ligne.

[3] Selon les travaux de l'historien et Professeur Jacques-Henri Michel, cité par D. Guével, « La gratuité intéressée : oxymore d'avenir », *Mélanges G. Goubeaux*, Dalloz LGDJ-Lextenso, 2009, p. 231.

[4] P. Voirin et G. Goubeaux, *Droit civil*, t. 1, *Personnes, famille, personnes protégées, biens, obligations, sûretés*, LGDJ, 31e éd., 2007, n° 851, p. 384.

demeure pas moins que le droit positif ne semble pas consacrer de dimension subjective dans la caractérisation de la gratuité en droit des contrats. Partant, une assimilation complète avec l'altruisme est impossible.

Il n'en demeure pas moins que l'examen du régime juridique du contrat de prêt à usage laisse entrevoir une certaine faveur envers le prêteur, l'esprit de bienfaisance « domine son régime juridique » et explique « les nombreuses dérogations au droit commun des obligations »[1]. Au titre de ces règles juridique favorables, il est opportun de signaler l'obligation de l'emprunteur de sauver en priorité le bien du prêteur et non le sien en cas d'événement fortuit[2], l'absence de droit de rétention de l'emprunteur dans le cas où le prêteur est tenu de lui rembourser une somme[3] ou encore la responsabilité du prêteur limitée aux seuls défauts dont il avait connaissance[4]. Il semble alors que la gratuité de l'opération – prise seulement dans l'absence de contrepartie objective – emporte une sorte de présomption d'action charitable, altruiste. Dans sa renonciation à obtenir un avantage, le prêteur fait preuve de bonne grâce (faudrait-il en déduire que le désintérêt se confond avec l'absence de contrepartie ?) et cette attitude n'est pas ignorée par le droit. Parce que le prêteur n'obtient rien alors qu'il offre une assistance, il importe que le dispositif juridique vienne remédier à ce déséquilibre consenti afin que le contractuel restât juste pour reprendre la formule de Fouillée. Il s'agit là d'une illustration parfaite des développements du Doyen Cornu[5] : le sentiment honorable du prêteur à titre gratuit n'est pas un élément constitutif de l'acte juridique mais vient fournir « à la règle de droit un fondement lointain et recouvert d'une armature technique ». Ainsi, ce sentiment honorable, quasi altruiste, serait de l'essence même de ce contrat de prêt à usage ; l'on fait une application d'un régime favorable au prêteur en raison de

---

[1] F. Collart Dutilleul et Ph. Delebecque, *Contrats civils et commerciaux*, Dalloz, 11e éd., 2019, n° 595, p. 524.

[2] C. civ., art. 1882.

[3] C. civ., art. 1885.

[4] C. civ., art. 1891.

[5] G. Cornu, « Du sentiment en droit civil », *L'art du droit en quête de sagesse*, PUF, coll. Doctrine juridique, 1998, p. 71.

sa supposée bienveillance sans qu'il ne soit réellement nécessaire de démontrer cette dimension subjective.

La gratuité semble alors sortir de sa dimension purement objective telle qu'inscrite dans le Code civil. Le régime juridique du prêt à usage – et plus largement les traits communs aux contrats à titre gratuit – prêtent à la gratuité des incidences sans doute trop larges. Dans l'analyse terminologique qui en a été faite, gratuité et altruisme ne se recoupent pas. Comme a pu le souligner le Doyen Cornu, « un acte gratuit peut s'accompagner de sécheresse de cœur »[1]. Plus précisément, l'acte gratuit n'est pas systématiquement dépourvu d'intérêt du côté de son auteur, ce dernier pouvant même agir en étant sûr d'obtenir d'une manière plus ou moins lointaine une contrepartie à son action. Dès lors, le régime favorable au prêteur – censé protéger les intérêts de celui qui agit gratuitement et (implicitement donc) de façon désintéressée – ne trouve plus de justification valable. La pratique commerciale du prêt à usage a notamment permis de constater les limites du caractère gratuit comme fondement d'un régime protecteur.

B) La proposition d'un nouveau fondement : le caractère intéressé, rationalisation de l'esprit altruiste

De prime abord le prêt à usage se rencontre dans le cercle privé, il s'agit – on l'a vu – d'un service rendu entre membres d'une famille ou entre amis. C'est la proximité entre les contractants et les enjeux moindres qui ont conduit à le qualifier de « petit contrat ». Le faible impact juridique de ce « service d'ami » explique le contentieux jurisprudentiel et les débats doctrinaux peu fournis.

Le prêt à usage ne s'est cependant pas cantonné au domaine purement civil. Il a en effet été utilisé en matière commerciale, souvent comme un contrat accessoire à une opération onéreuse plus large. La

---

[1] *Ibid.*

pratique fournit ici des exemples classiques : la mise à disposition gratuite des caddies au supermarché ou encore le prêt de cuve aux pompistes. L'analyse de l'opération prise dans son entièreté montre que le prêt, certes consenti à titre gratuit, n'est cependant pas dépourvu d'intérêt pour le prêteur qui, agissant dans le cadre de son activité commerciale, profite de près ou de loin de son geste gratuit. La jurisprudence a pu ainsi adopter deux approches différentes[1] en présence d'un prêt à usage dans le milieu commercial ou au moins professionnel. D'une part, dans certaines affaires, la Cour de cassation a pu procéder à la requalification de l'opération lorsque l'analyse montrait que le prêteur avait bénéficié d'un quelconque avantage[2] ou même lorsque « l'intérêt économique commun des parties » commandait d'opter pour la qualification de location-gérance en lieu et place du commodat[3]. D'autre part, les juges ont retenu une qualification unitaire entre le contrat principal et le prêt accessoire, entraînant l'application unique du régime du contrat principal. Cette seconde approche permettait de mettre de côté les règles favorables au prêteur qui avait agi de façon intéressée, l'illustration la plus marquante étant fournie par le cas des pompistes où la modalité de restitution en nature – de droit en matière de prêt à usage – a été écartée[4].

Telle qu'elle vient d'être présentée, la position jurisprudentielle quant à l'utilisation du prêt à usage dans le monde des affaires témoigne d'une certaine méfiance[5]. Méfiance à l'égard des professionnels qui recherchent avant tout le profit dans l'exercice de leur activité et la doctrine de souligner que tout se passait comme s'il existait une sorte de présomption défavorable[6] envers les acteurs commerciaux pour lesquels on écarterait l'application du régime du prêt à usage. La

---

[1] C. Mauro, « Permanence et évolution du commodat », *Defrénois*, 2000, n° 18, p. 1024.

[2] Tel fut le cas de la requalification en bail rural dans la mesure où l'emprunteur était tenu au remboursement de la taxe foncière et à la réalisation de travaux d'entretien : Cass., civ., 3e, 7 avr. 1994, *Annales des loyers* 1994. 1156, obs. Y. Lachaud. Cité par C. Mauro, *op.cit.*

[3] Cass. com., 23 mars 1999, n° 97-15000, *LPA.*, 27 avr. 1999, p. 5.

[4] Cass. com., 26 mai 1992, *D.*, 1993. 57, note Ch. Hannoun.

[5] B. Lecourt, « La gratuité et le droit des affaires », *RTD Com.*, 2012, p. 455.

[6] C. Mauro, « Permanence et évolution du commodat », *Defrénois*, 2000, n° 18, p. 1024.

gratuité, prise également avec sa composante implicite de bienfaisance, est ainsi antinomique du commercial et les professionnels l'emploieront dans l'espoir d'attirer la clientèle et d'accroître leur renommée. Dans ce contexte, la gratuité du prêt révèle son insuffisance à fonder un régime favorable censé récompenser une action charitable, la distance d'avec l'altruisme est encore plus évidente. L'expression de « gratuité intéressée » se rencontre alors en doctrine[1] dès la fin des années 90 à la suite de ce constat : tous les contrats à titre gratuit – et partant tous les prêts à usage – ne sont pas conclus dans le même esprit et si aucune contrepartie immédiate n'est prévue, le professionnel, qui ne saurait agir de façon désintéressée, bénéficiera de répercussions positives.

Le rassemblement doctrinal autour de cette qualification supplémentaire relative au caractère intéressé n'a pas été ignoré par l'avant-projet de réforme des contrats spéciaux. Fruit d'un groupe de travail mandaté par la Direction des affaires civiles et du sceau en avril 2022 et présidé par Monsieur le Professeur Philippe Stoffel-Munck, le texte est soumis à la consultation publique depuis juillet 2022. S'agissant en particulier du contrat de prêt, l'objectif des rédacteurs est clairement annoncé : moderniser cette figure contractuelle en tenant spécialement compte du caractère intéressé pour nuancer le régime juridique applicable[2]. La grande nouveauté de l'avant-projet consiste donc en l'ajout d'une nouvelle *summa divisio* en matière de prêt ; outre le maintien de la distinction classique entre prêt à usage et prêt de consommation, le prêt à usage pourrait ainsi être qualifié d'intéressé ou de désintéressé aux termes de l'article 1876 de l'avant-projet. Le même article propose une définition du prêt intéressé, c'est le cas du prêteur qui « agit, au su de l'emprunteur, en vue de l'obtention d'un avantage économique ». Dans l'esprit des rédacteurs, il s'agit ici vraisemblablement d'acter les métamorphoses de cette figure contractuelle en prenant en considération les réalités de la pratique commerciale.

---

[1] À titre d'exemples : D. Guével, « La gratuité intéressée : oxymore d'avenir », *Mélanges G. Goubeaux*, Dalloz LGDJ-Lextenso, 2009, p. 231 ; B. Lecourt, « La gratuité et le droit des affaires », *RTD Com.*, 2012, p. 455 ; C. Bénos, « L'altruisme dans le contrat de prêt à usage », *D.*, 2013, p. 2538.

[2] Présentation des textes sur le contrat de prêt, document disponible en ligne sur http://www.textes.justice.gouv.fr/textes-soumis-a-concertation-10179/la-reforme-du-droit-des-contrats-speciaux-34389.html [consulté le 16 novembre 2022].

La distinction entre le caractère intéressé ou désintéressé ne vient donc pas remplacer l'opposition classique entre le titre onéreux et le titre gratuit mais vient constituer une sous-qualification au sein même des opérations gratuites. Le but est ici d'adjoindre une donnée supplémentaire pour obtenir un régime juridique plus adéquat. En effet, après avoir apporté cette nouvelle définition, l'avant-projet pose des distinctions dans les règles applicables au prêt à usage. Il convient à ce titre de souligner plusieurs dispositions qui illustrent une prise de distance d'avec la faveur contenue dans l'actuel régime. Ainsi la résolution anticipée du prêt pour besoin pressant et imprévu du prêteur n'est possible que pour le prêt désintéressé[1]. L'emprunteur disposerait d'un droit de rétention sur la chose prêtée si le prêteur intéressé lui est redevable d'une somme d'argent[2]. De même, le texte énonce qu'en présence d'un prêt intéressé, « la responsabilité du prêteur est appréciée avec plus de rigueur »[3].

La question se pose de savoir comment l'intérêt du prêteur sera caractérisé. Dans la présentation écrite faite par la Commission, il est indiqué que « l'intérêt du prêteur doit être d'ordre économique » et l'opération doit intégrer un projet économique dont l'emprunteur doit avoir conscience. L'intérêt pour le prêteur constitue en l'obtention d'une contrepartie future incertaine. La doctrine a pu proposer des exemples où l'intérêt pourrait être qualifié : l'espoir d'un gain ou l'anticipation d'une perte[4], l'entretien de l'image d'une entreprise[5] et plus globalement « la seule volonté de bénéficier de répercussions économiques positives »[6]. Si ces données sont en effet de nature à caractériser une démarche intéressée, il importe de souligner que l'emprunteur doit en avoir connaissance, selon le texte de l'avant-projet, afin de qualifier le prêt intéressé. Toutefois le même texte apporte une précision de taille : « le prêt fait par le prêteur dans le cadre de son activité professionnelle est présumé intéressé ». L'on retrouve

---

[1] Art. 1879-1 de l'avant-projet de réforme des contrats spéciaux.
[2] Art. 1885 de l'avant-projet de réforme des contrats spéciaux.
[3] Art. 1891 de l'avant-projet de réforme des contrats spéciaux.
[4] C. Mauro, « Permanence et évolution du commodat », *Defrénois*, 2000, n° 18, p. 1024.
[5] B. Lecourt, « La gratuité et le droit des affaires », *RTD Com.*, 2012, p. 455.
[6] *Ibid.*

ici l'esprit de la position jurisprudentielle précédemment décrite : il règne autour de l'emploi du prêt dans le monde des affaires une sorte de méfiance qui se traduit par cette présomption simple défavorable au prêteur professionnel.

Que révèle cette nouvelle qualification au regard du lien qui peut être fait entre l'altruisme et le prêt à usage ? Il importe de souligner que si l'avant-projet de réforme a énoncé une définition du prêt intéressé, il n'a pas ajouté de mention particulière pour le prêt désintéressé. Dans les commentaires apportés par la Commission il est indiqué que « le prêt est désintéressé par principe » et cela sans qu'il ne soit nécessaire « de sonder le cœur du prêteur pour y rechercher un esprit d'altruisme ». Il semble donc que, s'agissant du prêt désintéressé, l'on en revienne aux développements précédents sur la place du bon sentiment dans la qualification du contrat. L'esprit de bienfaisance ne saurait être un élément de caractérisation *stricto sensu*, il semble qu'il faille implicitement l'inclure du fait de la nature du prêt désintéressé. L'avant-projet a ici le mérite de séparer le bon grain de l'ivraie en ce que le traitement favorable du prêteur n'est plus directement lié à la gratuité de son geste – donc à cette donnée objective d'absence de contrepartie immédiate – mais vient reconnaître une dimension sans doute plus subjective. Là encore il ne faut sans doute pas lier trop hâtivement désintéressement et altruisme ; comme il a été souligné précédemment, l'altruisme est une disposition à se soucier du bien-être d'autrui, or le désintéressement n'implique que le fait de ne pas poursuivre son intérêt personnel. En tout état cause, il est indéniable que cette nouveauté de l'avant-projet de réforme contribue à rationaliser l'empreinte sentimentale que l'on attribue au prêt à usage. La gratuité ne ferait plus tout et la figure du prêt désintéressé contribuerait certainement, à défaut de le consacrer pleinement, au rapprochement entre altruisme et droit des obligations.

L'étude du prêt à usage a permis de voir dans quelle mesure une figure contractuelle pouvait *ab initio* être empreinte d'un certain esprit d'altruisme. Tous les actes de générosité ne sont cependant pas préétablis au sein d'institutions contractuelles. Certains gestes spontanés ne pourront être envisagés par les qualifications contenues dans le Code civil et dans les cas malheureux où, malgré l'esprit charitable d'origine, un incident survient et entraîne un dommage qu'il faut réparer, l'altruisme se retrouve alors rattrapé par le droit qui doit trouver une façon d'appréhender la situation.

II- L'altruisme rattrapé par le Droit : la singulière figure de la convention d'assistance bénévole

S'il est certain que la majorité des gestes altruistes quotidiens demeurent inconnus des prétoires, l'aide bénévole ponctuelle apportée à autrui a néanmoins été à l'origine d'une édification prétorienne des plus remarquables : la convention d'assistance bénévole. Cette figure contractuelle, née d'un impératif d'indemnisation de l'assistant (A), reste fréquemment employée en jurisprudence et le régime dont elle s'accompagne a pu interroger quant à la place faite à l'intention altruiste (B).

A) L'opportunité de la création de la convention d'assistance : la protection de l'altruiste

L'acte d'assistance bénévole offre une autre opportunité d'illustration d'altruisme. L'assistance se définit comme une « aide d'ordre matériel, moral ou physique apportée à une personne en difficulté »[1] tandis que le bénévolat renvoie à ce qui est « désintéressé, fait dans l'intérêt de rendre service »[2]. L'on rencontre aussi en doctrine et en jurisprudence les expressions d'acte de courtoisie et d'acte de complaisance. Avant d'être appréhendé par le droit, l'acte d'assistance est globalement vu comme un « coup de main », un geste spontané qui se manifeste au sein de la sphère amicale ou familiale. Il est admis qu'en

---

[1] G. Cornu, *Vocabulaire juridique*, PUF, 14e éd., 2022.
[2] *Ibid.*

tant que tel, il devrait rester hors de portée de toute règle juridique[1]. Cependant si, comme a pu le souligner Carbonnier, « la vie sociale peut parfaitement fonctionner sans droit, par l'amitié réciproque des individus »[2], la difficulté est toute autre lorsque survient le besoin de réparer le dommage subi par l'assistant. Si dans son principe cette réparation trouve justifiée du point de vue de l'équité ou de la morale[3], la question de son fondement juridique se pose.

Il convient de souligner que le droit français connaît des dispositifs spéciaux venant encadrer l'aide apportée par autrui. C'est ainsi le cas de l'assistance maritime[4], de l'entraide agricole[5] ou encore de la gestion d'affaires[6]. L'étude de ces régimes spéciaux permet toutefois de réaliser que la dimension altruiste n'est pas réellement complète. Il s'agit bien dans ces cas d'un geste fait dans l'intérêt de l'autre mais la personne qui apporte son aide n'entend pas forcément rester appauvrie à la suite de son geste ; c'est la raison pour laquelle ces régimes encadrent la rémunération de l'assistance[7] ou le remboursement des sommes engagées[8]. L'on conçoit aisément que tous les « coups de main » ne relèvent pas de ces fondements spéciaux. L'aide ponctuelle et spontanée entre voisins ou amis et qui n'entraîne aucun incident de parcours restera dans « la nuit paisible du non-droit »[9]. Mais *quid* de l'assistant qui, victime de son dévouement, souhaite obtenir réparation ?

---

[1] F. Stasiak, « Le fondement de la réparation du dommage résultant d'une assistance bénévole au regard des tendances actuelles de la jurisprudence civile », *LPA.*, 1996, n° 87, p. 9.

[2] J. Carbonnier, *Flexible droit, pour une sociologie du droit sans rigueur*, LGDJ, 10e éd., 2001, p. 36.

[3] F. Stasiak, « Le fondement de la réparation du dommage résultant d'une assistance bénévole au regard des tendances actuelles de la jurisprudence civile », *LPA.*, 1996, n° 87, p. 9.

[4] C. transp., art. L.5132-1 et ss.

[5] C. rur., art. L.325-1 et ss.

[6] C. civ., art. 1301 et ss.

[7] C. transp., art. L.5132-3 pour l'assistance maritime.

[8] C. civ., art. 1301-2 pour la gestion d'affaires.

[9] J. Carbonnier, *Flexible droit, pour une sociologie du droit sans rigueur*, LGDJ, 10e éd., 2001, p. 36.

Le fondement général classique de la responsabilité civile délictuelle a bien entendu pu être appliqué. Il est admis[1] que l'assistant puisse agir en réparation en cas de faute de l'assisté ou contre le gardien de la chose qui a causé le dommage. La mise en œuvre de ces fondements par les jurisprudences des première et deuxième chambres civiles de la Cour de cassation peut toutefois laisser songeur quant à la volonté de favoriser ou non l'indemnisation de l'assistant. Ainsi, reconnaître la faute de l'assisté qui ne s'assure pas que l'assistant prenne les précautions adéquates avant de lui venir en aide[2] témoigne indubitablement d'un souci de protection du bénévole. De la même façon, retenir que le propriétaire du cheval qui blesse l'assistant reste sous sa garde permet au bénévole d'obtenir réparation sur le fondement du fait de la chose[3]. À l'inverse, l'admission d'un transfert tacite de la garde de la chose envers l'assistant[4] vient paralyser son action et apparaît comme une déconsidération de l'altruisme dans la mesure où la doctrine a identifié le critère du transfert de garde comme étant l'initiative de l'assistant. Le régime de responsabilité délictuelle n'est donc pas sans failles lorsqu'il s'agit de protéger l'acte altruiste d'autant plus qu'il laisse de côté les dommages subis par l'assistant qui utilise sa propre chose et sans qu'aucune faute de l'assisté ne puisse être caractérisée.

Faute de pouvoir recourir à un autre fondement, la première chambre civile de la Cour de cassation a créé de toutes pièces, aux termes d'un arrêt rendu le 27 mai 1959[5], la convention d'assistance bénévole « impliquant pour l'assisté l'obligation de réparer les conséquences des dommages corporels subis par celui auquel il a fait appel ». Malgré un remploi fréquent par la jurisprudence civile depuis cet arrêt de principe[6], la figure de la convention d'assistance bénévole

---

[1] Ph. Le Tourneau (dir.), *Droit de la responsabilité et des contrats, Régimes d'indemnisation*, Dalloz, 12e éd., 2021/2022, n° 2144.280, p. 787.

[2] Cass. civ., 2e, 26 janv. 1994, n° 92-14.398 ; *RTD Civ.*, 1994.864, note P. Jourdain.

[3] Cass. civ., 2e, 20 janv. 1987, n° 85-15.746.

[4] Cass. civ., 2e, 10 juin 1998, n° 96-21.228, ; *RTD Civ.*, 1999.630, note P. Jourdain.

[5] Cass. civ., 1e, 27 mai 1959, *D.*, 1959, p. 524, note R. Savatier ; *JCP.*, 1959, II, 11187, note P. Esmein ; *RTD civ.*, 1959, p. 735, note Mazeaud.

[6] Voir par exemple : Cass. 1re civ., 13 janv. 1998, n° 96-11.223, *D.*, 1998.580 ; Cass. 2e civ., 10 mars 2004, n° 03-11.034, Bull., II, n° 105, p. 89 ; Cass. 2e civ., 5 févr. 2015,

a été source d'agitation doctrinale. Certains auteurs dénoncent en effet un artifice, faute d'*animus contrahendi*[1] et s'étonnent de voir un contrat « formé au nez et à la barbe des contractants » extirpant le bénévolat de sa zone de non-droit[2]. La question se pose en effet de déterminer si les parties impliquées dans ce « coup de main » avaient l'intention de créer des effets de droit, nécessaire pour la caractérisation de l'acte juridique[3]. Cette intention est alors recherchée à leur insu et relève de l'appréciation souveraine des juges du fond[4]. La convention d'assistance pourra alors être caractérisée *a fortiori* lorsque l'aide est apportée à la demande de l'assisté. Elle pourra également l'être tacitement, au regard de l'attitude non équivoque de l'assisté[5] qui laisse l'assistant lui venir en aide. À une seule occasion la Cour est-elle allée jusqu'à caractériser une convention « présumée », sans qu'il ne soit nécessaire de rechercher le consentement des parties[6], par application de l'offre faite dans le seul intérêt de l'assisté. Dans un arrêt récent, la première chambre civile est clairement venue affirmer que l'assistance pouvait « être spontanément apportée par l'assistant ou sollicitée par l'assisté »[7]. En raison de l'obligation de réparation qui découlera de sa reconnaissance, la vaste marge de manœuvre dont disposent les juges pour caractériser la convention d'assistance apparaît ici favorable à l'altruiste.

Le recours à l'ordre contractuel n'a cependant pas éclipsé le traitement de l'acte d'assistance sur le plan délictuel. Une opposition a

---

n° 13-27.780, 14-11.201, 14-15.067, 14-18.852, *RCA.*, 2015, n° 144 ; Cass. 1re civ., 5 janv. 2022, n° 20-20.331, *CCC.*, 2022, comm. 41, note L. Leveneur.

[1] S. Hocquet-Berg, « Remarques sur la prétendue convention d'assistance », *Gaz. Pal.,* 1996. 34.

[2] A. Sériaux, « L'œuvre prétorienne *in vivo* : l'exemple de la convention d'assistance », *Mélanges M. Cabrillac*, Dalloz-Litec, 1999, p. 299.

[3] C. civ., art. 1100-1.

[4] Le rôle de l'appréciation des juges du fond est mentionné dès 1959.

[5] Paris, 25 janv. 1995, *D.*, 1997. 191, note F. Lagarde ; A. Sériaux, « L'œuvre prétorienne *in vivo* : l'exemple de la convention d'assistance », *Mélanges M. Cabrillac*, Dalloz-Litec, 1999, p. 302.

[6] Cass. civ., 1ère, 1er déc. 1969, *D.*, 1970.422 note M. Puech.

[7] Cass. civ., 1ère, 18 janv. 2023, n° 20-18.114, *D.*, 2023. 118.

pu être relevée[1] entre les jurisprudences des première et deuxième chambre civiles de la Cour de cassation : là où la première chambre civile recourait volontiers à la convention d'assistance, la deuxième chambre civile s'en est parfois tenue – après appréciation souveraine des juges du fond quant à l'intention des parties – à la simple qualification d' « acte de courtoisie » pour décider que l'action de l'auteur devait être fondée sur la responsabilité civile délictuelle[2]. En dépit de ces divergences, la convention d'assistance continue d'être employée et les arrêts successifs ont permis de dessiner les contours du régime juridique de cette figure prétorienne.

B) La mesure de l'altruisme dans la construction du régime de la convention d'assistance

L'opportunité du recours à une figure contractuelle innommée reposait sur une logique d'indemnisation déjà mise en avant au début du XXe siècle ; il s'agissait de « répondre aux nécessités sociales solidaristes [de] garantir pleinement le sauveteur »[3]. Aujourd'hui la doctrine continue d'affirmer que l'objectif est « d'encourager l'altruisme en protégeant les auteurs d'actes bénévoles »[4]. C'est la raison pour laquelle en 1959, la première chambre civile a directement mis à la charge du bénéficiaire de la convention d'assistance l'obligation de réparer le dommage subi par l'assistant. Quelques années plus tard, un arrêt est venu enrichir la formule de principe en fondant cette obligation sur « les suites que donne [à la convention d'assistance] l'équité » selon les termes de l'ancien article 1135 du

---

[1] F. Stasiak, « Le fondement de la réparation du dommage résultant d'une assistance bénévole au regard des tendances actuelles de la jurisprudence civile », *LPA.*, 1996, n°87, p. 9.

[2] Cass. civ., 2e, 15 fév. 1984, *RTD Civ.*, 1985. 392, note J. Huet ; Cass. civ., 2e, 26 janv. 1994, *RTD Civ.*, 1994. 864, note P. Jourdain.

[3] R. Demogue, *RTD Civ.*, 1908.720 cité par A. Sériaux, « L'œuvre prétorienne *in vivo* : l'exemple de la convention d'assistance », *Mélanges M. Cabrillac*, Dalloz-Litec, 1999, p. 310.

[4] Cass. civ., 1re, 5 janv. 2022, n° 20-20.331 : *RTD Civ.*, 2022. 395, note P. Jourdain.

Code civil. L'assisté bénéficiaire – même non fautif – devra ainsi réparer les conséquences des dommages corporels[1] subis par l'assistant mais également par les tiers non-assistants[2]. L'étendue de cette obligation de réparation montre bien la faveur faite à l'acte altruiste. Cependant dans la logique contractualiste, les dommages et intérêts viennent sanctionner l'inexécution d'une obligation. Toutefois ni l'arrêt fondateur ni les arrêts lui ayant succédé n'ont pris la peine de nommer cette obligation et la doctrine contemporaine de s'accorder sur la caractérisation d'une obligation de sécurité de résultat à la charge de l'assisté[3].

L'agent altruiste sera d'autant plus favorisé dans la mise en œuvre du régime prétorien que l'issue de son intervention ne sera pas examinée : peu importe que son assistance ait ou non produit l'effet escompté, l'on ne recherche pas si le bénéficiaire a obtenu un quelconque avantage[4]. C'est bien l'esprit d'altruisme qui justifie cette obligation de réparer[5], obligation que l'on pourrait concevoir comme une gratitude à laquelle la jurisprudence assujettit l'assisté. L'œuvre prétorienne a ici édifié un contrat pour le seul bénéfice – semble-t-il – de l'assistant. Tout en gardant à l'esprit l'opportunité de cette solution, la doctrine n'a pas manqué de soulever la charge conséquente qu'elle faisait peser sur l'assisté[6], le transformant en « assureur »[7]. Cet accueil plus que favorable envers l'altruisme doit toutefois être tempéré au regard de l'éventuelle faute que pourrait commettre l'assistant dans son action. La jurisprudence a en effet établi que la faute simple de

---

[1] La jurisprudence n'a fait explicitement référence qu'à ce type de dommages, voir par exemple : Cass. civ., 1re, 27 janv. 1993, n° 91-12.131 ; Cass. civ., 1re, 13 janv. 1998, n° 96-11.223. La question des dommages matériels n'est pas tranchée.
[2] Cass. civ., 1re, 17 déc. 1996, n° 94-21.838, *D.*, 1997. 288, note Ph. Delebecque.
[3] Ph. Le Tourneau (dir.), *Droit de la responsabilité et des contrats, Régimes d'indemnisation*, Dalloz, 12e éd., 2021/2022, n° 2144.312, p. 790.
[4] A. Sériaux, « L'œuvre prétorienne *in vivo* : l'exemple de la convention d'assistance », *Mélanges M. Cabrillac*, Dalloz-Litec, 1999, p. 309.
[5] S. Hocquet-Berg, « Remarques sur la prétendue convention d'assistance », *Gaz. Pal.*, 1996. 34.
[6] La comparaison avec un « bouc émissaire » a pu être employée par A. Sériaux, art. préc.
[7] Cass. civ., 1re, 17 déc. 1996, *D.*, 1997. 288, note Ph. Delebecque.

l'assistant pouvait conduire à un partage de responsabilité[1], voire à une exonération complète de l'assisté[2]. La prise en compte du comportement fautif de l'assistant permet ici de rationaliser l'enthousiasme des juges dans l'appréhension du geste altruiste. Certes généreux, l'assistant n'en est pas moins dispensé de son devoir général de prudence et de façon plus large, l'incidence de sa faute sur son indemnisation coïncide avec les principes généraux de la responsabilité civile[3].

Outre la conséquence de la faute de l'assistant dans la réparation du dommage que ce dernier aurait subi, son comportement fautif pourra également être invoqué par l'assisté si lui-même a subi un préjudice. La Cour de cassation a récemment eu l'occasion de réaffirmer ce principe[4] : « en présence d'une convention d'assistance, toute faute de l'assistant, fût-elle d'imprudence, ayant causé un dommage à l'assisté est susceptible d'engager la responsabilité de l'assistant ». La solution paraît sévère au regard des règles prétoriennes jusqu'alors développées. La doctrine souligne que la faveur envers l'assistant aurait pu s'étendre à l'appréciation de sa responsabilité lorsqu'il cause un dommage, en exigeant une faute caractérisée notamment[5]. L'on aurait alors pu faire le parallèle avec les règles précédemment évoquées en matière de prêt à usage (que l'on retrouve dans de nombreux contrats à titre gratuit) où la responsabilité du contractant qui n'obtient pas de contrepartie est appréciée avec moins de rigueur. Ce n'est cependant pas le choix effectué par la jurisprudence civile qui semble alors faire également peser sur l'assistant une obligation de sécurité mais qui ne serait ici que de moyens[6].

À l'occasion de ces arrêts sur la faute de l'assistant, une partie de la doctrine a pu exprimer un certain étonnement quant au sens de la position de la Cour de cassation. La prise en considération de la simple

---

[1] Cass. civ., 2e, 30 avr. 1970, n° 68-13.754, Bull. civ., II, n° 149 ; récemment Cass. civ., 1re, 5 mai 2021, n° 19-20.579.

[2] Cass. civ., 1re, 13 janv. 1998, n° 96-11.223, *D.*, 1998. 580, note M. Viala.

[3] *Ibid.*

[4] Cass. civ., 1re, 5 janv. 2022, n° 20-20.331, *CCC.*, 2022, n°5, alerte 15, note C. Leduque ; *RTD Civ.*, 2022. 395, note P. Jourdain ; *D.*, 2022. 740, note P. Gaiardo.

[5] Voir les observations de P. Jourdain, *RTD Civ.*, 2022. 395.

[6] *Ibid.*

faute d'imprudence – louable sur le plan du raisonnement juridique pur – fait perdre tout intérêt à la convention d'assistance dont le but était d'instaurer un droit à réparation en faveur de l'assistant[1]. Dans la même veine, il a été reproché à la Cour de cassation de ne pas encourager l'altruisme[2]. Pour d'autres auteurs, l'appréciation de la faute et les conséquences sur l'indemnisation de l'assistant devraient être fonction du caractère spontané ou anticipé de l'acte de l'assistance et ainsi l'on concevrait une appréciation plus sévère de la faute lorsque l'intervention a été planifiée[3].

Force est de constater que la figure de la convention d'assistance continue de susciter de nombreuses discussions au sein de la doctrine. Il est délicat de déterminer la balance exacte des intérêts en présence : le régime juridique imposant l'obligation de réparation était jugé trop partial, mais dans le même temps, la prise en compte de la faute de l'assistant est jugée dédaigneuse. Doit-il être laissé à la jurisprudence le soin de fixer jusqu'où l'altruisme devrait être favorisé ? La question de l'avenir de cette figure singulière interroge. Plusieurs propositions doctrinales sont allées dans le sens d'une consécration d'un quasi-contrat qui serait qualifié d'assistance ou de service[4]. À l'heure actuelle, les avants projets de réforme de la responsabilité civile et des contrats spéciaux restent muets sur le sujet. Est-ce à dire que cette manifestation d'altruisme est laissée aux bons soins de la jurisprudence ?

---

[1] Cass. civ., 1re, 13 janv. 1998, n° 96-11.223, *D.*, 1998. 580, note M. Viala.

[2] Cass. civ., 1re, 5 janv. 2022, n° 20-20.331, *RTD Civ.*, 2022. 395, note P. Jourdain.

[3] C. Leduque, *CCC.*, 2022, n° 5, alerte 15.

[4] Références citées par A. Sériaux, « L'œuvre prétorienne *in vivo* : l'exemple de la convention d'assistance », *Mélanges M. Cabrillac*, Dalloz-Litec, 1999, p. 306.

Le médecin a-t-il un devoir d'altruisme ?

Alexandre CHARPY,

Docteur en droit privé et sciences criminelles

1. Lorsqu'il soutient sa thèse, le docteur en médecine impétrant prononce le serment d'Hippocrate selon lequel, entre autres, il promet ceci : « Je donnerai mes soins à l'indigent et à quiconque me les demandera. Je ne me laisserai pas influencer par la soif du gain ou la recherche de la gloire » ; mais le site internet de l'Ordre national des médecins prévient immédiatement : le serment d'Hippocrate « n'a pas de valeur juridique »[1]. L'affirmation mérite cependant d'être nuancée. En effet, si le serment n'est pas, en lui-même, un texte produisant des effets juridiques, il est au fondement des règles de la déontologie médicale, qui produisent, elles, des effets juridiques[2].

2. Le Code de déontologie médicale figure aux articles R. 4127-1 et suivants du Code de la santé publique, c'est-à-dire dans la partie réglementaire, ce qui confirme sa valeur juridique. Il contient plusieurs règles qui traduisent concrètement le serment de donner des soins à l'indigent. L'article R. 4127-19 du Code de la santé publique prévoit notamment que « la médecine ne doit pas être pratiquée comme un commerce » ; de même, l'article R. 4127-53 dispose que « [l]es honoraires du médecin doivent être déterminés avec tact et mesure, en tenant compte de la réglementation en vigueur, des actes dispensés ou de circonstances particulières ».

---

[1]https://www.conseil-national.medecin.fr/medecin/devoirs-droits/serment-dhippocrate (consulté le 18 nov. 2022).

[2] E. Terrier, *Déontologie médicale et droit*, 2003, LEH, coll. « Thèses ».

Ces deux dispositions sont représentatives de la nature particulière de l'activité médicale, qui est un « ministère »[1], contre lequel le médecin perçoit un « honoraire » : « C'est que les services que rend le médecin en faveur d'une vie ou d'une santé sont de telle nature qu'ils n'ont pas, à proprement parler, d'équivalent pécuniaire. Ils se placent au-dessus du patrimoine, et la preuve, c'est que le médecin doit les fournir par solidarité humaine toutes les fois qu'ils apparaissent nécessaires et urgents, sans les subordonner à une rémunération quelconque. [...] Le mot honoraires, retenu à la place du mot salaire, pour désigner le témoignage tangible de gratitude dû par le malade au médecin, illustre cette idée »[2]. Le médecin est donc bien soumis à des

---

[1] A. Lamboley, B. Pitcho, F. Vialla, « Le consumérisme dans le champ sanitaire. Un concept dépassé ? », *in Liber amicorum Jean Calais-Auloy. Etudes de droit de la consommation*, 2004, Dalloz, p. 581 et s., spéc. p. 582 à propos de l'introduction de la notion de « consommateur » dans la relation de soins : « La réticence du droit et des professionnels à admettre une telle notion tient d'abord au fait que le corps médical [...] demeure jaloux de la conservation d'un ministère spécifique et refuse l'assimilation avec les autres prestataires de service ».

[2] R. Savatier, J.-M. Auby, J. Savatier, H. Péquignot, *Traité de droit médical*, 1956, Librairies techniques, Libraire de la Cour de cassation, n° 3, p. 14. – Le *Vocabulaire juridique* définit toutefois l'honoraire comme le « nom traditionnel donné, surtout dans certaines professions libérales [...], à la rémunération (fixée de gré à gré ou tarifée) des services rendus par une personne dont l'activité est indépendante et non salariée (en souvenir du temps où, ces personnes n'ayant aucune action en justice pour en exiger le recouvrement, cette rétribution était censée honorer les services qu'elles avaient rendus) » (11e éd., PUF, coll. « Quadrige », v° « Honoraires »). Dans ses mémoires, J. D'Ormesson évoque un médecin ophtalmologue : « il aimait la peinture et il comptait plusieurs peintres parmi ses patients. Quelques-uns d'entre eux ne roulaient pas sur l'or et s'acquittaient volontiers de leurs dettes auprès de leur médecin en lui remettant un tableau » (*Je dirai malgré tout que cette vie fut belle*, 2016, Gallimard, rééd. Folio, 2019, p. 225-226).

règles déontologiques, constitutives de « devoirs »[1], c'est-à-dire de normes de conduites, qui lui imposent de donner des soins, même à un patient qui n'aurait pas les moyens de le rémunérer.

3. Faut-il cependant y voir de l'altruisme, c'est-à-dire une « disposition à se soucier d'autrui de façon désintéressée »[2] ? Historiquement, le désintéressement est justement l'un des critères de définition de l'honoraire, perçu par ceux qui exercent une profession libérale[3], dont le médecin fait partie. L'honoraire se distinguerait ainsi d'une simple contrepartie qui serait fournie pour une prestation de service : « ce désintéressement est une condition de la confiance : pour que celle-ci puisse s'épanouir il ne faut pas que le client ait l'impression qu'on cherche à l'exploiter, mais plutôt à lui rendre service. S'ils sont mus par le seul désir de gagner de l'argent, l'avocat, le médecin et a fortiori le ministre du culte, ne pourront remplir leur tâche de manière satisfaisante »[4]. Cependant, l'acte médical n'est pas gratuit : cela est

---

[1] La notion de devoir a ainsi été préférée à celle d'obligation en raison de son sens plus large : « Le devoir est une norme comportementale générale, d'ordre moral et social, qui s'impose à tous. La notion de devoir juridique est plus large que celle d'obligation et excède la sphère contractuelle. Le respect d'un devoir juridique [...] peut être obtenu par le bénéficiaire à l'aide d'une action en justice. Les devoirs qui sont imposés aux individus trouvent le plus souvent leur source dans les principes généraux du droit, au nombre de trois selon le jurisconsulte Ulpien : honeste vivere, alterum non laedere, suum cuique tribuere ("vivre honnêtement, ne pas léser autrui, rendre à chacun ce qui lui est dû"), mais la catégorie s'est étoffée depuis lors » (S. Guinchard, T. Debard, *Lexique des termes juridiques 2022-2023*, 30e éd., Dalloz, coll. « Lexiques », v° « Devoir juridique »).

[2] *Dictionnaire de l'Académie française*, 9e éd., v° « Altruisme ».

[3] Notre propos ne concernera donc pas les médecins qui exercent leur activité comme salariés, puisque leur rémunération est moins dépendante de l'état de fortune de leur patient que des dispositions de leur contrat de travail. – V. not. sur l'exercice salarié de la médecine : A. Supiot, « Les nouveaux visages de la subordination », *Dr. soc.*, 2000, p. 131 : « Même après la révolution industrielle, certaines professions ont estimé que la qualité spéciale des services qu'elles rendaient était incompatible avec le salariat. Ce fut le cas par exemple pendant longtemps des professions dites libérales – héritières des "arts libéraux" – qui récusaient avec le contrat de travail non seulement l'idée de subordination mais aussi celle de service mercantile. C'est ainsi que s'est installée dans notre vocabulaire la distinction entre le salaire, qui est le prix du travail qui s'achète et se vend sur le marché, et l'honoraire, qui vient récompenser le service, au demeurant inestimable, de l'homme de l'art ».

[4] J. Savatier, *La profession libérale. Etude juridique et pratique*, 1947, LGDJ, p. 227.

admis depuis longtemps, car il faut bien que le médecin gagne sa vie[1]. Le désintéressement, concernant l'activité médicale, n'est donc pas synonyme de gratuité : « le désintéressement suppose seulement la mise à l'écart de la mentalité et de certains procédés du commerce et l'obligation de venir en aide aux clients peu fortunés »[2]. Illustration éloquente de ce réalisme, l'article 909 du Code civil interdit aux membres des professions médicales « qui ont prodigué des soins à une personne pendant la maladie dont elle meurt » de « profiter des dispositions entre vifs ou testamentaires qu'elles auraient faites en leur faveur pendant le cours de celle-ci », mais il admet tout de même une exception, pour les « dispositions rémunératoires faites à titre particulier, eu égard aux facultés du disposant et aux services rendus ». La condition pour que ces dispositions rémunératoires soient admises réside donc dans sa juste proportion.

Le désintéressement qui caractériserait l'honoraire n'est donc pas assimilable à l'altruisme, notion qui suscite la méfiance, voire qui peut être rejetée en dehors du domaine juridique. En ce sens, à propos des rédacteurs du Code civil, il a pu être écrit qu'ils avaient « rompu résolument avec le mythe, constaté ravageur, de la bonté naturelle de l'homme, et leur incapacité à concevoir le désintéressement est bien conforme à leur conviction, explicitement répétée désormais, de l'égoïsme fondamental et des faiblesses constantes de l'âme humaine »[3]. L'altruisme, dans le sens qui lui est communément donné, n'existe donc pas juridiquement.

4. Il est cependant possible, sans rechercher l'altruisme dans sa forme pure ou complète, d'en examiner les bribes, pour mesurer son

---

1 G. Chantepie, *La lésion*, 2006, LGDJ, coll. « Bibliothèque de droit privé », t. 467, no 480, p. 317 : « Le rapport créé entre les professionnels et leurs clients ne supporte plus l'aspect purement volontaire qui caractérisait le règlement des honoraires. Celui-ci doit permettre au praticien de tirer un revenu acceptable de son activité, sans plus se placer dans la dépendance d'une générosité aléatoire ». – A la recherche du lien entre les notions d'honoraire et d'honneur, B. Beignier est arrivé à la conclusion que « [l]a vénérable conception de l'honoraire a vécu de l'aveu unanime ; quant à l'avocat, il peut désormais être salarié » (B. Beignier, *L'honneur et le droit*, 1995, rééd. 2014, LGDJ, coll. « Anthologie du droit », p. 393).

2 J. Savatier, *op. cit.*, p. 229.

3 X. Martin, « L'insensibilité des rédacteurs du Code civil à l'altruisme », *Revue historique de droit français et étranger*, 1982/4, vol. 60, p. 589.

ampleur, ou du moins mesurer l'ampleur de son affaissement. S'il ne s'agit plus d'un véritable désintéressement, comment définir plus justement ce devoir du médecin ? Comment définir l'honoraire ? La commission ayant élaboré l'avant-projet de réforme des contrats spéciaux a renoncé à en proposer une, en raison de l'absence de consensus[1], alors que la notion est employée en droit positif, et « qu'il faudrait continuer à distinguer du prix ou de la rémunération »[2]. En outre, l'avènement de la Sécurité sociale permet aujourd'hui aux médecins d'être rémunérés systématiquement, quel que soit le niveau de fortune du patient, et la contrepartie est fixée par la Convention avec la Caisse dès lors que le médecin est conventionné. Quelle place l'essor de la Sécurité sociale laisse-t-il encore aux règles déontologiques à propos des honoraires médicaux ?

5. De façon générale, le devoir de désintéressement du médecin a perdu de sa force en raison du changement radical qui s'est opéré dans le colloque singulier, relation de confiance entre le médecin et son patient. D'une part, leur relation a perdu de son exclusivité : la Sécurité sociale, tierce à la relation médicale, fixe désormais souvent le montant de la rémunération du médecin pour l'acte qu'il pratique, indépendamment de l'état de fortune de son patient (I). D'autre part, la relation médicale, initialement déséquilibrée, a connu de profondes mutations qui l'ont fondue, peu à peu, dans le moule du droit économique, ce qui a affaibli, parallèlement, l'interdiction d'exercer la médecine comme un commerce (II).

---

[1] « Avant-projet de réforme du droit des contrats spéciaux », juil. 2022, p. 74.

[2] G. Chantepie, M. Latina, « Observations générales sur l'avant-projet de réforme du droit des contrats spéciaux », *D.*, 2022, p. 1716.

I- L'immixtion dans la relation médicale de tiers garants d'une rémunération

6. Le devoir de désintéressement du médecin a décliné face à l'essor de la solidarité (A). Il persiste néanmoins dans les interstices, là où la solidarité n'est pas encore arrivée (B).

A) Le désintéressement à l'épreuve de la solidarité

7. Pendant longtemps, la possibilité pour les indigents de recevoir des soins a été dépendante de la seule éthique individuelle du médecin, aucune institution publique n'assurant ce rôle. En retour, le patient devait un honoraire au médecin qui soit proportionné à son état de fortune. Au fil de son essor, la solidarité a rebattu les cartes de la proportionnalité entre l'honoraire dû au médecin et l'état d'indigence du patient. Selon Madame HARICHAUX, « à la péréquation historique entre les honoraires payés par le riche et par le pauvre, s'est substituée une autre péréquation, née de la nature de l'acte pratiqué, et inhérente à la nomenclature »[1].

8. La rémunération du médecin est en effet de moins en moins liée à l'état de fortune du patient, avec le déclin du principe de l'entente directe[2] : l'avènement de la Sécurité sociale depuis l'après-guerre, lié notamment à l'essor du droit à la santé[3] et à l'augmentation du coût des

---

[1] M. Harichaux, *La rémunération du médecin*, 1979, Economica, n° 655, p. 346.

[2] X. Bioy, A. Laude, D. Tabuteau, *Droit de la santé*, 4e éd., 2020, PUF, coll. « Thémis droit », n° 350, p. 385 : « Le principe de l'entente directe signifiant initialement que le médecin fixait unilatéralement le montant de ses honoraires a connu un certain infléchissement, au point de disparaître du code de déontologie médicale qui prévoit aujourd'hui que la détermination des honoraires doit être faite "en tenant compte de la réglementation en vigueur" résultant notamment des dispositions édictées par le code de la sécurité sociale ».

[3] A. Laude, D. Tabuteau, *Les droits des malades*, 2e éd., 2018, PUF, coll « Que sais-je ? », p. 8 et s.

soins[1], a indéniablement réduit l'intérêt du devoir du médecin de donner des soins à l'indigent, puisqu'il est désormais certain de percevoir un honoraire, quel que soit l'état d'impécuniosité du patient, lui-même étant assuré d'être remboursé. Le médecin perçoit même, dans certains cas, le remboursement directement par la Caisse, grâce au mécanisme du tiers-payant. La CMU a d'ailleurs été remplacée par la loi de financement de la Sécurité sociale pour 2016 par la Protection Universelle Maladie (PUMa), accompagnée de la Complémentaire Santé Solidaire (C2S). Désormais, selon l'article L. 160-1 du Code de la sécurité sociale, « [t]oute personne travaillant ou, lorsqu'elle n'exerce pas d'activité professionnelle, résidant en France de manière stable et régulière bénéficie, en cas de maladie ou de maternité, de la prise en charge de ses frais de santé dans les conditions fixées au présent livre ». Cette rédaction est l'aboutissement d'un long mouvement d'extension de la solidarité, qui a remplacé l'assistance, solidarité entre travailleurs d'abord, puis étendue à ceux qui ne travaillent pas ensuite[2], et ce dans le but d'atteindre une couverture universelle.

Par ce mouvement, le législateur a déplacé le soin de soigner des indigents de l'éthique médicale, individuelle, à la solidarité nationale, collective.

9. Ce déplacement, cependant, n'est pas absolu. En effet, l'article L. 162-2 du Code de la sécurité sociale dispose que « [d]ans l'intérêt des assurés sociaux et de la santé publique, le respect de la liberté d'exercice et de l'indépendance professionnelle et morale des médecins est assuré conformément aux principes déontologiques fondamentaux que sont le libre choix du médecin par le malade, la liberté de prescription du médecin, le secret professionnel, le paiement direct des honoraires par le malade, la liberté d'installation du médecin, sauf dispositions contraires en vigueur à la date de promulgation de la loi n° 71-525 du 3 juillet 1971 ». Cette liberté du médecin inclut sa

---

[1] M. Borgetto, R. Lafore, *Droit de la sécurité sociale*, 19e éd., 2019, Dalloz, coll. « Précis », n° 288, p. 233 : « Aussi bien la charge financière représentée par les frais médicaux et paramédicaux, ne pouvant être supportée par les patrimoines individuels, va être transférée, totalement ou partiellement, avec des formules très diverses, sur des collectivités publiques ou parapubliques ».

[2] Sur ce mouvement historique, v. la synthèse de G. Milhaud, M. Lagrave, « Historique de l'assurance maladie, de sa création à nos jours », *Bull. Acad. Nat. Méd.*, 2010, 194, n° 6, 1123-1136, séance du 8 juin 2010.

liberté de ne pas adhérer aux conventions de la sécurité sociale, et de fixer relativement librement ses honoraires.

C'est dans ce cadre-là, c'est-à-dire hors du cadre de la solidarité, que le devoir de désintéressement du médecin retrouve sa consistance.

B) La subsidiarité du désintéressement par rapport à la solidarité

10. Tous les médecins n'adhèrent pas aux conventions de la sécurité sociale. A leur propos, l'article L. 162-5-10 du Code de la sécurité sociale dispose que « [l]es honoraires, rémunérations et frais accessoires des médecins qui n'adhèrent pas à la convention nationale des médecins ou qui ne sont pas régis par le règlement mentionné à l'article L. 162-14-2 donnent lieu à remboursement par les organismes d'assurance maladie sur la base d'un tarif d'autorité fixé par arrêté interministériel ». Dans ce cas, les règles édictées dans le Code de déontologie médicale retrouvent leur intérêt, puisque le médecin n'est pas libre pour autant de fixer ses honoraires comme il l'entend.

11. Ainsi, la jurisprudence a été amenée à préciser, depuis fort longtemps, ce qu'il fallait entendre par des honoraires fixés avec tact et mesure : le médecin doit notamment prendre en considération l'état d'impécuniosité du patient[1]. Il en résulte que le médecin ne peut pas refuser un patient sous le prétexte de la faiblesse des honoraires qui lui seraient versés. Ce principe fait encore l'objet d'un contentieux disciplinaire aujourd'hui, principalement concernant des praticiens qui ne sont pas conventionnés avec la Sécurité sociale. Voici, par exemple, un extrait d'une décision concernant un dermatologue : « Il n'est pas contesté que le Dr A a, d'une part, fixé son dépassement d'honoraires à la somme de 320 euros sur un montant global de 395 euros de

---

[1] T. civ. Gap, 14 mars 1922 : *D.*, 1922. 5. 7 : « Pour fixer le montant des honoraires dus à un médecin, il y a lieu de tenir compte de la nature de la maladie, des soins ou interventions chirurgicales qu'elle a nécessités, de la situation sociale et de fortune du malade, de l'éloignement du médecin, de sa notoriété et de la localité dans laquelle il exerce ».

l'intervention projetée, dont la complexité n'est pas avérée, et avait, d'autre part, connaissance de la situation sociale d'invalidité de son patient et de son absence d'adhésion à une mutuelle. Il s'ensuit que les premiers juges étaient fondés à considérer que le Dr A n'a pas fixé ses honoraires avec tact et mesure »[1].

La référence au fait que le patient n'avait pas adhéré à une mutuelle renvoie indéniablement à la situation financière du patient, qui ne peut pas prétendre au même remboursement de ses soins que celui qui en bénéficie. La question n'est pas anecdotique dans la mesure où, aujourd'hui encore, certaines personnes ne sont pas affiliées à la Sécurité sociale par manque d'information[2]. Dans une autre décision encore plus explicite, concernant un ophtalmologue, il a été décidé que : « en l'absence d'exigence particulière et de capacités financières spécifiques de M. B et quelle que soit la notoriété du Pr A, un dépassement d'honoraires représentant plus de six fois le tarif conventionnel[3] ne répondait pas, s'agissant d'une intervention dépourvue de complexité et à supposer même qu'un tel niveau de dépassement soit habituellement pratiqué pour ce type d'intervention, à l'exigence de tact et de mesure »[4]. En revanche, comme le rappellent M. MEMETEAU et Mme GIRER, « le seul fait de demander un honoraire à un proche parent n'est pas, par lui-même, un manquement à la déontologie, ce qui demeure soumis à discussion »[5], à propos d'un médecin qui avait réclamé des honoraires à sa mère[6] – il s'agit plus d'un problème de tact que de mesure.

12. Un autre cas de figure mérite d'être souligné, il s'agit des médecins refusant les bénéficiaires de l'ancienne CMU. La HALDE a

---

[1] Chambre disciplinaire nationale de l'ordre des médecins, 30 sept. 2021, n° 14701.
[2] Ils ont pu être surnommés comme des « *décrocheurs de la sécurité sociale* », du nom de l'émission audio « Les pieds sur terre » diffusée sur *France Culture* (Première diffusion le 23 mars 2018, rediffusion en nov. 2022 : https://www.radiofrance.fr/franceculture/podcasts/les-pieds-sur-terre/les-decrocheurs-de-la-securite-sociale-2570064 (consulté le 19 nov. 2022). – Il s'agit de ceux qui ne sont pas connus par les caisses de sécurité sociale, et pour lesquels le médecin risque, par conséquent, de connaître des difficultés dans le remboursement.
[3] 1 800 euros en l'espèce.
[4] Chambre disciplinaire nationale de l'ordre des médecins, 31 mars 2021, n° 14464.
[5] G. Mémeteau, M. Girer, *Cours de droit médical*, 5e éd., 2016, LEH, n° 577, p. 405.
[6] CE, 7 juill. 1993, n° 107413 : *JCP* 1993, IV, 2079, p. 251.

estimé, dans un avis du 6 novembre 2006, que cette situation concernait alors 4,8 % des généralistes et 41 % des médecins spécialistes, en se fondant sur un échantillon de six villes du Val-de-Marne.

L'article L. 1110-3 du Code de la santé publique dispose pourtant : « Un professionnel de santé ne peut refuser de soigner une personne [...] pour l'un des motifs visés au premier alinéa de l'article 225-1 ou à l'article 225-1-1 du code pénal ou au motif qu'elle est bénéficiaire de la protection complémentaire en matière de santé prévue à l'article L. 861-1 du code de la sécurité sociale[1], ou du droit à l'aide prévue à l'article L. 251-1 du code de l'action sociale et des familles[2] ». Ces dispositions interdisant au médecin de refuser les bénéficiaires de la C2S ou de l'AME figure au sein du même article qui réprime l'interdiction des discriminations. Ce choix de classification est révélateur du changement qui a touché la relation médicale : le paradigme s'est déplacé d'une éthique individuelle imposant au médecin de soigner les indigents vers des droits fondamentaux, dont le droit à la santé qui implique de penser l'accès à la santé en termes d'égalité, et donc de discriminations en cas de refus.

Ainsi, l'appât du gain du médecin peut entraîner une discrimination, mais le devoir de désintéressement du médecin est distinct de l'interdiction des discriminations. Le médecin peut d'ailleurs accepter les bénéficiaires de la PUMa ou de l'AME pour des motifs très égoïstes, incompatibles avec son devoir de désintéressement, en recourant à des procédés commerciaux.

II- Les bribes du désintéressement du médecin résultant de l'interdiction d'exercer la médecine comme un commerce

13. Le médecin ne peut exercer son activité comme un commerce, c'est-à-dire qu'il ne peut rechercher le profit au détriment de son cocontractant. Cette règle connaît des atténuations, du fait que le

[1] Il s'agit de l'ancienne CMU, désormais Complémentaire Santé Solidaire (C2S).

[2] Il s'agit de l'aide médicale d'Etat.

droit positif soumet le médecin, de plus en plus souvent, à des règles destinées à encadrer les activités économiques (A). Elle est cependant toujours appliquée, et des médecins font encore l'objet de sanctions disciplinaires sur ce fondement, ce qui permet de mettre en exergue l'originalité persistante de la déontologie (B).

A) La soumission progressive du médecin au droit applicable aux activités économiques

14. Le mouvement qui sera étudié dans cette section pourrait être résumé par ce propos, à propos du domaine de l'action en concurrence déloyale : « [l]e critère de la commercialité n'est pas satisfaisant, l'action étant disponible pour des professions dont les textes indiquent pourtant explicitement que leur art n'est pas un commerce. [...] Le critère le plus opérationnel est celui de l'activité économique ou professionnelle, qui a été retenu en jurisprudence. Les classifications civilistes perdent à nouveau du terrain au profit des catégories issues du droit économique »[1].

Ainsi, le mouvement qui touche le médecin n'est qu'une manifestation d'une mutation plus générale du droit civil. Dès lors, que penser de l'interdiction d'exercer la médecine comme un commerce, à la lumière du rapprochement des règles régissant les professions libérales de celles régissant les activités économiques ? L'économie peut notamment être définie comme l'« ensemble des activités humaines et des ressources concourant à la production et à la répartition des richesses »[2]. Ainsi, les juristes portent désormais un nouveau regard sur l'activité médicale, qui perd de sa spécificité pour être intégrée, progressivement, au droit économique, par un « processus d'extension de la logique marchande à tous les domaines de la vie sociale »[3]. Si ce

---

[1] M.-A. Frison-Roche, J.-C. Roda, *Droit de la concurrence*, 2e éd., 2022, Dalloz, coll. « Précis », n° 886, p. 719-720.

[2] *Dictionnaire de l'Académie française*, 9e éd., v° « Economie ».

[3] G. Farjat, « La notion de droit économique », *in Droit et économie*, *APD*, t. 37, 1992, p. 27 et s., spéc. p. 49 (l'auteur prend justement l'exemple du marché de la santé).

processus est ancien, il a connu une accélération remarquable ces dernières décennies.

15. A titre d'exemple, il est admis depuis plusieurs années que la clientèle du fonds libéral peut être cédée, même si la Cour de cassation avait assorti sa décision d'une condition : que soit préservé le libre choix du médecin par le patient[1]. La distinction originelle entre le régime juridique des clientèles commerciales et libérales résidait dans la part de subjectivité beaucoup plus importante sur laquelle reposait la relation avec la clientèle libérale, en raison du rapport de confiance qui la fondait. Cette subjectivité a cependant été relativisée depuis fort longtemps[2], et ce mouvement a continué jusqu'aujourd'hui.

En effet, le droit a largement démystifié la confiance accordée au médecin, sur laquelle reposait la subjectivité. En témoigne la part croissante donnée à l'obligation d'information du médecin[3], principalement depuis la loi du 4 mars 2002, qui a accordé au patient une véritable place de consommateur de soins, et ce en réaction au paternalisme dont le médecin est soupçonné – le mot est faible : « Au XIXe et au cours du XXe siècle, lorsque le malade était un usager du service public hospitalier, il avait certains droits d'usage, mais cela venait en contrepartie d'un service gratuit, voire au moindre coût, ce qui imposait au médecin une bienveillance que d'aucuns désigneront paternelle »[4]. Cet affaiblissement de la part de confiance reconnue à la

---

[1] Cass. 1re civ., 7 nov. 2000, n° 98-17.731 : *Bull. civ. I, n° 283* ; *R.*, p. 366 ; *D*, 2001. 2400, note Y. Auguet ; *ibid.* somm. 3081, obs. J. Penneau ; *D.*, 2002. somm. 930, obs. O. Tournafond ; *JCP*, 2001. II. 10452, note F. Vialla ; *ibid.* I. 301, nos 16 s., obs. J. Rochfeld ; *JCP E*, 2001. 419, note G. Loiseau ; *Defrénois*, 2001. 431, note R. Libchaber ; *CCC*, 2001, n° 18, note L. Leveneur ; *ibid.* chron. 7, par M.-C. Chemtob ; *LPA*, 14 juin 2001, note Koleck-Desautel ; *RTD civ.*, 2001. 130, obs. J. Mestre et B. Fages ; *ibid.* 167, obs. T. Revet ; *RDSS*, 2001. 317, note G. Mémeteau.

[2] P. Esmein, « Une clientèle de profession libérale est-elle un bien patrimonial ? », *Gaz. pal.*, 1952, I., p. 14.

[3] En cas de manquement à son obligation, l'art. L. 1111-3-5 du CSP dispose d'ailleurs que : « Les manquements aux obligations prévues aux articles L. 1111-3, L. 1111-3-2, L. 1111-3-3 et L. 1111-3-4 du présent code sont recherchés et constatés par les agents de la concurrence, de la consommation et de la répression des fraudes, dans les conditions définies à l'article L. 511-7 du code de la consommation ».

[4] J.- M. Clément, « Le consumérisme médical : de l'usager au consommateur de soins », *in Mélanges en l'honneur de Gérard Mémeteau*, 2015, LEH, coll. « Mélanges », spéc. p. 344.

relation médicale a réduit la part de subjectivité au fondement de la clientèle médicale, ce qui a très logiquement justifié le rapprochement du régime juridique des activités libérales et commerciales.

Appliqué au cas particulier du médecin, ce rapprochement est aisément compréhensible. En dehors du cas, courant, du médecin qui exerce son art dans un désert médical, et qui n'a donc pas à déployer de grands efforts pour attirer des clients – ce qui permet déjà de nuancer fortement l'importance du critère subjectif, et de mettre en relief le critère de l'emplacement –, la constitution du fonds médical nécessitera des investissements dans du matériel[1], par exemple, ou encore la mise en place d'une organisation qui permettra de proposer des rendez-vous plus rapidement aux patients. Ces éléments objectifs, auxquels la clientèle est attachée, justifient que le fonds d'exercice libéral soit cédé avec la clientèle.

Cette évolution permet de relativiser l'interdiction d'exercer la médecine comme un commerce, puisque le médecin, à l'image des autres professionnels libéraux, est de plus en plus entendu comme un chef d'entreprise, qui crée une enseigne, qui installe son cabinet dans un lieu soigneusement choisi, qui investit dans du matériel de pointe, pour attirer des « clients ». Il recourt donc aux mêmes procédés, peu ou prou, que ceux qui exercent une activité commerciale ou artisanale, et qui fournissent les mêmes efforts dans une intention spéculative.

16. C'est donc très logiquement que la Cour de cassation a pu, notamment, faire application des règles de la concurrence déloyale pour sanctionner un centre de santé qui recourait à des procédés publicitaires destinés à développer une activité de chirurgiens-dentistes, alors que la profession ne peut recourir à aucun procédé direct ou indirect de publicité[2]. Elle a également retenu la concurrence déloyale contre une société commerciale qui proposait des bons de réduction pour des prestations esthétiques, considérant notamment que « les publications relatives aux offres de prestations incluant l'exécution d'actes médicaux étaient constitutives d'une concurrence déloyale à l'égard de

---

[1] Ibid.

[2] Cass. 1re civ., 26 avr. 2017, nos 16-14.036 et 16-15.278 : *D.*, 2017. 988 ; *RTD civ.*, 2017. 636, comm. H. Barbier. – Cette solution pourrait aisément être étendue aux médecins, dans la mesure où le Code de déontologie médicale édicte également des règles relatives à la publicité. Sur ce point, *cf. infra*.

la collectivité des médecins et portaient atteinte à l'image de la profession en assimilant l'activité médicale à une activité commerciale » [1].

Cette dernière motivation paraît paradoxale, puisque le juge relève une atteinte à l'image de la profession résultant de l'assimilation de l'activité médicale à une activité commerciale, tout en y appliquant néanmoins la qualification de concurrence déloyale, ce qui contribue non à une assimilation, mais au moins à un fort rapprochement, en soumettant l'activité médicale aux mêmes règles que celles qui encadrent les activités commerciales. Certaines spécificités, même en matière de concurrence, demeurent toutefois : ainsi, l'article R. 4127-67 du Code de déontologie médicale dispose que « sont interdites au médecin toutes pratiques tendant à abaisser, dans un but de concurrence, le montant de ses honoraires. // Il est libre de donner gratuitement ses soins ». Le tact et la mesure ne doivent donc pas servir de prétexte pour dissimuler un *dumping*.

17. La doctrine juridique a beaucoup travaillé sur les rapprochements entre l'activité médicale et le droit de la consommation[2] ; le rapprochement avec le droit de la concurrence va dans le même sens, et tend à intensifier l'assimilation de l'activité médicale à une activité économique, même si elle demeure soumise à des règles qui la distinguent, et qui sont encore appliquées aujourd'hui.

B) L'interdiction d'exercer l'activité comme un commerce, ou le devoir du médecin de faire passer les intérêts du patient avant les siens

18. Si l'avènement de la Sécurité sociale et sa généralisation semblent avoir réduit l'intérêt de la question du désintéressement étudié au prisme des honoraires, elle n'en soulève pas moins de nouvelles

---

[1] Cass. 1re civ., 12 déc. 2018, n° 17-27.415 : *D. IP/IT*, 2019. 394, obs. A. Lecourt.

[2] A. Lamboley, B. Pitcho, F. Vialla, « Le consumérisme dans le champ sanitaire », préc. ; J.-M. Clément, « Le consumérisme médical : de l'usager au consommateur de soins », préc.

questions. En effet, désormais, les médecins conventionnés sont rémunérés selon une cotation pour chaque acte, déterminée par la CNAM, ce qui a eu pour effet pervers d'engendrer une pratique de « surcotation », frauduleuse, consistant pour les praticiens à réaliser des actes inutiles parce qu'ils donnent lieu à une bonne rémunération, voire à déclarer des actes qui n'ont jamais été réalisés, pratiques dénoncées, encore récemment, par la Cour des comptes[1].

L'actualité en a donné un exemple spectaculaire : l'affaire des dentistes[2] de Marseille, qui a trouvé son épilogue en 2022, dentistes qui ont effectué des actes inutiles à des centaines de bénéficiaires de la CMU afin de percevoir des remboursements importants : « ce dentiste marseillais, jugé coupable d'avoir dévitalisé 3 900 dents saines dans la bouche de quelque 350 patients, dans le seul but de gagner beaucoup d'argent »[3]. La motivation de la décision, retranscrite dans la presse, mérite d'être soulignée : « Lionel Guedj était devenu le dentiste le mieux rémunéré de France avec des honoraires, en 2010, dépassant 2,9 millions d'euros. Les mutilations qui ont gâché la vie de centaines de personnes avaient, note le tribunal, "pour corollaire une entreprise d'escroquerie à l'égard de la Sécurité sociale et des mutuelles", le "détournement au profit de deux personnes d'un système de solidarité au profit de la santé de tous et qui devra encore faire face aux conséquences désastreuses de ces actes" »[4].

Mais au-delà de la Sécurité sociale, n'y a-t-il pas un manquement au devoir de donner des soins aux indigents, et même, pour être plus précis, de donner leur donner les mêmes soins qu'à des patients plus fortunés ? Le serment d'Hippocrate interdit de se laisser « influencer par la soif du gain » : cette règle n'a-t-elle pas encore plus de valeur lorsque les gains sont obtenus au détriment des plus indigents ?

---

[1] Rapp. Cour des comptes, « La lutte contre les fraudes aux prestations sociales. Des progrès trop lents, un changement d'échelle indispensable », Communication à la commission des affaires sociales du Sénat, sept. 2020, p. 130.

[2] Les dentistes sont soumis à des règles déontologiques distinctes de celles des médecins ; toutefois, les mêmes dérives liées à la surcotation ayant été observées tant chez les médecins que chez les dentistes, l'analogie est permise et l'illustration proposée ne nuit pas au raisonnement.

[3] L. Leroux, « Au procès des mutilations dentaires de Marseille, les deux dentistes condamnés à cinq et à huit ans de prison et incarcérés », *lemonde.fr*, 8 sept. 2022.

[4] *Ibid.*

19. Le devoir de désintéressement du médecin retrouve ainsi un intérêt à travers l'interdiction d'exercer la médecine comme un commerce. Cette incompatibilité est liée au fait que l'appât du gain est nécessairement limité par des règles déontologiques, éthiques, alors que l'activité commerciale se définit par l'intention de spéculation, cette distinction étant le propre des professions régies par des ordres professionnels[1]. Elle trouve une manifestation concrète dans la distinction opérée en droit positif entre les professions civiles et les professions commerciales.

L'activité commerciale, en effet, se caractérise principalement par une « intention de spéculation » : « la spéculation étant entendue comme la recherche de la plus grande différence possible entre les dépenses engagées par celui qui exerce le commerce et le gain qu'il en retire »[2]. Ce critère de spéculation est discuté en doctrine : « d'autres professions ne sont pas insensibles au profit. Les agriculteurs et les personnes exerçant une activité libérale ne pratiquent pas leur activité par intention libérale ; or, ils ne relèvent traditionnellement pas du droit commercial. [...] Au vrai, la prise en compte d'un *animus lucrandi* paraît procéder d'une lecture plutôt civiliste du code de commerce : il y a là une sorte de reflet de l'*animus donandi* »[3]. Il nous semble cependant qu'il y a là une confusion entre intention de spéculation et acte onéreux. Le médecin peut agir en sachant que son acte aura une contrepartie, sans pour autant chercher à accroître le profit qu'il peut en retirer, encore moins s'il le fait au détriment de son patient, en effectuant notamment des actes qui ne seraient pas utiles.

20. La jurisprudence de la chambre disciplinaire de l'ordre des médecins rend des décisions chaque année sur ce fondement : l'interdiction d'exercer la médecine comme un commerce ne s'entend pas comme l'interdiction de percevoir une contrepartie, mais de chercher à tirer de meilleurs profits au détriment du patient.

---

[1] B. Beignier, *op. cit.*, p. 382.

[2] M. Pédamon, H. Kenfack, *Droit commercial. Commerçants et fonds de commerce. Concurrence et contrats du commerce*, 2015, 4e éd., Dalloz, coll. « Précis », n° 75, p. 74 (les auteurs précisant d'ailleurs, juste après, « il en résulte qu'il y a incompatibilité entre le commerce [...] et l'idée de titre gratuit, de désintéressement ». Mais gratuité et désintéressement ne sont pas synonymes, comme on l'a vu.

[3] D. Houtcieff, « Acte de commerce », *in Répertoire de droit commercial*, actu. 2022, § 7.

21. Il a notamment pu être décidé qu'un médecin avait fait une pratique commerciale de la médecine « en exigeant un paiement anticipé d'honoraires élevés et en refusant de les restituer malgré la renonciation du patient »[1]. Plus éloquente encore, elle a décidé que : « *il résulte de l'instruction que le Dr A a participé au moins au début des années 2010 avec d'autres praticiens à l'activité de structures dénommées "Elysées-Monceau", "Arrakis Adventure team" ou "Centre Mosaïque" qui organisaient des séminaires de coaching et de développement personnel en France et à l'étranger et qu'il était présenté dans plusieurs documents afférents à ces activités comme "diplômé de la faculté de médecine, psychosomatoanalyste et sexologue". De telles activités relèvent de pratiques commerciales contraires aux dispositions de l'article R. 4127-19 du code de la santé publique. Il résulte de l'instruction que le Dr A s'est fait le promoteur, au moins au cours de l'année 2016, de trois produits d'une marque dénommée "Kyäni" dont une publicité versée au dossier indique : "le Triangle de bien-être offre le meilleur des baies sauvages d'Alaska, Omégas-3 du saumon sauvage d'Alaska, vitamines C, B et D, nitrates issus du noni, magnésium et zinc, en un sel assortiment facile à utiliser (...) Venez découvrir la présentation du Dr A jeudi 21 juillet 2016 à 19h30 Restaurant – ABC". L'activité de promotion de ces produits, eu égard à leur nature et aux modalités de leur publicité, caractérise une méconnaissance des dispositions des articles R. 4127-19, R. 4127-23, R. 4127-31 et R. 4127-39 du code de la santé publique cités ci-dessus* »[2].

En revanche, il a été décidé que « [s]'il est des plus regrettables que le praticien ait pratiqué dans les conditions ci-dessus décrites des circoncisions rituelles, la circonstance que celles-ci pouvaient atteindre le chiffre de plusieurs dizaines par déplacement et donnaient lieu à la perception d'honoraires consistants, si elles sont de nature à déconsidérer la profession, ne sauraient cependant suffire à caractériser à elle seule, contrairement à ce qu'ont estimé les premiers juges, l'exercice d'une pratique à titre commercial au sens de l'article R. 4127-19 du CSP »[3]. Il en résulte une certaine difficulté à définir les traits généraux de cette interdiction d'exercer la médecine comme un

---

[1] Chambre disciplinaire nationale de l'Ordre des médecins, 18 nov. 2021, n° 14701.
[2] Chambre disciplinaire nationale de l'Ordre des médecins, 22 sept. 2020, n° 14236.
[3] Chambre disciplinaire nationale de l'Ordre des médecins, 8 oct. 2020, n° 13587.

commerce, qui semble surtout très casuistique, ce qui est le propre des règles d'ordre principalement moral que sont les règles déontologiques.

22. Cela ne signifie pas que ces règles sont dépourvues d'effets en droit positif : au contraire, comme nous l'avons déjà relevé, elles ont une valeur réglementaire et elles imposent une norme de comportement au médecin. Mais leur force a nécessairement faibli : aujourd'hui, il ne saurait être reproché au médecin de recourir à certains procédés qui pourraient être qualifiés de commerciaux. Par exemple, l'article R. 4127-19-1 du Code de déontologie médicale permet désormais au médecin de faire de la publicité : « Le médecin est libre de communiquer au public, par tout moyen, y compris sur un site internet, des informations de nature à contribuer au libre choix du praticien par le patient, relatives notamment à ses compétences et pratiques professionnelles, à son parcours professionnel et aux conditions de son exercice ».

Cette communication respecte les dispositions en vigueur et les obligations déontologiques définies par la présente section. Elle est loyale et honnête, ne fait pas appel à des témoignages de tiers, ne repose pas sur des comparaisons avec d'autres médecins ou établissements et n'incite pas à un recours inutile à des actes de prévention ou de soins. Elle ne porte pas atteinte à la dignité de la profession et n'induit pas le public en erreur ».

Le médecin peut donc désormais mettre en valeur son expérience, ses compétences – par exemple en mettant en avant ses publications dans des revues scientifiques, sa collaboration avec des praticiens renommés, des formations originales qui le distinguent – ou encore ses investissements, en matériel par exemple, pour se démarquer d'autres médecins et attirer de la clientèle. Ce sont les moyens mis en œuvre qui pourront éventuellement être sanctionnés. L'article a le mérite de fixer des critères abstraits auxquels se référer.

23. En définitive, à l'image de l'ensemble des professions libérales, l'activité médicale a lentement perdu de sa singularité, pour être souvent considérée comme une activité économique. Le médecin demeure cependant soumis, ponctuellement, à des règles qui freinent sa recherche de gain, ce qui permet de le distinguer d'une activité commerciale comme une autre. Le médecin n'a donc pas de devoir d'altruisme, ni même vraiment de désintéressement. Il a, tout au plus, le devoir de donner des soins au patient désargenté quand bien même il ne serait pas conventionné avec la sécurité sociale, en fixant ses honoraires avec tact et mesure ; et il a l'interdiction d'exercer la médecine comme un commerce, qui n'est pas vraiment une interdiction de rechercher l'enrichissement, mais une interdiction de le rechercher au détriment de son patient et au point de porter atteinte à la dignité de sa profession.

TITRE 2 : LES ACTEURS COLLECTIFS DE L'ALTRUISME

Représentation du salarié et altruisme

Pierre RAYNAUD,

Élève Avocat, Chargé d'enseignements à l'Université J-F Champollion, Albi

« Le comble de l'altruisme, c'est de laisser les autres s'occuper d'autrui »[1]. Georges ELGOZY ne pensait peut-être pas si bien résumer ce que constitue la représentation du salarié dans l'entreprise mais aussi en dehors de celle-ci.

En vertu d'un manque de participation aux élections professionnelles dans les entreprises privées mais aussi dans la fonction publique[2], il n'est pas rare que le taux extrêmement faible du syndicalisme en France soit pointé du doigt[3].

L'altruisme se définit tant comme une valeur qu'un acte, un geste dans le but de se dévouer à l'autre. C'est une capacité qui nécessite de mettre de côté son égoïsme et son intérêt personnel pour ne s'intéresser qu'aux intérêts d'une autre personne.

Il y a une tendance dans l'altruisme à considérer que celui qui agit en ce sens le fait de manière désintéressée : l'on n'attend pas d'une personne altruiste qu'elle puisse obtenir un avantage, tirer un bénéfice de son action. L'altruisme est une forme de solidarité.

L'altruisme a une place évidente au sein des relations collectives de travail. En effet, si dans un premier temps ce n'est pas dans le lien de subordination liant le salarié à l'employeur que l'on imagine une forme d'altruisme, la situation est différente dès qu'il s'agit de représentation collective du salarié.

La représentation du salarié se manifeste de multiples façons : dans l'entreprise, que l'on soit élu ou désigné, le représentant des salariés va utiliser les droits et les pouvoirs que lui confère la loi pour formuler réclamations et revendications auprès de l'employeur.

---

[1] G. Elgozy, L'esprit des mots ou l'antidictionnaire, Denoël, 1981.

[2] Communiqué de presse du Ministère de l'action et des comptes publics du 7 décembre 2018 : Le taux de participation, en baisse, s'établit à 49,7%.

[3] 8% selon les données 2014-2016 de l'OCDE, statistique stable depuis.

En dehors de l'entreprise, il ne faut pas oublier qu'existent de nombreux salariés titulaires d'un mandat représentatif. Pour ne citer qu'eux, le Conseiller du salarié et le Conseiller Prud'homme jouent un rôle fondamental dans la représentation des salariés bien qu'ils ne soient pas les premiers auxquels l'on peut penser.

Leur rôle est aussi fondamentalement altruiste puisqu'il consiste à se dévouer pour les autres, que ce soit pour les assister lors d'évènements stressants, tendus (les entretiens préalables au licenciement) ou pour les écouter et juger leurs affaires dans les conditions de travail désastreuses que connaît la justice d'aujourd'hui.

Le fait d'être titulaire d'un mandat semble donc amener à penser que l'altruisme est omniprésent dans la représentation du salarié de sorte que l'on imaginerait même que certains titulaires d'un mandat seraient tenus dans leurs actions d'un devoir d'altruisme (I).

Pourtant, la réalité doit conduire à bien plus de nuance. La pratique a plutôt tendance à mettre en évidence un altruisme modéré à géométrie variable en raison des freins multiples à son développement (II). La modération se retrouve dans l'action syndicale qui n'est pas toujours guidée par une volonté altruiste mais plutôt égoïste, là où l'intérêt personnel du titulaire du mandat peut passer avant celui d'autrui. Une modération qui se retrouve également au sein de la négociation collective et des lois successives depuis les années 2000 qui ont eu pour conséquence de modifier son but initial : le progrès social.

I- Le mandat de représentation des salariés : Un fait à l'essence même de l'altruisme

Traditionnellement, l'on oppose la représentation élue et la représentation désignée des salariés. Cette opposition n'est en rien péjorative ou conflictuelle dans la mesure où elles ont vocation à se compléter et permettre, dans des moyens d'action différents, de concourir au même but : la défense des intérêts du salarié.

La représentation élue du salarié est organisée au sein du Livre III de la Partie II du Code du travail intitulée « Les institutions représentatives du personnel ». C'est en pas moins de 11 Titres que le Code du travail envisage la représentation des salariés par des membres élus notamment dans l'établissement, l'entreprise ou le groupe de sociétés. La quête d'un tel mandat ne saurait se réaliser sans le passage obligatoire par l'urne, puisque l'élection professionnelle est une condition sine qua non de l'accès à la fonction de représentation[1] (A).

La représentation désignée, elle, fortement présente dans l'entreprise et en dehors de celle-ci, semble immédiatement et directement avoir vocation à agir de manière altruiste. Réalisée au moyen de divers mandats, qu'il s'agisse du délégué syndical, du représentant de la section syndicale ou du représentant syndical au CSE, acteurs historiques de la négociation collective entre autres, leurs prérogatives ne s'étendent que pour autant qu'ils soient représentatifs au niveau de négociation envisagé (B).

A) La représentation élue des salariés impose-t-elle un devoir d'altruisme ?

À la question pourquoi s'engager dans un mandat professionnel au sein de l'entreprise, l'une des réponses courantes est l'obtention du statut de salariés protégés. En effet, le membre élu à la délégation du personnel du comité social et économique fait partie des 20 cas d'octroi du statut de salariés protégés[2].

Le statut de salariés protégés permet au salarié investi d'un tel mandat de bénéficier « de la protection contre le licenciement »[3] imposant à l'employeur d'obtenir une autorisation de licencier de l'inspection du travail. L'enjeu financier d'un licenciement nul permettrait d'octroyer au salarié investi d'un mandat électif des dommages et intérêts fixés de droit à 36 mois de salaires si la durée du mandat restant n'est pas inférieure à deux ans.

Résumer le mobile du salarié à l'obtention d'un mandat électif à la protection contre le licenciement est donc à l'opposé de l'altruisme,

---

[1] C. trav., art. L. 2314-1 et s.
[2] C. trav., art L. 2411-1.
[3] Ibid.

le titulaire du mandat n'y verrait que son intérêt personnel et la défense de ses collègues de travail ne serait pas désintéressée. Une telle approche du mandat d'élu est fortement erronée malgré son ancrage dans la plupart des esprits. D'une part, elle nécessite d'avoir envisagé à l'avance son propre licenciement et donc la perte de son emploi, ce qui dans le contexte d'un marché du travail tendu est peu sérieux. D'autre part, compte tenu des attributions du salarié élu et de l'ensemble des obligations auxquelles il est tenu, cela ne peut qu'être l'envie de servir les salariés de l'entreprise qui dicte la volonté d'être élu. Comme le soulignait le Professeur Arnaud MIAS « On s'engage pour dénoncer des conditions de travail mais aussi pour occuper une place singulière dans l'entreprise »[1]. Le goût de la défense collective naît donc dans les attributions mêmes des instances représentatives du personnel.

L'élection est donc le seul moyen pour intégrer le CSE et représenter les salariés. Cette élection semble imposer un devoir d'altruisme au salarié élu en qui les salariés ont placé leur confiance pour défendre leurs intérêts et constituer un contre-pouvoir fort face à l'employeur.

Ce devoir d'altruisme se manifeste par l'ensemble des attributions que confère la loi aux représentants du personnel. L'une des premières attributions du CSE consiste à formuler des réclamations. Il s'agit là de prendre connaissance auprès des salariés de dysfonctionnements, de droits non respectés ou de mesures non appliquées afin de solliciter de l'employeur le respect de ce droit ou de cette mesure.

Il s'agit d'une attribution plutôt générale conférée par le législateur[2], qui ne peut toutefois se limiter qu'aux problèmes rencontrés par les salariés qui les ont élus[3]. Leur action doit être en lien direct avec les salariés de l'entreprise, ils sont les porte-paroles des salariés de l'unité ou ils sont élus et des salariés extérieurs travaillant dans cette unité en pleine application du principe de concordance.

C'est la mission principale des membres élus du CSE, celle que les salariés attendent et pour laquelle ils sont bien souvent élus. Être le porte-parole des salariés marque d'une grande empreinte d'altruisme le mandat d'élu au CSE car il s'agit de se placer en contre-pouvoir de

---

[1] A. Miais, *« Représenter les autres »*, Éditions-Législatives, 8 juill. 2016.
[2] C. trav., art L. 2312-5.
[3] Cass. soc. 10 juill. 1990, n° 86-42.819.

l'employeur pour solliciter des droits, sans que pour autant le représentant des salariés soit lui-même concerné par la réclamation.

La loi confère elle-même un caractère altruiste aux attributions du CSE puisqu'il doit les exercer « au profit des salariés »[1]. C'est en ce sens que les attributions du CSE imposent un devoir altruiste à ses membres élus qui doivent agir de manière désintéressée ou égoïste. De manière générale, l'article L. 2312-5 du Code du travail confère au CSE une fonction générale de surveillance de l'application des lois. Cette attribution lui permet de saisir l'inspection du travail des plaintes et observations sur l'application des règles qu'elle contrôle[2]. Cette mission de surveillance démontre toute la latitude laissée au CSE en matière d'action, sans qu'il soit besoin qu'un salarié dénonce une mauvaise ou l'absence d'application de la loi. Par pur altruisme, les membres du CSE peuvent dénoncer à l'employeur le non-respect de certains textes.

Dans la droite ligne de cette indépendance d'action du CSE, celui-ci dispose d'un droit d'alerte qui a vocation à s'appliquer dans plusieurs domaines.

Ainsi, le CSE peut agir en justice en matière de droits et libertés des personnes, discriminations, atteinte à la santé après avoir alerté l'employeur selon l'article L. 2312-59 du Code du travail[3] : lorsque l'élu constate un problème, il alerte directement l'employeur. L'employeur se doit alors d'enquêter sur les faits objet de cette alerte et s' il ne réagit pas ou insuffisamment, le CSE peut saisir le Conseil de prud'hommes à condition que le salarié ne s'y oppose pas.

Une telle action au profit de salariés qui ne seraient pas partie à la procédure permet de faire cesser le trouble ou d'ordonner une astreinte à l'employeur : le CSE remplit alors un rôle parfaitement altruiste au seul bénéfice du salarié.

L'on comprend donc que le CSE se veut être une institution impliquée en matière de prévention des droits des salariés, de sa seule initiative.

---

[1] C. trav., art L. 2312-6.

[2] La faculté d'accompagner l'inspecteur du travail n'a pas été reprise dans les attributions par les ordonnances du 22 septembre 2017.

[3] L'article L. 2312-5 du Code du travail opère un renvoi à l'article L. 2312-59 pour les CSE dans les entreprises de moins de 50 salariés par suite d'un oubli dans les ordonnances du 22 septembre 2017.

D'autres droits d'alerte existent mais sont réservés uniquement aux CSE des entreprises de plus de 50 salariés, disposant de la personnalité juridique.

Le CSE est naturellement pourvu d'attributions sociales et culturelles « au bénéfice des salariés, de leur famille et des stagiaires »[1]. Qu'il s'agisse d'organiser une activité sportive, plus généralement d'activités pour améliorer le bien-être des salariés par le logement, la cantine ou les colonies de vacances, ou encore d'améliorer le pouvoir d'achat des salariés.

Outre ces attributions qui s'inscrivent dans une logique de prévention et de défense des salariés, il ne faut pas oublier que le CSE a également un rôle d'assistance envers le salarié. Ce rôle se manifeste tout d'abord par la participation aux entretiens préalables au licenciement. En effet, lorsque des IRP sont présentes dans l'entreprise, le salarié peut se faire assister par un représentant du personnel[2].

Le CSE a donc vocation à être omniprésent dans l'entreprise. Toutefois, cette omniprésence soulève une question fondamentale : qu'en est-il de l'action concrète ? Ces compétences multiples ne risquent-elles pas d'être entravées par le manque de connaissances, de formations ?

B) La représentation désignée des salariés ou la liberté d'être altruiste

La représentation désignée des salariés regroupe l'ensemble des acteurs du monde syndical dans l'entreprise et en dehors de celle-ci. Il sera question ici de mettre en lumière non pas un devoir d'altruisme mais une liberté d'être altruiste pour ces acteurs. La raison première à cette liberté réside dans la liberté syndicale elle-même (1), liberté qui va donner un poids certain dans l'assistance et la représentation des salariés dans l'entreprise mais aussi et peut-être surtout en dehors de celle-ci (2).

---

[1] C. trav., art L. 2312-78.
[2] C. trav., art L. 1232-7.

1) La liberté syndicale comme gage de sécurité dans la représentation des salariés

La loi WALDECK ROUSSEAU du 21 mars 1884 proclame la liberté syndicale et définit le syndicat comme une organisation de défense et de promotion des intérêts professionnels communs. Le Préambule de la Constitution de 1946 confère une valeur constitutionnelle à la liberté syndicale.

La liberté syndicale est une liberté individuelle permettant de créer un syndicat librement, d'adhérer, de se retirer ou de changer de syndicat[1]. L'objet même du syndicat doit interroger : « Les syndicats professionnels ont exclusivement pour objet l'étude et la défense des droits ainsi que des intérêts matériel et moraux, tant collectif qu'individuel, des personnes mentionnées dans leurs statuts » selon l'article L. 2131-1 du Code du travail.

Faut-il comprendre à travers le texte que les syndicats n'agissent que dans l'intérêt strict de leurs membres en laissant de côté les intérêts de ceux qui n'adhèrent pas au syndicat ?

Une telle vision du syndicat a pour conséquence de nier l'altruisme puisque le syndicat ne serait pas désintéressé dans la mesure où seuls les adhérents et ses membres seraient concernés par son action. Le paiement des cotisations du syndicat serait donc la contrepartie du « dévouement ». Le syndicat professionnel ne va évidemment pas seulement agir dans l'intérêt de ses seuls membres ou de ses salariés adhérents. Il suffit de se pencher sur la négociation collective pour en être convaincu.

À titre liminaire, il convient de rappeler que seul le syndicat dit représentatif pourra négocier et conclure des accords collectifs. Le point commun de l'élection avec les élus du CSE amène à la même réflexion développée *supra*.

---

[1] C. trav., art L. 2141-1.

En matière de négociation collective en entreprise, l'on ne saurait imaginer qu'un délégué syndical ne signe une convention collective ou un accord collectif dans l'intérêt du syndicat qu'il représente, une telle affirmation n'a aucun sens. C'est bien dans l'intérêt des salariés de l'entreprise qu'il va ou non décider de signer l'accord.

La raison du rôle primordial que jouent les syndicats se trouve dans l'effet de l'entrée en vigueur de l'accord collectif : cet effet est « *erga omnes* »[1]. L'accord va s'appliquer à tous, à tous les salariés qu'ils soient adhérents ou non d'un syndicat signataire et même lorsqu'ils n'adhèrent à aucun syndicat. L'on comprend donc que l'action syndicale a vocation à être mise en œuvre dans l'intérêt des membres du syndicat mais aussi dans l'intérêt de tous les salariés de l'entreprise.

Un exemple supplémentaire de toute la portée de l'action des syndicats en faveur de tous les salariés syndiqués ou non réside dans la création d'un nouveau mode de rupture du contrat de travail : la rupture conventionnelle. L'Accord National Interprofessionnel sur la modernisation du marché du travail du 11 Janvier 2008, étendu à compter du 25 juillet 2008, va entraîner la création de ce nouveau mode de rupture du contrat de travail à durée indéterminée.

Cet accord va être à l'origine de la codification de la rupture conventionnelle à l'article L. 1237-1 du Code du travail en 2008[2]. 320 000 signées en 2012, 454 000 en 2021[3], les syndicats sont à l'origine d'une modalité de rupture majeure et au bénéfice des salariés.

2) L'assistance et la représentation des salariés dans et hors de l'entreprise

Au sein de l'entreprise et de par la multitude d'acteurs syndicaux, l'action syndicale y est fortement présente au bénéfice des salariés. Un des exemples les plus évidents est l'action de substitution.

---

[1] C. civ., art. L. 2261-1.
[2] Loi du 25 juin 2008 portant modernisation du marché du travail.
[3] DARES ANALYSES, « Les ruptures conventionnelles en 2021 », 2 août 2022.

L'action de substitution désigne la situation dans laquelle le syndicat va agir au nom d'un salarié lorsque les intérêts de ce salarié sont atteints. Un syndicat, même si le salarié n'est pas adhérent, peut mener une action prud'homale à la place du salarié mais seulement dans des cas précis comme l'application d'une convention collective, lorsque le salarié est victime de situations graves ou en cas de licenciement économique.

L'article L. 2262-9 du Code du travail permet à tout groupement doté de la capacité d'agir en justice et dont les membres sont liés par une convention collective, d'exercer toutes les actions naissantes de cette convention. C'est une action individuelle exercée collectivement[1].

Cette action s'inscrit dans un mouvement de pur altruisme. Sa raison d'être réside dans le fait que le salarié, pris individuellement, n'a pas toutes les connaissances et en pratique n'est pas en mesure de connaître l'étendue de ses droits tirés d'une convention collective. Si l'on y ajoute le fait qu'il aura certainement la crainte d'agir seul sur une disposition relative à l'exécution de son contrat de travail par peur de représailles, l'intérêt de laisser le syndicat agir pour son compte prend tout son sens.

Nul besoin pour le syndicat d'obtenir un mandat de la part du salarié ou que ce dernier soit adhérent, la seule condition formelle est que le salarié soit informé par le syndicat et qu'il ne s'y soit pas opposé[2]. Le résultat de l'action en justice, s'il est favorable pour le salarié, ne lui revient qu'à lui seul : il y a donc à travers cette action un désintéressement du syndicat.

Néanmoins, cette action revêt un point noir : Seul le syndicat représentatif peut agir en substitution du salarié. Autrement dit, si les élections professionnelles au 1er tour du CSE ne permettent pas au syndicat d'obtenir la représentativité, celui-ci n'acquiert pas le droit d'agir pour le compte du salarié.

En dehors de l'entreprise, plusieurs mandats ne souffrent d'aucun manque d'altruisme : le Conseiller du salarié, le Conseiller prud'hommes, le défenseur syndical notamment.

S'agissant du premier, l'avantage qu'il présente est qu'il ne connaît ni l'entreprise ni l'employeur, gage d'indépendance lorsqu'il

---

[1] G. Auzero, D. Baugard et E. Dockès, *Droit du travail*, Précis Dalloz 2023, p. 1825.
[2] Cons. const. 25 juill. 1989, n° 89-257 DC, Prévention des licenciements économiques.

intervient au cours de l'entretien pour poser des questions ou solliciter des informations complémentaires. Il s'inscrit en véritable allié des salariés tant par sa présence que par ses interventions et du compte rendu qu'il rédigera en fin d'entretien. Le soutien d'un conseiller du salarié est gratuit, son désintérêt est donc total et au seul bénéfice des salariés demandeurs, bien souvent issus d'une petite entreprise.

Le Conseiller prud'hommes détient peut-être la palme d'or de l'altruisme. Considéré comme un magistrat à part entière dans ses fonctions mais sans la rémunération, il doit œuvrer pour juger ses semblables « au nom du peuple français » dans des conditions de travail désastreuses qui font comprendre que cette fonction est totalement désintéressée. L'article L. 1442-6 du Code du travail prévoit que le temps passé hors de l'entreprise pendant le temps de travail par les Conseillers est du temps de travail effectif. Preuve d'un désintéressement profond, « Les fonctions de conseiller prud'hommes sont gratuites vis-à-vis des parties »[1].

II- La représentation du salarié en pratique : Un altruisme modéré à géométrie variable

La pratique revêt une image toute autre de l'altruisme que l'on peut légitimement attendre des représentants de salariés. En effet, une multiplicité de freins empêche un développement du mandat altruiste (A). Si le mandat se veut plus protecteur et tourné vers le salarié, il est nécessaire de lever certains freins (B).

[1] C. trav., art. L. 1442-8.

A) Une multiplicité de freins au développement de la pratique altruiste

S'agissant des moyens des représentants au détriment de l'altruisme, le financement notamment des syndicats constitue le principal frein à une action syndicale altruiste : les cotisations des adhérents constituent l'essentiel des ressources d'un syndicat. S'agissant du CSE, le faible budget financé par l'employeur seulement pour les entreprises de plus de 50 salariés ne vient guère améliorer la situation financière.

Le faible nombre de salariés adhérents évoqué *supra* explique que les syndicats connaissent un budget limité pour leur action. C'est la raison pour laquelle il n'est pas rare en pratique que le défenseur syndical, qui doit défendre gratuitement le salarié[1], sollicite l'adhésion du salarié au syndicat en question si tel n'est pas déjà le cas.

Par la même, le défenseur syndical sollicitera la condamnation de la partie adverse à l'article 700 du Code de procédure civile, somme qui est allouée à celui qui gagne un procès pour lequel il a dépensé une certaine somme pour se défendre, ce qui ici entre en contradiction avec la mission gratuite du défenseur syndical.

Il en est de même lorsque le défenseur syndical sollicite à la manière d'un avocat, un « honoraire de résultat » sur les gains du procès. Si l'on comprend aisément la volonté des syndicats d'être rémunéré en raison des difficultés à se financer, ces pratiques mettent en évidence l'absence de tout désintérêt dans l'assistance, la défense et la représentation des salariés.

Il en est de même de la part des conseillers du salarié appartenant à un syndicat qui, avant de se rendre à l'entretien préalable, solliciteront l'adhésion du salarié à assister au syndicat. L'argent constitue un frein redoutable à la représentation altruiste, frein qui est souvent lié à celui de la formation.

Les élus du CSE bénéficient d'une formation d'une durée minimale de 5 jours lors de leur premier mandat en matière de santé, sécurité et conditions de travail. Cette formation doit permettre « De développer leur aptitude à déceler et à mesurer les risques

---

[1] C. trav., art. D. 1453-2-1.

professionnels et leur capacité d'analyse des conditions de travail » et « De les initier aux méthodes et procédés à mettre en œuvre pour prévenir les risques professionnels et améliorer les conditions de travail » selon l'article R. 2315-9 du Code du travail.

Plutôt que de développer, il convient de se concentrer sur le terme du second objectif « initier » : plus que former, il s'agit d'initier les salariés à des domaines qu'ils découvrent la plupart du temps. Est bien heureux celui qui peut se considérer formé dans un domaine inconnu en un temps record de cinq jours : Mais qu'en est-il des autres domaines d'intervention des membres du CSE ? Comment sont-ils formés sur les questions économiques, sociales, juridiques, financières et comptables ?

Le Code du travail reste muet, seule la formation en matière de santé et de sécurité est encadrée. Cela ne permet donc pas de s'assurer d'une vigilance maximale des élus sur les domaines pour lesquels leur droit d'alerte peut être utilisé. Le nombre de thèmes qu'ils doivent maîtriser étant déjà conséquent, l'on comprend que les élus soient rapidement dépassés, ce qui ne milite pas en faveur d'une action en faveur des salariés et surtout d'une action de la seule initiative du CSE pour s'occuper des problèmes à résoudre.

Le résultat est que les acteurs se contenteront de remplir leurs fonctions générales, traiter les demandes de salariés et ne verront pas d'autres plus techniques méritant par exemple l'exercice d'un droit d'alerte ou d'une action de substitution finalement si rare en pratique. Les représentants se contenteront également de leurs crédits d'heure : dans les entreprises de 50 à 150 salariés, le délégué syndical bénéficie de 12 heures de délégation par mois.

C'est l'une des inquiétudes des élus du CSE relative au temps qui leur est accordé, trop faible pour aider et accompagner les salariés, « Les élus constatent une complexification des tâches du CSE. Ils se plaignent de réunions trop longues et moins fréquentes qui font que certains sujets dits non essentiels sont expédiés. Le manque de temps fait aussi que les réunions sont moins bien préparées »[1].

Les moyens matériels ne doivent pas être non plus oubliés, selon l'article L. 2315-25 du Code du travail, l'employeur doit s'assurer que le CSE a un local et le matériel nécessaire. Cette disposition ne concerne

[1] Cabinet Syndex - État du dialogue social en 2021.

que les CSE des entreprises de plus de 50 salariés. En dessous de 50 salariés, l'employeur doit simplement mettre à disposition de l'instance un local[1]. Pourquoi opérer une telle distinction entre les deux types de CSE, alors que le CSE d'une entreprise de moins de 50 salariés aura forcément plus de difficultés financières à s'équiper ?

L'action syndicale se retrouve elle-même réalisée au détriment de l'altruisme. Le politique ne doit en général pas s'immiscer au sein d'un syndicat professionnel puisque celui-ci doit rester indépendant pour conserver sa représentativité[2]. Or l'on sait que la pratique démontre le contraire, certains syndicats sont plus orientés que d'autres politiquement.

L'altruisme n'a pas toujours été au cœur de l'action syndicale, en témoigne la pratique des clauses de syndicats fermés. Cette clause permet à un syndicat d'imposer à l'employeur l'embauche de salariés uniquement adhérents à son syndicat. Loin d'être altruiste, cette pratique discriminatoire ne visait qu'à conforter la place du syndicat dans l'entreprise, l'intérêt du syndicat étant le seul mobile à la mise en œuvre de cette clause.

Au Québec, la clause est connue sous le nom de clause d'atelier syndical. Elle signifie que « tous les salariés de l'unité de négociation doivent être ou devenir membres du syndicat et maintenir leur adhésion pour conserver leur emploi »[3]. Une pratique divisée en deux à savoir la clause d'atelier syndical parfait ou imparfait ou la clause plus stricte d'atelier fermé. Dans le cadre de cette dernière, « l'employeur, tout en conservant son droit d'employer les travailleurs qu'il désire, restreint l'exercice de son droit d'embaucher qui il veut pour limiter son choix aux aspirants qui sont déjà membres du syndicat »[4].

L'employeur devait donc recruter directement auprès des syndicats par application de la convention collective. Ces clauses n'existent plus en France par application du principe de non-discrimination, mais rien n'empêche aujourd'hui un syndicat majoritaire dans l'entreprise d'imposer, au moins sur le principe et par

---

[1] C. trav., art. L. 2315-20.

[2] C. trav., art. L. 2121-1.

[3] Ministère du Travail du Québec, « Les clauses d'adhésion syndicale », mars 2003.

[4] G. Dion, (1946). Clauses d'atelier syndical et d'atelier fermé. Relations industrielles / Industrial Relations, 1 (5).

chantage, le recrutement de salariés syndiqués et adhérent d'un certain syndicat de salariés.

L'autre question que l'on peut se poser porte sur la grève : l'exercice du droit de grève est-il un garant d'une action syndicale altruiste ?

La grève consiste à cesser collectivement le travail et à formuler des revendications professionnelles[1]. Dans la mesure où ce sont des revendications professionnelles qui sont formulées par les salariés eux-mêmes, puissent-ils avoir l'appui de syndicats, il n'y a en réalité aucun désintéressement et bien au contraire, les acteurs sont la plupart du temps les premiers intéressés.

Un mouvement de grève particulier semble parfaitement se rattacher à un acte altruiste, il s'agit de la grève de solidarité. Elle peut être interne à l'entreprise pour protester contre des décisions individuelles prises par l'employeur, ou externe lorsque les salariés participent à un mouvement de grève initié dans une autre entreprise.

Cette grève est bien souvent jugée illicite en raison de l'absence de revendications professionnelles, tel est le cas de « la demande de réintégration d'un salarié régulièrement licencié n'ayant pour objet ni un intérêt collectif professionnel, ni la modification ou l'amélioration des conditions de travail »[2].

La grève de solidarité ne constitue donc un acte altruiste qu'à la condition d'être accompagnée de revendications professionnelles ce qui est le cas de l'annonce d'un licenciement pour motif économique constituant une menace sur l'emploi, « revendication professionnelle de défense et de maintien de l'emploi intéressant l'ensemble du personnel »[3].

---

[1] Cass. Soc., 28 juin 1951, Dr. soc., 1951, 523.
[2] Cass. Soc., 8 janv. 1965, n° 64-40.135.
[3] Cass. Soc., 22 nov. 1995, n° 93-44.017.

B) Les axes de développement possibles pour une meilleure action syndicale

« Si, pour les représentants du personnel, la palette des besoins est large, le principal point à améliorer est la relation direction/élus afin d'éviter du désengagement dans le mandat : du respect, de l'écoute, partager le sentiment que travailler ensemble sera utile. Viennent ensuite les moyens techniques des instances pour améliorer la qualité des visioconférences, faciliter les déplacements, mettre à disposition des outils : un mail du CSE ou numéro de téléphone du CSE »[1].

L'un des premiers besoins paraît donc simple : du dialogue. Il rejoint l'un des freins principaux que constitue le manque de temps, d'heures de délégation des différents représentants du personnel.

Les moyens techniques à disposition des instances ne cessent d'être pointés du doigt dans la mesure où il est toujours difficile, outre la mise à disposition d'un local par l'employeur, d'acquérir du matériel nécessaire, de financer l'intervention d'un expert, « pour rompre l'isolement, avoir un regard extérieur, bénéficier de compétences qui n'existent pas au sein des instances ; à condition de connaitre les ressources qu'il est possible de mobiliser »[2].

Un des leviers qui pourrait être actionné réside dans le fait de rendre obligatoire l'adhésion à un syndicat pour bénéficier des dispositions d'une convention collective. Une telle mesure permettrait aux syndicats de percevoir davantage de cotisations de leurs adhérents et donc d'obtenir des ressources supplémentaires pour financer l'action syndicale, les formations et *in fine* profiter aux salariés. Il s'agirait donc de mettre fin à l'effet *erga omnes* des conventions et accords collectifs de travail.

Cette mesure existe déjà en Suède où le taux de syndicalisation des salariés atteint 71% de la population en 2013 et 86% en 1995[3]. Le salarié suédois doit adhérer au syndicat signataire de la convention collective applicable pour bénéficier de ses avantages. Un tel choix en France serait certainement vu comme une remise en cause de la liberté

---

[1] Étude ARACT et DIRECCTE Occitanie, 2021.

[2] Ibid.

[3] L. Fulton, « Trade Unions », Worker Participation : the gateway to information on worker participation issues in Europe.

syndicale et notamment de la liberté d'adhérer ou non à un syndicat et de créer une inégalité de traitement entre salariés syndiqués et non-syndiqués.

Une telle analyse paraîtrait évidemment pertinente, pour autant elle existe déjà dans l'application des conventions et accords collectifs. En effet, une convention collective est constituée de dispositions étendues ou non étendues par un arrêté d'extension pris par le Ministre du travail. Par cette technique on impose le respect d'une convention à toutes les entreprises comprises dans son champ d'application peu important que l'employeur adhère ou non à l'un des groupements signataires[1].

L'employeur, bien souvent non-adhérent à un syndicat non-signataire de la convention, n'est pas obligé d'appliquer la disposition non-étendue au salarié[2]. Un tel levier pourrait donc s'avérer utile pour renforcer les ressources financières des syndicats et donc leurs moyens matériels, le bénéfice de formations de leurs membres et par conséquent, permettre une action syndicale d'une plus grande qualité qu'elle ne l'est, toujours au bénéfice des salariés, en pouvant agir sur des sujets qui aujourd'hui ne peuvent pas être traités par manque de temps et de formations.

Enfin, une dernière possibilité serait de revenir à l'idéologie première de la négociation collective : le progrès social. Les récentes et moins récentes évolutions légales ont donné pour but premier à la négociation collective l'adaptation aux besoins de l'entreprise. La loi supplétive, la priorité de l'accord d'entreprise, la négociation dérogatoire sont des mécanismes en faveur de cette adaptation aux besoins de l'entreprise, sans que pour autant le besoin se fasse sentir. L'alinéa 8 du Préambule de la Constitution de 1946 prévoit que « tout travailleur participe par l'intermédiaire de ses délégués à la détermination collective des conditions de travail ainsi qu'à la gestion des entreprises ». C'est de cette disposition qu'a été déduite la négociation collective. Cet alinéa ne fait aucunement référence à un but d'adaptation à l'entreprise et à ses besoins mais semble inéluctablement viser les travailleurs et leurs conditions de travail.

Et si cet alinéa 8 était le fondement d'une représentation altruiste du salarié ?

---

[1] C. trav., art. L. 2261-15 et s.

[2] Cass. Ass. Plén., 6 avr. 1990, n° 89-41.674.

L'altruisme des associations en droit processuel

Loïc PELISSIER,

Doctorant de l'Institut de Droit Privé, A.T.E.R à l'Université Toulouse Capitole

Si l'altruisme définit la capacité à œuvrer pour autrui de façon désintéressée, les associations apparaissent comme les actrices principales de l'altruisme. L'association est en effet définie comme un regroupement de plusieurs personnes qui mettent en commun leurs connaissances, leurs activités dans un but autre que celui de partager des bénéfices[1]. Ayant des buts non-lucratifs, ces personnes morales trouvent un terrain privilégié pour la défense de l'altruisme, puisque la raison d'être de certaines associations est justement la défense des autres.

Dès lors que l'association est déclarée en préfecture, celle-ci acquiert la personnalité juridique. Par conséquent, en tant que personne morale, elle dispose de la faculté d'agir en défense de son intérêt personnel. Toutefois, d'autres moyens processuels ont progressivement été offerts aux associations afin qu'elles puissent disposer du droit d'agir au nom d'intérêts qui dépassent leurs simples intérêts individuels. Finalement, les associations disposent de moyens processuels pour défendre juridiquement, et sur le plan juridictionnel, l'altruisme.

La question est alors de savoir, face à ces moyens processuels dont peuvent être titulaires les associations, quelles sont les conséquences qui affectent l'altruisme dans son expression juridictionnelle.

Quand on prête un regard sur le droit d'agir des associations en droit processuel, on observe deux tendances structurelles qui méritent

---

[1] Loi du 1er juill. 1901, art. 1er (S. Guinchard et T. Debard, *Lexique des termes juridiques*, Dalloz. Voir « associations »).

d'être commentées. Tout d'abord, la multiplication des moyens donnés par le législateur aux associations afin d'œuvrer pour l'altruisme sur le champ juridictionnel témoigne d'un premier mouvement de judiciarisation de l'altruisme (I-). Toutefois, cette multiplication des prérogatives accordées aux associations sur le plan juridique interroge sur une tendance à la privatisation de l'altruisme (II-).

I- Le droit d'agir des associations : La judiciarisation de l'altruisme

La combinaison de l'œuvre du législateur et des jurisprudences judiciaires a eu pour conséquence de donner des prérogatives processuelles aux associations. Elles disposent de plusieurs actions en justice dont le droit d'agir ne se limite pas à l'action en défense de leurs simples intérêts personnels (A.). De plus, on observe que le champ d'application de ces actions s'est élargi, conduisant ainsi à une progression de l'altruisme, mais soulevant des interrogations quant aux limites de cette progression (B.).

A) Le droit d'agir en défense de l'intérêt collectif et l'action de groupe

Comme établi précédemment, les associations disposent de moyens processuels qui leur permettent d'agir devant une juridiction pour des intérêts autres que les leurs. Ces actions remarquables sont au nombre de deux, l'action en défense d'un intérêt collectif (1.) et l'action de groupe (2.).

1) L'action en défense d'un intérêt collectif : l'altruisme par la défense d'une cause collective

L'action en défense de l'intérêt collectif est une action en justice menée par une association[1] afin de demander réparation à la personne qui a porté atteinte à la cause défendue dans son objet social. L'intérêt n'est pas la somme des intérêts individuels des membres de l'association mais bien celui de la « grande cause »[2] défendue par elle. Ainsi par exemple, une association de défense des droits des animaux peut demander réparation contre une personne physique ou morale qui se rend coupable de maltraitance animale[3], quand bien même elle n'aurait pas d'intérêt personnel à agir.

Concernant la procédure, cette action est menée selon les conditions du droit commun. En ce sens, l'action en réparation pourra être portée devant une juridiction civile ou une juridiction répressive. Toutefois, les conditions d'intérêt à agir et de qualité pour agir doivent être observées par l'association qui entend mener une telle action.

Tout d'abord, rappelons que l'intérêt à agir correspond à l'avantage (économique, social ; patrimonial, extra-patrimonial) que le demandeur entend obtenir à l'issue de son action en justice. *A priori*, on objectera qu'une association ne saurait présenter un intérêt personnel dans une telle situation. Toutefois, dès lors que l'objet social défendu par l'association est concordant avec l'objet de l'action, on estime que l'association présente un intérêt à agir en défense de l'intérêt collectif[4].

La qualité pour agir quant à elle est également une des conditions du droit d'agir en vertu de l'article 31 du Code de procédure civile. Il est disposé que pour certaines actions en justice, la loi

---

[1] Ou un syndicat (Cass. Ch. Réunies, 5 avril 1913 ; C. Trav. Art. L. 2132-3).

[2] Expression de S. Guinchard, « L'action de groupe en procédure civile française », *RIDC*, 1990, 42-2, p. 599. Pour un récapitulatif, voir F. Fourment et E. Camous, *Procédure pénale*, Bruylant, coll. « Paradigme », 15e éd., 2021, p. 201.

[3] Pour ne citer qu'un seul exemple, l'association L214 s'est constituée partie civile contre l'abattoir de Briec. Celui-ci a été condamné par le tribunal correctionnel de Quimper pour mauvais traitements à l'encontre des animaux. (*Le Parisien*, article du 27 juin 2022).

[4] S. Guinchard (Dir.), *Droit et pratique de la procédure civile*, Dalloz Action 2021-2022, §212.311, « L'intérêt personnel se voit identifié à l'intérêt collectif que l'association, par ses statuts, s'est donné pour mission de défendre ».

détermine expressément les personnes ayant la qualité pour agir. C'est le cas de l'action en défense de l'intérêt collectif qui peut être menée par des associations sous réserve d'une condition d'agrément ou d'ancienneté. En effet, à titre d'exemple, il est disposé que les associations de lutte contre les discriminations peuvent agir sous une simple condition d'ancienneté[1]. À l'inverse, les associations de défense des intérêts des consommateurs doivent en principe être agréées[2]. Rappelons que l'agrément pour agir en défense de l'intérêt collectif est dispensé par le pouvoir réglementaire[3].

Finalement, le développement des actions en défense des intérêts collectifs a conduit à judiciariser la protection des grandes causes et donc permet la défense judiciaire de l'altruisme.

2) L'action de groupe : l'altruisme par la défense de la somme des causes individuelles

L'action de groupe est définie comme l'action exercée par une association en représentation de plusieurs personnes. Ces personnes représentées doivent être placées dans une situation similaire, subir un dommage causé par une même personne, lui-même issu d'un même manquement ou d'une même faute[4]. Ainsi, contrairement à l'action en défense d'un intérêt collectif, l'association agit ici pour la protection

---

[1] CPP. Art. 2-1 si l'association est régulièrement déclarée depuis 5 ans.

[2] C. consomm. Art. L. 621-1.

[3] En ce sens par exemple, l'article R. 811-2 du Code de la consommation prévoit que l'agrément est dispensé par arrêté conjoint du ministre de la consommation et du ministre de la justice. Autre exemple, les associations d'anciens combattants doivent être inscrites auprès de l'Office national des anciens combattants et des victimes de guerre. Cette demande se fait auprès dudit office lorsque l'association est nationale ou bien auprès du préfet lorsque l'association est départementale ou régionale (Décr. N° 92-701 du 20 juill. 1992, art. 2).

[4] Conditions posées par L. n° 2016-1547, art. 62, notamment rappelées par l'art. L. 623-1 c. consommation.

collective d'une somme d'intérêts individuels[1], s'inscrivant dans un courant de « collectivisation des droits »[2].

L'action de groupe suit plusieurs étapes procédurales[3]. Après la mise en demeure préalable obligatoire[4], la demande est formée, instruite et jugée suivant les règles applicables à la procédure écrite ordinaire[5] et le juge devra rendre un premier jugement à plusieurs fins. D'abord, il devra y définir le groupe en fixant des critères objectifs de rattachement. Ensuite, le juge détermine les préjudices concernés par l'action et susceptibles d'être réparés pour chacune des personnes constituant le groupe. Enfin, il statue sur la responsabilité du professionnel. Le juge ordonne également les modalités de publicité de l'action de groupe et de la condamnation afin d'informer les personnes susceptibles d'avoir souffert du même préjudice, et leur permettre d'adhérer au groupe afin d'être indemnisées. Concernant l'indemnisation, on notera que le législateur a fait le choix d'un système dit de « *opt in* » dans lequel il revient à l'intéressé de se manifester pour appartenir au groupe. Le système Américain de *class action*[6], au contraire, connaît un système de « *opt out* » dans lequel, par défaut, le consommateur est considéré comme adhérant au groupe et il lui appartient alors de se manifester afin de s'en détacher[7].

Une fois le professionnel condamné, l'étape suivante sera la liquidation qui pourra se faire, soit de manière individuelle lorsque la personne responsable indemnise directement les personnes en fonction de leur préjudice, soit de manière collective où l'association est implicitement mandatée par les adhérents au groupe et chargée de négocier afin d'obtenir une indemnisation des victimes auprès du responsable.

---

[1] Expression de C. Chainais, F. Ferrand, L. Mayer et S. Guinchard, *Procédure civile*, Précis Dalloz, 35e éd.,2020, §2011.

[2] L. Boy, « L'intérêt collectif : réflexion sur la collectivisation du Droit », thèse Nice, 1979.

[3] CPC. Art. 848 et s.

[4] L. n° 2016-1547, art. 64, al. 1 et 2.

[5] CPC. Art. 849-2.

[6] C. Chainais, F. Ferrand, L. Mayer et S. Guinchard, *Op. Cit.* §222 ; F. Laroche-Gisserot, « Les *class action* américaines », *LPA*, 10 juin 2005, n° 115, p. 7.

[7] C. Chainais, F. Ferrand, L. Mayer et S. Guinchard, *Op. Cit.* §222.

Concernant l'action de groupe, on notera que la procédure peut varier dans certaines matières[1] et dans l'hypothèse où les personnes lésées sont connues et identifiées[2]. Aussi, il convient de préciser que l'action peut être mise en œuvre devant le juge administratif si les manquements sont commis par une personne morale de droit public ou une personne morale de droit privé en charge d'un service public.

Toujours est-il que l'association agissant en justice doit observer certaines conditions afin d'avoir la qualité pour agir. En effet, pour être demandeur à une telle action, l'association doit disposer d'un agrément national, ou bien être régulièrement déclarée depuis 5 années au moins et présenter un objet statutaire qui comporte la défense d'intérêts auxquels il a été porté atteinte. Il convient toutefois de préciser que pour des actions relatives à certaines matières l'agrément sera obligatoire[3].

Par conséquent, l'action de groupe est une voie processuelle qui permet à une association de rassembler plusieurs personnes lésées qui, de manière divisée, n'auraient probablement pas fait entendre leur cause devant une juridiction. Cette action permet donc de judiciariser des causes qui ne l'étaient pas et conduit finalement à une meilleure défense des personnes lésées. En étant titulaire d'une telle action, l'association dispose d'une marge de manœuvre processuelle qui lui permet d'exercer son altruisme.

---

[1] Pour les actions en manquement d'un professionnel à ses obligations légales ou contractuelles à l'occasion de la vente d'un bien ou de la fourniture d'un service. Ou à la suite de pratiques anticoncurrentielles. Dans ces hypothèses, l'association qui doit être agréée engage une action en réparation des préjudices matériels subis par les consommateurs. Dans cette procédure le juge, sauf à être saisi de difficultés ultérieures, ne rend qu'un seul jugement dans lequel il fixe un délai pour que le professionnel procède à la réparation des préjudices.

[2] Art. L. 623-14 du Code de la consommation.

[3] A titre d'exemple, l'action de groupe en défense d'un dommage causé à l'environnement ne peut être exercée que par une association agréée (art. L. 142-3-1 du Code de l'environnement).

B) La progression de la judiciarisation de l'altruisme

Cette tendance à la judiciarisation de l'altruisme par le droit d'agir des associations a connu une forte progression. En effet, le champ de ces actions s'est fortement élargi (1.) toutefois, elles se heurteront à certaines limites qui freineront cette progression (2.).

1) L'extension du champ d'application du droit d'agir des associations

Le droit d'agir des associations a connu une forte extension de son champ d'application. Cette extension tient à plusieurs impulsions : législative, réglementaire, jurisprudentielle et naturelle.

Tout d'abord, le législateur a souhaité donner davantage de prérogatives aux associations pour ces actions en défense des intérêts collectifs et actions de groupe. C'est en cela que l'action en défense des intérêts collectifs, qui trouve son origine dans la jurisprudence, se voit de plus en plus codifiée par les récentes réformes[1]. Aussi, l'action de groupe qui a d'abord été créée en 2014 pour le droit de la consommation[2], a été élargie à la lutte contre les discriminations (étant précisé que cette action de groupe peut également être exercée par un syndicat[3] lorsque la discrimination a été exercée par un employeur[4]), dans le cadre d'un préjudice causé à l'environnement[5], pour les

---

[1] En ce sens, l'article L. 621-1 du Code de la consommation date de l'ordonnance du 14 mars 2016 (n° 2016-301). Aussi, les articles 2-1 et s. du Code de procédure pénale donnent une liste des actions civiles que peuvent mener des associations ainsi que les conditions à respecter. On remarque en ce sens que les articles 2-1 à 2-25 du CPP ont tous été modifiés depuis 2016.

[2] Loi du 17 mars 2014, n° 2014-334.

[3] C. Trav. Art. L1134-7.

[4] C. Trav. Art. L1134-6 et s.

[5] Code de l'environnement, art. L. 142-2 pour l'action en défense de l'intérêt collectif. Étant ici précisé que cette action peut également être menée par une collectivité territoriale art. L. 142-4 ; Et art. L. 142-3 pour l'action de groupe.

préjudices causés par le système de santé[1], ainsi que pour les manquements en matière de protection des données informatiques[2].

L'élargissement des actions des associations tient également à un phénomène jurisprudentiel. En effet, si l'on suit les règles de droit commun concernant le droit d'agir, celui-ci serait conditionné à un intérêt et une qualité pour agir. Pour l'action en défense de l'intérêt collectif, la première condition tiendrait à l'objet social de l'association qui doit être concordant avec l'objet de l'action et la seconde correspond aux précisions législatives sur les conditions d'ancienneté ou d'agrément nécessaires. Pour autant, la Cour de cassation a pu rendre des jurisprudences *contra legem* ayant eu pour conséquence de juger recevables des actions en justice alors que la lettre de la loi, soit ne le permettait pas, soit disposait du contraire[3]. En ce sens par exemple, alors que le Code de l'environnement n'autorise que les associations agréées à agir à la suite d'un dommage causé à l'environnement, la Cour de cassation a rendu un arrêt affirmant l'inverse par cet attendu très large : « attendu qu'une association peut agir en justice au nom d'intérêts collectifs, dès lors que ceux-ci entrent dans son objet social »[4]. La principale limite à la judiciarisation de la défense des intérêts collectifs étant la qualité pour agir des associations, celle-ci tend à s'effacer par ces jurisprudences de la Cour de cassation.

Cet élargissement tient également à un phénomène réglementaire puisque la délivrance des agréments par les autorités compétentes se multiplie[5]. Enfin, elle tient à un phénomène naturel : lorsque la qualité pour agir tient à l'ancienneté de l'association, leur nombre tend *de facto* à s'accroître. De plus, ces actions en justice

---

[1] Code de la santé publique, art. L. 1143-1 et s.

[2] Loi du 6 janvier 1978 (n° 78-17).

[3] Voir L. Cadiet et E. Jeuland, *Droit judiciaire privé*, Lexis Nexis, 11e éd., 2020, §366 « Tendance à l'élargissement ».

[4] Cass. 3e civ. 26 sept. 2007, n° 04-20.636 ; Répété par Cass. 1e civ. 18 sept. 2008, n° 06-22.038 « Même hors habilitation législative, et en l'absence de prévision statutaire expresse quant à l'emprunt des voies judiciaires, une association peut agir en justice au nom d'intérêts collectifs dès lors que ceux-ci entrent dans son objet social ».

[5] Concernant l'action de groupe, le nombre d'associations agréées au niveau national était de 15 (www.economie.gouv.fr/cedef/action-de-groupe). En donner un chiffre exhaustif serait quasiment impossible. Uniquement pour les associations agréées dans le domaine de l'enseignement primaire et secondaire public, leur nombre était de 162 (dont 62 depuis le 1 er janv. 2020) (Décr. n° 2017-908 du 6 mai 2017 ; Code de l'éducation, art. D. 551-1 et s).

relativement nouvelles tendent à se démocratiser. Il est à noter que l'action en défense de l'intérêt collectif est davantage entrée dans les pratiques juridiques françaises que l'action de groupe dont le mécanisme cherche encore à être amélioré[1].

2) Les limites au droit d'agir des associations

Même si les actions à portée des associations tendent à accroître leurs champs d'applications, elles se heurtent néanmoins à certaines limites. Tout d'abord, en tant que limites textuelles, l'action en défense des intérêts collectifs ne peut se faire devant les juridictions pénales que dans les cadres posés par les articles 2-1 et suivants du Code de procédure pénale. Ainsi, dès lors que l'action n'est autorisée que pour une liste d'infractions pénales, celle-ci est limitative[2]. Aussi, dans certaines matières, l'association ne peut se constituer partie civile qu'avec l'accord de la victime directe[3].

Au-delà de ces limites textuelles, il existe deux limites philosophiques à l'efficacité de ces actions, notamment en ce qui concerne l'action de groupe. Tout d'abord, la logique de « *opt in* » qui la gouverne est indéniablement un frein à son efficacité. En effet, le fait que le consommateur français doive effectuer des démarches pour prendre part à cette action en justice est conforme à la philosophie française du droit d'agir mais contre-productive. Au regard de l'inflation d'informations publicitaires, le consommateur est souvent fermé à la simple idée de remplir un formulaire[4]. Toutefois, le Conseil

---

[1] En ce sens, le rapport d'information rendu à l'Assemblée Nationale le 11 juin 2020 (Ph. Gosselin et L. Vichnievsky (dir.) *Le bilan et les perspectives des actions de groupe*) décompte seulement 21 actions de groupe engagées depuis l'entrée en vigueur de la loi Hamon. Étant précisé qu'un bon nombre de ces actions se sont soldées par un arrangement amiable. Le rapport émet plusieurs propositions afin d'améliorer le dispositif comme donner la qualité à agir aux associations ayant deux ans d'existence.

[2] Cass. Crim. 3 mai 1988, n° 87-84.365.

[3] Cas des violences sexuelles (CPP. Art. 2-2).

[4] En pratique, l'information des consommateurs pose une grande difficulté. D'une part, le juge est réticent à ordonner à l'entreprise de communiquer le fichier client en raison du secret des affaires, d'autre part la publicité est strictement encadrée pour les

constitutionnel avait sous-entendu que seule cette logique de *opt in* serait conforme aux exigences constitutionnelles[1]. Il est indéniable que dans certains domaines comme la défense des consommateurs, l'action de groupe gagnerait fortement en efficacité en ayant un système de *opt out*.

De plus, lorsque l'on compare la *class action* nord-américaine et l'action de groupe à la française, la seconde différence marquante est évidemment la question des dommages et intérêts punitifs. Ceux-ci sont évidemment contraires à la philosophie française qui considère que l'action civile vise la réparation stricte du préjudice. En ce sens, les dommages et intérêts ne doivent pas participer à un enrichissement injustifié de la personne lésée. Force est de constater que les dommages et intérêts punitifs rendraient l'action de groupe bien plus efficace, surtout quand le manquement est commis délibérément par une personne morale en ayant conscience du faible coût que lui occasionnerait une condamnation. À ce sujet, il est étonnant de constater que la philosophie française rejette cette idée des dommages et intérêts punitifs alors qu'elle a accueilli celle du droit d'agir des associations en défense des intérêts collectifs. En effet, si une association obtient une condamnation à la suite d'une action en défense d'intérêts collectifs, dans la mesure où elle n'a pas personnellement souffert du dommage, comment estimer le montant de la réparation ? En réalité, le Code de procédure pénale dispose que la partie lésée par une infraction peut aussi bien être la victime directe qu'une association. Ainsi, le juge pénal doit considérer avec égalité les parties civiles. Or, ce raisonnement fictif n'est pas si différent dans son essence que la possibilité de prononcer des dommages et intérêts punitifs.

Il faut constater que les prérogatives des associations dans la recherche de l'altruisme se sont fortement étendues en droit processuel. De manière symétrique, ce sentiment de désengagement de l'Etat dans la lutte pour l'altruisme qui peut être perçu s'accompagne d'un mouvement de privatisation de l'altruisme.

---

associations qui ne peuvent, *de facto*, que difficilement informer les consommateurs (en pratique la publicité de l'action se fait sur leur site et dans les annonces de journaux). Voir rapport remis à l'Assemblée Nationale le 11 juin 2020, *Op. Cit.*, p. 48 et s.

[1] Cons. Const. 13 mars 2014, n° 2014-690 DC, considérant 16.

II- Le droit d'agir des associations : La privatisation de l'altruisme

Le phénomène de judiciarisation de l'altruisme a, *de facto*, conduit à ce que les associations soient dotées de prérogatives qui, *a priori*, devraient appartenir à l'Etat. C'est dans ce sens que cette privatisation de l'altruisme peut donner naissance à un sentiment de désengagement de l'Etat (A.). Cela étant, le phénomène de privatisation de l'altruisme n'est pas pour autant sans contrôle de sa part (B.).

A) Le désengagement de l'Etat pour la défense de l'altruisme au profit des associations

Le sentiment de désengagement de l'Etat au profit des associations tient d'abord à la frontière entre action publique et action en défense de l'intérêt collectif qui tend à s'estomper (1.). Il tient également à la montée en puissance des associations sur le plan procédurier (2.).

1) Le déclin du monopole de l'action publique

Quand on fait le constat d'une protection de l'altruisme qui est devenue juridictionnelle, on devrait supposer que ces prérogatives processuelles sont un monopole des appareils étatiques. En effet, l'altruisme est une notion qui avoisine celle de la défense de l'intérêt général, et l'Etat devrait en être le premier acteur[1]. Ainsi, la première des prérogatives juridictionnelles au service de l'altruisme est l'action publique mise en œuvre par le ministère public à la suite de la

---

[1] Étant ici précisé que dans le rapport rendu à l'Assemblée Nationale le 11 juin 2020 (*Op. Cit.*), il est proposé que le ministère public soit systématiquement informé de la mise en œuvre d'une action de groupe afin d'en être partie jointe.

commission d'une infraction. Toutefois, depuis ces dernières années, il est à remarquer que la frontière entre les actions en défense des intérêts collectifs par les associations et l'action en défense de l'intérêt général du ministère public tend à se réduire. Si bien que des auteurs parlent de « déclin du ministère public »[1], de « contre-pouvoir »[2] de la partie lésée ou de « perte de monopole au profit (de) structure(s) purement privée(s) »[3]. Et de fait, on objecte souvent que la différence entre les deux actions réside dans les caractères de l'action publique. Celle-ci est en principe générale, impersonnelle et vectrice d'égalité, contrairement à l'action en défense de l'intérêt collectif qui comporte souvent des inclinaisons idéologiques et politiques. Or, le seul fait qu'en vertu de l'article 20 de la Constitution, le ministre de la Justice soit chargé de dicter une politique pénale démontre que l'action publique, elle-même, n'est pas vierge d'inclinaison idéologique et politique. Par conséquent, la différence entre ces deux actions n'est pas dans leur essence, mais dans leur statut, leur régime, leur dimension et dans les acteurs qui en ont la charge.

De la même manière, la nécessité d'une action de groupe naît d'une ineffectivité du droit de la consommation et de son respect par les professionnels[4]. Les associations apparaissent comme les actrices principales de ce relai entre la règle de droit consumériste et son effectivité[5]. De manière tout à fait objective, le ministère public qui devrait avoir le monopole de la défense de l'altruisme en droit processuel laisse de plus en plus de place aux associations.

---

[1] S. Guinchard (Dir.), *Droit et pratique de la procédure civile*, Dalloz Action 2021-2022, §212.231.

[2] F. Fourment et E. Camous, *Procédure pénale*, Bruylant, coll. « Paradigme », 15e éd., 2021, p. 194.

[3] R. De Castelnau, *Une justice politique*, L'Artilleur, 2020, p. 207.

[4] Même si certains auteurs estiment que l'ineffectivité du droit de la consommation est imputable, certes, aux professionnels, mais aussi aux consommateurs qui acceptent tacitement l'irrespect de certaines règles de droit (O. Kafi Cherrat, *La collectivisation des recours en droit de la consommation, aspects internes et internationaux*, Thèse Limoges 2021, Mare & Martin, 2023, p. 19 et 20).

[5] O. Kafi Cherrat, *Ibid.*

2) La procéduralisation des associations

Dans l'introduction de son cours de droit processuel, Henri Motulsky répugnait à employer le terme « *procédurier* »[1], ayant une « acception péjorative »[2]. Toutefois, il est utilisé ici dans le sens où la voie procédurale de l'action en justice pour les associations s'est démocratisée, c'est-à-dire que les associations emploient de plus en plus la voie procédurale pour faire valoir leurs causes. En effet, la voie judiciaire est un fort moyen, pour une association, d'obtenir ce qui équivaut à une condamnation morale du mis en cause, parce qu'il aura porté atteinte à un intérêt collectif ou à un collectif humain[3]. L'action judiciaire est devenue, pour l'association, un moyen parmi les autres d'œuvrer pour l'altruisme.

Dans cette même perspective, il faut ajouter les quelques possibilités processuelles qui sont données aux associations lorsqu'une action en justice est envisagée. D'abord, elles disposent de la possibilité de mettre en mouvement l'action publique selon les conditions de droit commun. En effet, au-delà de la possibilité de déposer une plainte simple devant le procureur de la République, une association ayant connaissance de la commission d'une infraction peut mettre en mouvement l'action publique. D'une part, elle peut procéder à une citation directe devant le tribunal de police ou le tribunal correctionnel, d'autre part, elle peut saisir, sous certaines conditions, un juge d'instruction au moyen d'une plainte avec constitution de partie civile[4]. De plus, une association dispose de davantage de moyens qu'une personne physique, ce qui la rendra moins réticente à la possibilité de déposer une provision parfois nécessaire au dépôt de plainte avec

---

[1] H. Motulsky, *Droit processuel*, Montchrestien, 1973, p. 3.
[2] *Ibid.*
[3] B. Mathieu parle, en ce sens, de « pénalisation de la vie politique et sociale », *Le droit contre la démocratie ?,* LGDJ, forum, 2017, p. 186.
[4] Étant précisé à ce propos que le délai pour saisir ce dernier a été réduit (Loi du 23 mars 2019, n° 2019-222 ayant modifié l'art. 85 al.2 CPP). Le délai permettant de saisir le juge d'instruction après avoir déposé une plainte simple auprès du procureur de la République est passé de 6 mois à 3 mois. C. Sourzat, *Droit pénal général et procédure pénale*, Bruylant, coll. « Paradigme », 3e éd., 2019, §627.

constitution de partie civile[1]. Aussi, compte tenu des moyens d'enquête qu'une association peut mettre en œuvre, celle-ci peut rassembler plusieurs éléments de preuves pour ensuite procéder à une citation directe devant la juridiction pénale[2]. Ajoutez à cela le fait que, pour obtenir ces moyens de preuve, les associations ne sont pas tenues d'observer le principe de loyauté de la preuve avec autant de rigueur que le ministère public[3]. Face à ces éléments, on observe aujourd'hui certaines associations constituer de véritables parquets privés dans la lutte contre certaines infractions pénales comme la corruption[4] ou la pédophilie[5].

Enfin, de nos jours, il n'est pas possible d'aborder les thématiques des moyens à disposition des associations dans la lutte pour l'altruisme sans parler des médias. Notons que cette tendance à la « délocalisation »[6] de la justice dans les médias est saisie à bras-le-corps par les associations qui ne connaissent pas le secret de l'enquête, contrairement aux autorités publiques. Cet élément renforce encore le

---

[1] CPP. Art. 88 ; sur ces causes de dissuasion du justiciable, voir notamment O. Kafi Cherrat, *Op. Cit.,* p. 23.

[2] CPP. Art. 392 et 533.

[3] On rappellera la preuve obtenue par *testing* jugée recevable : Cass. Crim. 11 juin 2002, n° 01-85.559.

[4] Il faut ici citer l'association Anticor fondée par le juge Eric Halphen et Séverine Tessier, qui est souvent qualifiée de « parquet privé » (R. De Castelnau, *Op. Cit.*, p. 259). A ce sujet, Eric Alt, magistrat judiciaire et membre de l'association s'est vu reprocher cette collusion d'intérêts car l'association avait déposé une plainte avec constitution de partie civile contre le Président de l'Assemblée Nationale. L'enquête administrative déclenchée par Nicole Belloubet en juillet 2019 n'a pas donné de suites (E. Aubin, « L'expression publique des juges », dans E. Lemaire, J. Saison et E. Untermaier-Kerleo (Dir.), *La déontologie des juges. Etat des lieux et perspectives d'avenir*, Institut Francophone pour la Justice et la Démocratie, colloques et essais, 2021, p. 47 et s.). Sur les moyens dont disposent l'association et ses pratiques pour le rassemblement des preuves, voir le très complet interview de Elise Van Beneden, avocate de l'association Anticor, *Corruption à tous les étages ?,* diffusé le 17 mars 2021, sur Youtube.com par Thinkerview.

[5] On peut ici citer le « collectif Moore », l'association « *Truly* » ou encore « innocence en danger », qui créent de faux comptes d'enfants sur les réseaux sociaux afin de traquer des prédateurs sexuels. Ici, il faut noter que les associations prêtent attention à provoquer à la preuve et non provoquer à l'infraction, faute de quoi les moyens de preuves seraient irrecevables. A ce sujet, voir Zone interdite, « Plongée auprès des Français qui se font justice », *M6*, diffusé le 20 fév. 2022.

[6] Selon l'expression de A. Garapon, « La Justice est-elle "délocalisable" dans les médias ? », *Droit et société*, n° 26, 1994, p. 73 à 89.

poids des associations dans la lutte pour l'altruisme face aux déclinants organes de l'Etat.

B) Une privatisation contrôlée de l'altruisme au profit des associations

Cette tendance à cette privatisation de l'altruisme n'est pas pour autant une libéralisation. En effet, l'Etat garde un certain contrôle sur ces actions processuelles menées par les associations, tant de manière indirecte que de manière directe.

1) Le contrôle indirect de l'Etat sur l'altruisme

Tout d'abord, il faut objecter que cette privatisation de l'altruisme reste, dans une certaine mesure, contrôlée par les organismes étatiques. Tout d'abord, les agréments qui donnent la qualité pour agir en justice sont délivrés par le pouvoir réglementaire selon certaines conditions. Ainsi, même si cet agrément n'est plus l'*alpha* et l'*omega* de la qualité pour agir à la lecture de certaines jurisprudences[1], il est une prérogative que le pouvoir exécutif garde sur le droit d'agir des associations. Aussi, même si certaines actions en justice peuvent être menées uniquement sous une condition d'ancienneté, rappelons que le législateur est libre d'ajouter une condition d'obtention d'agrément.

De manière tout à fait indirecte également, il ne faut pas nier que par les mécanismes de subventions aux associations, l'Etat « choisit ses concurrents ». En effet, il suffit de constater que parmi les associations

---

[1] L. Cadiet et E. Jeuland, *Droit judiciaire privé*, Lexis Nexis, 11e éd., 2020, §366 « Tendance à l'élargissement ». Cass. 3e civ. 26 sept. 2007, n° 04-20.636 ; Cass. 1e civ. 18 sept. 2008, n° 06-22.038.

jugées d'utilité publique, certaines reçoivent davantage de subventions que d'autres[1].

2) Le contrôle direct de l'Etat sur l'altruisme

Enfin, le contrôle des associations peut être direct car rappelons qu'une association peut parfaitement être dissoute. En cas d'infraction pénale, cette dissolution peut se faire devant le juge pénal en qualité de peine complémentaire, au titre de l'article 131-39 du Code pénal. Étant toutefois ici précisé que depuis 2013[2], le ministre de la Justice ne peut plus directement donner de consignes au ministère public pour poursuivre l'association ou requérir sa dissolution. Cependant, le gouvernement peut prononcer, par décret, la dissolution d'une association pour divers motifs comme l'incitation à la discrimination[3], terrorisme[4], manifestation armée[5], etc … Le décret portant dissolution de l'association peut, bien entendu, être contesté devant le Conseil d'Etat[6].

Force est de constater que, très récemment, la procédure de dissolution des associations a plusieurs fois été mise en œuvre[7], ce qui

---

[1] Pour ne parler que de quelques associations déjà citées *supra*, Anticor déclare ne toucher aucun argent public (Thinkerview, interview de Elise Van Beneden, *Op. Cit.*) Tandis que SOS racisme perçoit des centaines de milliers d'euros de subventions publiques. (S. Humann, « Touche pas à mes subventions ! », Le Figaro magazine, 5 juill. 2012, « En 2009, selon les comptes publiés au Journal officiel, SOS Racisme a touché 579 000 € d'argent public, ce qui a couvert plus de 60 % de ses ressources »). Sur les dépenses de l'Etat (sans aborder celles des collectivités territoriales) en matière de subventions aux associations, voir le jaune budgétaire *Annexe au projet de loi de fiance pour 2022, Efforts financiers de l'Etat en faveur des associations*, disponible sur www.budget.gouv.fr. Au total, pour l'année 2022, l'Etat a versé 9 milliards d'euros de subventions aux associations (p. 9).

[2] L. du 25 juill. 2013, n° 2013-669.

[3] L. du 1er juill. 1972, n° 72-546.

[4] L. du 9 sept. 1986, n° 86-1020 relative à la lutte contre le terrorisme.

[5] L. du 10 janv. 1936 relative aux groupes de combat et milices privées.

[6] S. Damarey, « La dissolution administrative des associations », *AJDA* 2012. 921.

[7] L'association génération identitaire a été dissoute par le décret du 3 mars 2012, ce qui a été confirmé par le Conseil d'Etat (CE, 3 mai 2021, n° 451743). De la même manière, le 28 octobre 2020, un décret a dissous l'association Barakacity, et la

démontre bien que le pouvoir politique garde un puissant contrôle sur ce mouvement de privatisation de l'altruisme et qu'il reste dans une position prédominante face aux associations.

Conclusion

Tout d'abord, la première des causes de la progression de la place que prennent les associations dans la défense de l'altruisme est celle du sentiment profond de désengagement de l'Etat. Pour illustrer ce sentiment, un sondage ayant fait grand bruit disait que 41% des français donneraient leur accord pour « confier le pays à un pouvoir politique autoritaire, quitte à alléger les mécanismes de contrôle démocratique s'exerçant sur le gouvernement »[1]. Dans la logique des institutions, il revient à l'Etat et ses organes de déterminer l'intérêt général et d'œuvrer pour sa protection. Force est d'admettre que ce sentiment est le symptôme d'une défiance pour la population la capacité qu'a l'Etat de défendre convenablement l'intérêt général. C'est en ce sens que la confiance d'une certaine part de la population se porte désormais davantage sur les associations qui, dans leur recherche d'altruisme, seraient mieux à même d'œuvrer avec intégrité et efficacité en ce sens. En réalité, cet engouement et cette place que prennent les associations dans le fonctionnement des institutions résultent du vide laissé par l'Etat. La conséquence liée à ce premier constat est la dilution de la notion d'intérêt général dans une multitude d'intérêt collectifs[2]. Et

---

demande en suspension de ce décret a été rejetée par le CE (25 nov. 2020, n° 445774). A l'inverse, le groupe « la Gale » a été dissous en référé par le gouvernement mais cette dissolution a été suspendue par le Conseil d'Etat (CE, 16 mai 2022, n° 462954).

[1] Sondage, *Les Français et le pouvoir*, Ifop pour Ouest-France, Octobre 2018, p. 25 (détail : 11% sont tout à fait d'accord, et 30% sont plutôt d'accord avec cette proposition).

[2] B. Mathieu, *Le droit contre la démocratie ?*, LGDJ, forum, 2017, p. 123 : « L'idée selon laquelle les citoyens et les associations représentatives ont la faculté de se faire entendre dans le processus décisionnel renvoie à cette fragmentation de l'intérêt général et au souci de rapprocher la décision de ces destinataires ».

ces multiples intérêts collectifs peuvent parfois apparaître incompatibles entre eux, voire, être portés contre l'Etat[1].

[1] B. Mathieu, *Op. Cit.*, p. 112 « le droit, qui constitué l'une des conditions d'existence de la démocratie, constitue également un instrument de son étouffement ».

SECONDE PARTIE : LES PRATIQUES JURIDIQUES DE L'ALTRUISME

TITRE 3 : LES PRATIQUES ATTENDUES DE L'ALTRUISME

Altruisme ou égoïsme ? L'intérêt supérieur de l'enfant appliqué à l'adoption devant la CEDH

Marc BENOIST,

Doctorant de l'Institut de Droit de l'Espace, des Territoires, de la Culture et de la Communication, Université Toulouse Capitole

« L'adoption est "donner une famille à un enfant et non un enfant à une famille" » [1]. La position de la Cour européenne des droits de l'Homme (ci-après CEDH) en matière d'adoption ne souffre aucune ambiguïté. Tout en refusant la consécration d'un droit à l'adoption, elle la reconnaît à égalité de tout lien de filiation et de toute vie familiale[2] et garantit à tout le moins un droit d'y avoir accès[3]. La lecture altruiste proposée par les organisateurs de ce colloque[4] s'applique naturellement à cette solution. Le déséquilibre initial qui donne lui-même l'impulsion au geste altruiste est pleinement représenté par le principe issu de l'arrêt *Fretté* qui place l'attention sur un enfant dépourvu de famille et non l'inverse. C'est donc bien la situation de l'enfant que l'on cherche à améliorer, c'est vers lui que se tourne la disposition à s'intéresser et à se dévouer à autrui. Or pour résoudre le contentieux lié à l'adoption, la Cour européenne s'appuie sans défaillir sur ce qui pourrait être son

---

[1] CEDH, 26 fév. 2002, *Fretté c. France,* n° 36515/97.

[2] CEDH, 13 juin 1979, *Marckx c. Belgique,* n° 6833/74 ; CEDH, 26 fév. 2002, *Fretté c. France*, n° 36515/97 ; CEDH, 22 janv. 2008, *E.B.* c. *France,* n° 43546/02 ; CEDH, 18 avr. 2013, *Ageyevy* c. *Russie,* n° 7075/10.

[3] CEDH, G^{de}. Ch. *E. B.* c. *France*, 22 janv. 2008, n° 43546/02 ; CEDH G^{de}. Ch., 19 fév. 2013, n° 19010/07.

[4] La définition de l'altruisme retenue est celle proposée dans l'appel à contribution du colloque « Du latin alter signifiant « autre », l'altruisme peut se définir comme une valeur, une disposition à s'intéresser et à se dévouer à autrui. [...] En effet, l'altruisme renvoie à une relation singulière marquée par un déséquilibre initial qui donne lui-même l'impulsion au geste altruiste ».

compas altruiste sous l'égide de l'article 8 de la Convention : l'intérêt supérieur de l'enfant.

La notion n'est pas nouvelle et fait l'objet de plusieurs reconnaissances remarquables au niveau international[1], parfois sous l'appellation simplifiée de l'intérêt de l'enfant. Sa supériorité prend vraiment tout son sens dans la jurisprudence européenne qui doit bien souvent ménager des intérêts égaux par le jeu de l'effet horizontal des droits fondamentaux. Même si la saisine de la Cour implique toujours une opposition entre un individu et un Etat, la prévision dans la lettre de la Convention de la « protection des droits d'autrui » permet très régulièrement aux Etats défendeurs de justifier leurs atteintes législatives par une référence aux droits fondamentaux des personnes autres que le requérant. Toutefois, la mise en balance que les juges doivent assurer dans l'équilibre des intérêts est nécessairement impactée par l'intérêt supérieur de l'enfant. Du moins, il s'agit là de la pétition de principe de la notion, qui n'est pas sans évoquer une forme d'altruisme par la prise en compte de la particulière vulnérabilité et peut-être aussi des besoins spécifiques de la personne mineure.

La présentation paraît complète. Le mécanisme de l'adoption selon la CEDH repose sur un parti pris altruiste qui trouverait son prolongement dans l'intérêt supérieur de l'enfant, garantissant que dans chaque contentieux, la solution finale soit celle qui convienne le mieux à son bien-être, illustrant ainsi un altruisme juridique tout trouvé. De là à dire que l'adoption répond à l'intérêt supérieur de l'enfant, il n'y a qu'un pas, qui ne sera cependant pas franchi. Tout d'abord, n'a pas été résolue la question de l'autorité qui se prononcera sur ce qu'est l'intérêt supérieur de l'enfant. En effet, la notion est double, elle incarne à la fois un idéal abstrait identifiant une finalité à atteindre par le droit et en même temps, en tant qu'objet juridique, elle se doit d'avoir un contenu concret. Or pour trouver ce contenu, il faut s'en référer aux juges, et pour ce qui nous intéresse, à ceux de la CEDH. Inspirés, certes, tant par les instruments internationaux que par les droits nationaux pertinents et guidés par leurs standards d'interprétation de la Convention, les juges

---

[1] Que ce soit au sein de la Convention Internationale des Droits de l'Enfant dite de New-York du 20 nov. 1989, de la Convention de La Haye du 29 mai 1993 sur la protection des enfants et la coopération en matière d'adoption internationale, de la Charte des droits fondamentaux de l'Union européenne 18 déc. 2000 ou de la Convention européenne en matière d'adoption des enfants révisée le 27 nov. 2008.

n'en demeurent pas moins l'autorité décisive sur ce qui participera de l'intérêt supérieur de l'enfant et ce qui en sera exclu. Ce choix pour la Cour européenne consiste à voir la notion dans « un double aspect : d'une part, garantir aux enfants une évolution dans un environnement sain ; d'autre part, maintenir ses liens avec sa famille, sauf dans les cas où celle-ci s'est montrée particulièrement indigne »[1]. Il faut à ce stade noter que l'environnement sain renvoie à une appréciation des conditions de vie extérieure, qui donc n'inclut pas l'examen de la vie familiale mais en garantit le bon développement. C'est donc dans l'aspect du maintien des liens familiaux que l'adoption s'apprécie, dans une apparente ligne de crête entre d'un côté ceux qui doivent cesser et de l'autre ceux qui doivent pouvoir naître. Déjà l'altruisme perçoit cette tension au cœur de laquelle se trouve l'enfant et invite à se pencher avec attention sur la jurisprudence. Cette analyse conduit néanmoins à un constat troublant.

En effet, les juges entretiennent une ambivalence manifeste à l'égard de l'adoption, qui les conduit à relativiser la prégnance de l'intérêt supérieur de l'enfant. Cette conséquence se vérifie avec le plus de force dans le contentieux spécifique du placement de l'enfant. Les espèces ont cela de particulier qu'elles impliquent d'abord de retirer l'enfant à une famille pour ensuite le confier à une autre qui engagera alors les démarches pour l'adoption. La situation est donc différente du principe qui ne prenait en compte que l'enfant auquel il fallait trouver une famille. Cette multiplicité d'acteurs déchire l'altruisme qui ne sait s'il doit se concentrer sur les parents biologiques, l'enfant, ou peut-être également les parents d'adoption dont les prétentions se trouvent concurrencées[2]. Le récent arrêt de grande chambre *Abdi Ibrahim* contre Norvège[3] illustre comment les souhaits de la famille biologique questionnent ce qui relève de l'intérêt supérieur de l'enfant. La solution laisse perplexe quant à savoir si un parent biologique dont l'enfant est placé sans contestation peut choisir à la fois la famille d'adoption et

---

[1] F. Sudre, Les grands arrêts de la Cour européenne des droits de l'homme, 8e éd., PUF, coll.« Thémis », 2017. p. 620.

[2] CEDH, Todorova c. Italie, 13 janv. 2009, n° 33932/06 §77, « l'on se trouve, dans ce type d'affaire, en présence d'intérêts difficilement conciliables, ceux de la mère biologique, ceux de l'enfant et ceux de la famille d'adoption ».

[3] CEDH, G^{de}. Ch., Abdi Ibrahim c. Norvège, 10 déc. 2021, n° 15378/16.

l'éducation culturelle et religieuse de celui-ci[1]. Le juge, dans sa jurisprudence, semble aux prises avec les mêmes considérations, revenant à un équilibre des intérêts dans lequel il peine à stabiliser la supériorité garantie par principe.

La CEDH est cependant coutumière des affaires chargées aussi bien émotionnellement que socialement. Au sujet du placement des enfants elle a bâti une jurisprudence stable et nuancée aux yeux du juriste (I), réaffirmée dans son arrêt de grande chambre *Strand Lobben* et autres c. Norvège[2]. L'altruisme, toutefois, fournit une grille de lecture qui vient éclairer les conséquences concrètes de l'interprétation retenue de l'intérêt supérieur de l'enfant (II).

I- Le regard du juriste : un raisonnement clair et nuancé

La Cour européenne offre toujours une analyse qui vient objectiver autant que possible les contentieux qui lui sont soumis et à ce titre le placement d'enfant n'y fait pas défaut. Le réflexe est d'autant plus important que le contrôle du juge intervient en vérité à plusieurs endroits d'un long processus. Ainsi, il y a d'abord la décision de prise en charge de l'enfant et le retrait immédiat ou différé de sa famille, ce qui constitue la séparation. Il y a ensuite le placement de l'enfant, dans un centre ou foyer dédié et parfois directement au sein d'une famille d'accueil. Le processus se conclut enfin soit par le retour de l'enfant dans sa famille soit par une déchéance d'autorité parentale avec possibilité d'adoption. On observe dans le raisonnement de la Cour une construction en deux temps, distinguant à la fois les mesures et leurs conséquences. Ainsi, les juges se montrent vigilants à ce qu'une famille séparée puisse conserver ses liens (A). De la même façon, ils veillent à ce que les liens juridiques ne puissent être défaits aisément (B).

---

[1] J.-P. Marguénaud, « Le droit de la mère biologique au maintien de certains liens avec les racines culturelles et religieuses de l'enfant adopté », *RTD Civ.*, 2, 21 juill. 2022, p. 344.

[2] CEDH, G^de^. Ch. *Strand Lobben et autres c. Norvège*, 10 sept. 2019, n° 37283/13.

A) La protection substantielle des liens familiaux

L'ingérence dans le droit à la vie familiale protégé par l'article 8 qui justifie le contrôle des juges se vérifie dès la prise en charge de l'enfant placé. Aux yeux de la Cour, la vie ensemble est un élément fondamental de la vie familiale[1], pour le parent comme pour l'enfant, aussi la séparation et ses motifs entrent-ils dans les faits examinés. Si les juges considèrent à ce stade que la marge d'appréciation des autorités nationales est large du fait de la diversité des conceptions nationales sur l'opportunité et les moyens de la prise en charge[2], ils n'en délivrent pas pour autant un blanc-seing aux Etats. N'ont pas été accepté comme motifs pertinents et suffisants la capacité matérielle[3], la détresse sociale[4], l'indigence[5], le handicap du parent[6] ou encore son absence de capacité à agir[7]. En effet, il en va selon les juges d'un principe interdisant que l'on sépare un enfant de son parent dans l'espoir de meilleures conditions de vie[8]. Cette préservation de l'unité familiale est particulièrement forte, puisqu'elle s'accompagne d'une

---

1 CEDH, Gde. Ch. Strand Lobben, §202 « pour un parent et son enfant, être ensemble représente un élément fondamental de la vie familiale et des mesures internes qui les en empêchent constituent une ingérence dans le droit protégé par cette disposition » ; CEDH Gde. Ch. K. et T. c. Finlande, 12 juill. 2001, n° 25702/04 ; CEDH, Olsson c. Suède, 24 mars 1988, n° 10465/83.

2 CEDH, Gde. Ch. Strand Lobben c. Norvège, §154 « la conception que l'on a du caractère opportun d'une intervention des autorités publiques dans les soins à donner à un enfant varie d'un État à l'autre en fonction d'éléments tels que les traditions relatives au rôle de la famille et à l'intervention de l'Etat dans les affaires familiales, ainsi que des ressources que l'on peut consacrer à des mesures publiques dans ce domaine particulier ».

3 CEDH, Walla et Wallovà c. République Tchèque, 26 oct. 2006, n° 23848/04 ; CEDH, Havelka et al. c. République Tchèque, 21 juin 2007, n° 23499/06 ; CEDH, Amanalachioiai c. Roumanie, 26 mai 2009, n° 4023/04.

4 CEDH, Soares de Melo c. Portugal, 16 fév. 2016, n° 72850/14.

5 CEDH, R. M. S. c. Espagne, 18 juin 2013, n° 28775/12.

6 CEDH, Sergeyeva c. Russie, 29 mars 2016, n° 16899/13.

7 CEDH, X. c. Croatie, 17 juill. 2008, n° 11223/04

8 CEDH, D. M. et N. c. Italie, 20 janv. 2022, n° 60083/19 §80 « le fait qu'un enfant puisse être accueilli dans un cadre plus propice à son éducation ne saurait en soi justifier qu'on le soustraie de force aux soins de ses parents biologiques » ; CEDH, Barnea et Caldararu c. Italie, 22 juin 2017, n° 37931/15 ; CEDH Zhou c. Italie, 21 janv. 2014, n° 33773/11.

obligation positive, lorsqu'il y a séparation, de tout mettre en œuvre pour favoriser le retour de l'enfant et donc la réunion de la famille[1]. Il s'agit pour les juges de préserver des considérations inhérentes au droit au respect de la vie familiale[2] par le recours à une obligation de moyens[3].

La première de ces considérations demeure l'intérêt supérieur de l'enfant[4]. Les juges ont inscrit la notion dans une formule de principe appuyée sur le consensus international et qui reprend en vérité la rédaction de la Convention de New-York[5]. Ils en profitent pour accentuer son importance dans le contentieux spécifique du placement de l'enfant, qui se caractérise par son potentiel conflictuel[6]. Il n'est pas

---

[1] CEDH, *D. M. et N.* c. *Italie* ; CEDH, *A. I. c. Italie*, 1er avril 2021, n° 70896/17 ; CEDH Gde. Ch. *Strand Lobben* c. *Norvège* §205 « toute autorité publique qui ordonnerait une prise en charge ayant pour effet de restreindre la vie de famille est tenue par l'obligation positive de prendre des mesures afin de faciliter la réunion de la famille dès que cela sera vraiment possible » §208 « L'obligation positive susmentionnée de prendre des mesures afin de faciliter la réunion de la famille dès que cela sera vraiment possible s'impose aux autorités compétentes dès le début de la période de prise en charge et avec de plus en plus de force » ; CEDH, Gde. Ch. *K. et T.* c. *Finlande*.

[2] CEDH, *D. M. et N.* c. *Italie* ; CEDH, *A. I.* c. *Italie* ; CEDH, Gde. Ch. *Strand Lobben* c. *Norvège* §205 « il y a lieu de noter que la recherche de l'unité familiale et celle de la réunion de la famille en cas de séparation constituent des considérations inhérentes au droit au respect de la vie familiale garanti par l'article 8 ».

[3] CEDH, *Krasicki c. Pologne*, 15 avril 2014, n° 17254/11 ; CEDH, *P. K* c. *Pologne*, 10 juin 2014, n° 43123/10.

4 CEDH, Gde. Ch. *Strand Lobben* c. *Norvège* §204 « En ce qui concerne la vie familiale d'un enfant, la Cour rappelle qu'il existe actuellement un large consensus – y compris en droit international – autour de l'idée que dans toutes les décisions concernant des enfants, leur intérêt supérieur doit primer ».

5 Convention de New-York Article 3§1 « Dans toutes les décisions qui concernent les enfants, qu'elles soient le fait des institutions publiques ou privées de protection sociale, des tribunaux, des autorités administratives ou des organes législatifs, l'intérêt supérieur de l'enfant doit être une considération primordiale ».

6 CEDH Gde. Ch. Strand Lobben c. Norvège, §158 « Lorsqu'elle est saisie par un parent biologique au nom de son enfant, il arrive parfois que la Cour décèle néanmoins des intérêts conflictuels entre le parent et son enfant. L'existence d'intérêts conflictuels doit être prise en compte dès lors qu'il s'agit de statuer sur la recevabilité d'une requête introduite par une personne au nom d'une autre personne », §206 « Dans les cas où les intérêts de l'enfant et ceux de ses parents seraient en conflit, l'article 8 exige que les autorités nationales ménagent un juste équilibre entre tous ces intérêts et que, ce faisant, elles attachent une importance particulière à l'intérêt

rare que les intérêts des parents et ceux de l'enfant ne convergent plus, ce que la Cour accepte de reconnaître dans sa mise en balance par l'importance particulière de l'intérêt supérieur de l'enfant[1].

Si la Cour se montre tolérante dans son contrôle de la séparation entre parent et enfant, c'est parce qu'elle estime que la décision peut s'accompagner de mesures permettant de maintenir une vie familiale qui n'a cessé que dans la dimension physique du vivre ensemble sans l'empêcher entièrement[2]. Elle est en revanche très attentive à ce qu'elle nomme la rupture des liens familiaux[3], qui prolonge la séparation en ce qu'elle met un terme aux contacts entre parent et enfant séparés. Les juges considèrent la mesure comme particulièrement grave parce qu'elle va à l'encontre de l'intérêt supérieur de l'enfant de maintenir les liens avec sa famille. La rupture des liens familiaux fait aussi grief à deux autres niveaux. Tout d'abord elle va à l'encontre de l'obligation de réunir la famille, qui doit pourtant être le but ultime du processus[4], en ce qu'elle permet l'installation d'une distance entre parent et enfant. Ensuite, elle vient apporter des restrictions supplémentaires aux droits des parents, notamment en empêchant les droits de visite et les contacts. Or la Cour n'est pas favorable à ce qu'elle estime être des obstacles au maintien de l'unité familiale même séparée physiquement[5]. Elle interdit

---

supérieur de l'enfant, qui, selon sa nature et sa gravité, peut l'emporter sur celui des parents »

[1] CEDH G[de]. Ch. *Strand Lobben c. Norvège* §208 « L'obligation positive susmentionnée de prendre des mesures afin de faciliter la réunion de la famille dès que cela sera vraiment possible […] mais doit toujours être mise en balance avec le devoir de considérer l'intérêt supérieur de l'enfant »

[2] CEDH, W. *c. Royaume-Uni,* 9 juill. 1987, n° 9749/82 ; CEDH *Eriksson c. Suède,* 22 juin 1989, n° 11373/85.

[3] CEDH, G[de]. Ch. *Strand Lobben c. Norvège,* §207 « seules des circonstances tout à fait exceptionnelles peuvent en principe conduire à une rupture du lien familial et tout doit être mis en œuvre pour maintenir les relations personnelles et, le cas échéant, le moment venu, « reconstituer » la famille » ; CEDH, *Gnahoré c. France.*

[4] CEDH, G[de]. Ch. *Strand Lobben c. Norvège* §208 « la décision de prise en charge doit être considérée comme une mesure temporaire, à suspendre dès que les circonstances s'y prêtent, et tout acte d'exécution doit concorder avec un but ultime : unir à nouveau le parent par le sang et l'enfant » ; CEDH, *K. et T. c. Finlande* ; CEDH, *Gnahoré c. France* ; CEDH *Johansen.*

[5] CEDH, G[de]. Ch. *Strand Lobben c. Norvège* §208 « les liens entre les membres d'une famille et les chances de regroupement réussi se trouveront par la force des choses affaiblis si l'on dresse des obstacles empêchant des rencontres faciles et régulières des intéressés ».

d'ailleurs aux autorités nationales, responsables par leurs actions de l'absence de contact entre parent et enfant, de se fonder sur ce fait pour toute décision ultérieure[1]. L'instauration des droits de visite et l'affirmation de la réunion de la famille comme objectif de chaque action liée à la procédure de placement sont les deux versants d'une obligation positive substantielle déduite de l'article 8. L'obligation s'étend également après la rupture des liens familiaux dans le sens où la reconstitution de la famille doit se faire si elle est possible[2]. Elle ne va toutefois pas jusqu'à exiger qu'un nouvel expert soit consulté pour chaque décision tenant au droit de visite[3].

B) La protection procédurale des liens juridiques

La rupture des liens légaux est l'autre décision exceptionnelle pour laquelle la marge d'appréciation est restreinte[4]. Elle désigne aussi la déchéance de l'autorité parentale qui est le préalable nécessaire à l'adoption. La Cour est vigilante à ce que les parents puissent faire valoir leurs droits tout au long de la procédure, et encore plus lorsqu'il s'agit de les en déchoir. Pour cela, elle s'appuie sur une obligation

---

[1] CEDH G[de]. Ch. *Strand Lobben c. Norvège* §208 « une autorité qui serait responsable d'une situation de rupture familiale parce qu'elle a manqué à son obligation susmentionnée ne peut pas fonder la décision d'autorisation d'une adoption par l'absence de liens entre les parents et l'enfant ».
[2] CEDH G[de]. Ch. *Strand Lobben c. Norvège* §206 « tout doit être mis en œuvre pour maintenir les relations personnelles et, le cas échéant, le moment venu, « reconstituer » la famille ».
[3] CEDH G[de]. Ch. *Strand Lobben c. Norvège* §213 « Ce serait aller trop loin que de dire que les juridictions internes sont toujours tenues de solliciter l'avis d'un psychologue sur la question de savoir s'il faut accorder un droit de visite à un parent n'exerçant pas la garde. En effet, la réponse à cette question dépend des circonstances propres à chaque cause et doit dûment tenir compte de l'âge et de la maturité de l'enfant concerné ».
[4] CEDH G[de]. Ch. *Strand Lobben c. Norvège* §209 « la substitution à l'accueil familial d'une mesure plus lourde comme une déchéance de l'autorité parentale accompagnée d'une autorisation d'adoption, qui entraîne la rupture définitive des liens juridiques des parents avec l'enfant ».

positive procédurale qui s'apprécie à deux niveaux[1]. D'un côté les parents doivent être autant que possible associés au processus de placement et entendus. Ils doivent pouvoir participer aux prises de décision concernant leur enfant et faire entendre leur opinion, jusqu'à pouvoir revenir sur leur décision d'abandonner l'enfant[2]. De l'autre les parents doivent avoir à leur disposition des voies de recours efficaces pour pouvoir contester chaque décision, depuis la toute première prise en charge. Cela conduit les juges à devoir prendre en compte le consentement des parents, sans toutefois qu'il ne soit contraignant systématiquement, puisque l'urgence[3] au nom de l'intérêt supérieur de l'enfant peut le neutraliser[4]. Elle sera alors appréciée au titre de la violence, la maltraitance physique ou psychique, et les abus sexuels[5]. Bien au contraire parfois c'est la vulnérabilité du parent, de la mère en l'occurrence, qui doit être prise en compte et qui ne l'a pas suffisamment été[6]. Cela amène aussi les juges à examiner la composition des juridictions dans laquelle ils attendent la présence d'experts professionnels[7], allant parfois jusqu'à exiger une implication active des autorités au bénéfice des parents[8]. Cette obligation procédurale doit être respectée même en présence de parents dont le

---

[1] CEDH G[de]. Ch. *Strand Lobben c. Norvège* §208 « le caractère adéquat d'une mesure se juge à la rapidité de sa mise en œuvre, car le passage du temps peut avoir des conséquences irrémédiables sur les relations entre l'enfant et le parent qui ne vit pas avec lui » ; CEDH *Zhou c. Italie.*

[2] CEDH, *X. c. Croatie* ; CEDH; *Todorova c. Italie.*

[3] CEDH, *K.A. c. Finlande;* 14 janv. 2003, n° 27751/95 ; CEDH, *Haase c. Allemagne,* 8 avril 2004, n° 11057/02.

[4] CEDH, *T.P. et K.M. c. Royaume-Uni,* 10 mai 2011, n° 28945/95.

[5] CEDH, *Zhou c. Italie ;* CEDH, *Jovanovic c. Suède;* 22 oct. 2015, n° 10592/12.

[6] CEDH, *D. M. et N. c. Italie* ; CEDH, *A.I c. Italie.*

[7] CEDH, *D. M. et N. c. Italie* ; CEDH, *A.I c. Italie* §100 « dans le cadre des juridictions spécialisées, composées de juges professionnels et de juges non professionnels - la préférence doit être donnée à un système dans lequel le juge désigne un expert ou dans lequel les parties peuvent elles-mêmes appeler à faire témoigner des experts dont les constats et conclusions peuvent être contestés et débattus entre les parties devant le juge ».

[8] CEDH, *Barnea et Caldararu c. Italie,* 22 juin 2017, n° 37931/15 §72 « le rôle des autorités de protection sociale est précisément d'aider les personnes en difficulté, de les guider dans leurs démarches et de les conseiller, entre autres, quant aux différents types d'allocations sociales disponibles, aux possibilités d'obtenir un logement social ou aux autres moyens de surmonter leurs difficultés ».

comportement justifie le placement de l'enfant et le retrait de l'autorité parentale[1].

Enfin la Cour se montre très préoccupée par l'écoulement du temps dans le contentieux du placement d'enfant. Ne pouvant être saisie que de façon subsidiaire et après l'épuisement des voies de recours, les juges sont très régulièrement face à ce qu'ils désignent comme le fait accompli[2], une sorte de prescription acquisitive qui justifie que la situation de l'enfant ne soit plus modifiée du fait du nombre d'années pendant lesquelles il l'a connu. Cet état de fait insurmontable va à l'encontre des obligations imposées par les juges, elles-mêmes renforcées par l'affirmation que toute mesure de séparation doit être perçue comme temporaire[3]. Si toutefois la Cour accepte de s'y résigner, c'est pour écarter des mesures d'exécution de l'arrêt un nouveau retrait de l'enfant de sa seconde famille pour le confier à la première. Les juges ne manquent toutefois pas de reconnaître une atteinte au droit au respect de la vie familiale lorsque seul le fait accompli justifie la situation de l'enfant. Toutefois, l'importance de l'écoulement du temps nécessitant une prise de décisions rapide, la Cour se montre tolérante à l'égard des autorités nationales, au-delà même de la marge d'appréciation, leur reconnaissant un droit à l'erreur lorsqu'elles se fondaient sur des « préoccupations sincères et raisonnables »[4].

---

[1] CEDH, *Wetjen et autres c. Allemagne*, 22 mars 2018, n° 68125/1,4 n° 72204/14.

[2] CEDH G[de]. Ch. *Strand Lobben c. Norvège* §212 « De plus, un retard dans la procédure risque toujours en pareil cas de trancher le litige par un fait accompli avant même que le tribunal ait entendu la cause. » ; CEDH *W. c. Royaume-Uni,* 9 juill. 1987, n° 9749/82.

[3] CEDH G[de]. Ch. *Strand Lobben c. Norvège* §208 « Par ailleurs, en principe, la décision de prise en charge doit être considérée comme une mesure temporaire, à suspendre dès que les circonstances s'y prêtent » ; CEDH, *K. et T. c. Finlande* ; CEDH, *Paradiso et Campanelli c. Italie,* 24 janv. 2017, n° 25358/12 ; CEDH, *Johansen c. Norvège*, 7 août 1996, n° 17383/90.

[4] CEDH, *R.K. et A.K. c. Royaume-Uni,* 30 sept. 2008, n° 38000/05 ; CEDH, *R. et H. c. Royaume-Uni,* 31 mai 2011, n° 35348/06 ; CEDH, *B.B. et F.B. c. Allemagne,* n° 18734/09 et n° 9424/11.

II- Le regard de l'altruiste : des conséquences conceptuelles dommageables

Le juriste peut se satisfaire d'une jurisprudence toute en nuances qui cherche à préserver le délicat équilibre des droits fondamentaux tout en ménageant le jeu des notions et des principes d'interprétation. Néanmoins, l'altruiste n'oublie pas qu'il s'est penché sur le contentieux pour en observer le traitement de l'enfant. Force est de constater que son intérêt, pourtant clamé comme supérieur, est passé au prisme d'un juge dont le parti pris se fait ressentir (A). L'enfant n'est pas non plus le seul à pâtir puisque l'adoption reste l'angle mort du raisonnement des juges (B).

A) Une réécriture orientée de l'intérêt supérieur de l'enfant

Il y a, dans la définition de la notion proposée par les juges, une confusion dommageable qui rassemble l'intérêt de l'enfant et l'intérêt des parents. Pourtant, le contentieux du placement de l'enfant montre à quel point les deux peuvent être divergents mais déjà au stade de la saisine de la Cour la difficulté se fait ressentir. La recevabilité de la représentation par le parent requérant des intérêts de son enfant, pourtant soulevée dans leur arrêt de grande chambre *Strand Lobben*, n'amena les juges qu'à botter en touche en prétextant que le fond de l'affaire apporterait la réponse[1]. Du reste, lorsque la jurisprudence examine les ingérences dans le droit au respect de la vie familiale

---

1 CEDH Gde. Ch. Strand Lobben c. Norvège §159 « La Cour considère que la question de l'existence éventuelle d'intérêts conflictuels entre la première requérante et le second requérant se superpose et est étroitement liée à celles qu'elle sera appelée à examiner lorsqu'elle se penchera sur le grief, formulé par la première requérante en son nom et au nom du second requérant, de violations dans leur chef du droit au respect de la vie familiale protégé par l'article 8. Elle ne décèle pas en l'espèce d'intérêts conflictuels qui lui imposeraient de rejeter la requête pour autant qu'elle a été introduite par la première requérante au nom du second requérant ».

protégée par l'article 8, c'est dans le chef de l'enfant et des parents. Il s'agit donc bien de la même vie familiale qui est atteinte.

La confusion se poursuit de la façon la plus manifeste au sujet de l'unité familiale et de la réunion de la famille. Alors que les juges reconnaissent une primauté à l'intérêt supérieur de l'enfant empruntée au droit international, ils la tempèrent tout de suite après en évoquant les autres considérations du droit au respect de la vie familiale. Le « En même temps »[1] installe une concomitance inconciliable avec la supériorité de principe. Le déclassement se poursuit tout au long de la rédaction, le juste équilibre devant se faire en accordant « une importance particulière à l'intérêt supérieur de l'enfant » qui « peut l'emporter sur celui des parents »[2]. En vérité, l'affirmation qu'il relevait de l'intérêt supérieur de l'enfant d'avoir des liens avec ses parents est à coupler avec la vie ensemble comme élément fondamental de la vie familiale. Il en découle l'affirmation d'un principe en faveur complète des parents biologiques, à tel point même qu'il s'accompagne d'un « but ultime » imposé à la procédure de séparation « d'unir à nouveau le parent par le sang et l'enfant »[3]. Cette prééminence des droits des parents biologiques se vérifie tout au long du raisonnement, étant les uniques bénéficiaires de l'obligation positive procédurale pourtant présentée comme nécessaire « à la protection et à la mise en œuvre de l'intérêt supérieur de l'enfant »[4]. L'alignement de l'intérêt supérieur de l'enfant avec l'unité familiale et la réunion de la famille implique en définitive une projection des intérêts des parents qui sont inclus dans cette famille, mais qui pourtant devraient être envisagés séparément.

De ces affirmations péremptoires, il ne ressort aucune prise en compte autonome de l'enfant et de son intérêt. Bien au contraire, la jurisprudence va jusqu'à renier la prémisse de son existence, à savoir, les motifs de séparation. Pourtant, en les définissant de façon

---

[1] CEDH, G[de]. Ch. Strand Lobben c. Norvège §205.

[2] CEDH, G[de]. Ch. Strand Lobben c. Norvège §206 déjà cité ; CEDH, Johansen c. Norvège.

[3] CEDH, G[de]. Ch. Strand Lobben c. Norvège §208 « la décision de prise en charge doit être considérée comme une mesure temporaire, à suspendre dès que les circonstances s'y prêtent, et tout acte d'exécution doit concorder avec un but ultime : unir à nouveau le parent par le sang et l'enfant » ; CEDH, K. et T. c. Finlande.

[4] CEDH, G[de]. Ch. Strand Lobben c. Norvège §207 « il appartient aux États contractants d'instaurer des garanties procédurales pratiques et effectives permettant de veiller à la protection et à la mise en œuvre de l'intérêt supérieur de l'enfant ».

particulièrement restrictive comme ne pouvant être que comportement « particulièrement indigne »[1] ou « circonstances tout à fait exceptionnelles »[2], elle semblait déjà n'avoir retenu que les pires situations, à l'exclusion donc de toutes celles où la gravité ne serait pas au rendez-vous, pour justifier les deux ruptures exceptionnelles de liens. On observera déjà que le radian entre d'un côté l'exclusion des motifs tenant à la qualité de vie et de l'autre l'inclusion limitée aux motifs tenant aux violences et abus laisse une zone incertaine dans laquelle la maltraitance existe mais ne semble pas reconnue. Cette circonscription aux cas les plus graves de violences domestiques ne suffit cependant pas aux juges pour adouber les décisions des autorités internes, auxquelles certes, ils reconnaissent une large marge de manœuvre mais contre laquelle ils s'érigent au moyen de leurs obligations positives. En protégeant à tout prix les liens familiaux et juridiques des parents biologiques et en ajoutant à leur exceptionnelle suppression, les juges imposent le maintien de relations entre des êtres qui ont pourtant été séparés pour protéger la particulière vulnérabilité de l'un des deux seulement. Or il n'est pas possible de croire que la réunion de la famille participe véritablement de l'intérêt supérieur de l'enfant lorsque, de l'aveu même des juges, l'obligation qui la soutient doit être mise en balance avec lui[3]. S'il fallait finir par s'en convaincre il suffirait de relever la mention faite au sujet du fait accompli par l'écoulement du temps, que l'intérêt de l'enfant s'oppose bien alors à celui des parents à la réunion de leur famille[4]. Impossible dès lors de ne pas soupçonner que, dans tous les principes et dans toutes les affirmations, la réunion de la famille ne participait pas plutôt de l'intérêt supérieur des parents biologiques que de celui de l'enfant. Cette analyse

---

[1] CEDH, G[de]. Ch. *Strand Lobben c. Norvège* §207 « l'intérêt supérieur de l'enfant dicte que les liens entre lui et sa famille soient maintenus, sauf dans les cas où celle-ci se serait montrée particulièrement indigne : briser ce lien revient à couper l'enfant de ses racines » ; CEDH, *Zhou c. Italie* ; CEDH, *Gnahoré c. France.*

[2] CEDH, G[de]. Ch. *Strand Lobben c. Norvège* §207 « seules des circonstances tout à fait exceptionnelles peuvent en principe conduire à une rupture du lien familial » ; CEDH, *Gnahoré c. France.*

[3] CEDH, G[de]. Ch. *Strand Lobben c. Norvège* §208 déjà cité.

[4] CEDH, G[de]. Ch. *Strand Lobben c. Norvège* §208 « lorsqu'un laps de temps considérable s'est écoulé depuis que l'enfant a été placé pour la première fois sous assistance, l'intérêt qu'a l'enfant à ne pas voir sa situation familiale de facto changer de nouveau peut l'emporter sur l'intérêt des parents à la réunion de leur famille ».

est renforcée par l'examen de décisions contraires qui n'ont eu aucune difficulté à rappeler que l'intérêt supérieur de l'enfant commandait d'écarter les intérêts des parents biologiques pour permettre l'adoption[1].

B) Une mésestime manifeste de l'adoption

Il n'est pas difficile de comprendre qu'il existe des situations dans lesquelles la prise en charge d'un enfant par les services sociaux n'ait besoin que d'être temporaire pour permettre au parent de retrouver une capacité stable de subvenir à leurs besoins et ne puisse donc ouvrir la voie à une adoption. Ces cas sont toutefois exclus par la jurisprudence européenne qui ne retient que les motifs les plus graves pour justifier la rupture des liens familiaux. Non contente d'entretenir au sujet des parents biologiques une complaisance coupable dénoncée par les juges dissidents[2], la Cour manque également à considérer le bénéfice certain que peut receler l'adoption. Il ne s'agit pas d'affirmer que l'adoption est la réponse parfaite à toutes les situations de placement, ou que les parents adoptifs sont exempts de tout reproche. Cependant, en reprenant les exigences mêmes de la Cour, il est manifeste qu'un parent adoptif

---

[1] CEDH, *R. et H. c. Royaume-Uni,* 31 mai 2011, n° 35348/06 §77 « If it is in the child's interests to be adopted, and if the chances of a successful adoption would be maximised by a freeing order, then the interests of the biological parents must inevitably give way to that of the child. ».

[2] CEDH, G[de]. Ch. *Strand Lobben c. Norvège,* Opinion dissidente commune aux juges *Kjølbro Poláčková Koskelo Nordén* « le problème sous-jacent tel que le perçoit effectivement la majorité est un problème de fond, à savoir le fait que les autorités internes « se sont concentrées sur les intérêts de l'enfant » et « n'ont pas sérieusement envisagé » la possibilité d'une réunion de l'enfant avec sa famille biologique. Ce passage clé illustre et met en évidence les tiraillements évoqués ci-dessus, tout en traduisant le point de vue adopté par la majorité actuelle sur la question des principes [...] Nous estimons qu'il est problématique que la Cour procède ainsi, substituant en réalité ses propres préférences à l'appréciation effectuée par les autorités internes [...] Un problème plus profond tient à ce qu'en donnant la priorité à ses propres préférences concernant les modalités de prise en considération et de mise en balance des intérêts conflictuels en jeu, la Cour réduit concrètement la marge d'appréciation qu'il importe de préserver ».

se doit de satisfaire à une évaluation beaucoup plus stricte de ses capacités qu'un parent biologique[1]. Il est d'ailleurs impossible à nier que la jurisprudence du placement de l'enfant ne pourrait, dans ses principes, s'appliquer à un enfant retiré à ses parents adoptifs, faute pour eux d'être liés par le sang comme tout parent biologique. Ce gothisme juridique[2] survit sans justification véritable pour l'altruiste autre que l'égoïsme.

La jurisprudence européenne cumule des exigences contradictoires entre elles dont l'application même semble impossible. Ainsi, pour l'arrêt *Abdi Ibrahim,* les juges n'ont pu que se refuser à indiquer des mesures d'exécution tant leur solution menait au comble de l'inverse de l'intérêt supérieur de l'enfant[3]. En n'affirmant pas explicitement qu'il devait être éduqué selon les souhaits de sa mère biologique mais en se contentant de dire que les autorités internes auraient dû privilégier d'autres mesures[4], il est impossible de déterminer si les juges auraient voulu voir la mise en œuvre d'une kafala pourtant absente du droit norvégien[5], ou encore le maintien de l'enfant dans une situation où il vit avec une famille qui ne peut l'adopter tout en étant élevé par une mère qui ne veut vivre avec lui. Le renvoi systématique à la biologie n'est pas opérant dans un contentieux où elle a justement démontré sa défaillance et qu'elle ne suffisait pas à garantir la préservation des intérêts de personnes vulnérables. La posture des juges qui se réfèrent toujours à l'action procréative n'est

---

[1] CEDH, *Fretté c. France,* « l'Etat doit veiller à ce que les personnes choisies comme adoptantes soient celles qui puissent lui offrir, sur tous les plans, les conditions d'accueil les plus favorables ».

[2] La formule a pendant un temps été celle plus neutre du « parent naturel » CEDH, *Johansen c. Norvège.*

[3] CEDH, G[de]. Ch. *Abdi Ibrahim c. Norvège* §183 « La Cour note que X et ses parents adoptifs mènent actuellement une vie familiale ensemble, et que des mesures individuelles pourraient en fin de compte entraîner une ingérence dans l'exercice par eux de leur droit au respect de cette vie familiale. Il s'ensuit que les faits et les circonstances pertinents pour l'article 46 de la Convention pourraient soulever des problèmes nouveaux, qui ne sont pas abordés dans le présent arrêt sur le fond ».

[4] CEDH, G[de]. Ch. *Abdi Ibrahim c. Norvège* §161 « finir par trouver une famille d'accueil correspondant aux origines culturelles et religieuses de la requérante ne constituait pas le seul moyen d'assurer le respect des droits de celle-ci garantis par l'article 8 de la Convention, tel qu'interprété à la lumière de l'article 9 ».

[5] J.-P. Marguénaud, « Le droit de la mère biologique au maintien de certains liens avec les racines culturelles et religieuses de l'enfant adopté »..., *op. cit.*

pas sans incarner un égoïsme troublant qui trahirait la facilité du renvoi par une projection personnelle sans véritablement se positionner du point de vue de l'enfant. L'adoption pourtant offre un salut altruiste évident à l'enfant placé.

Il n'est pas cohérent pour la jurisprudence de la Cour de reconnaître à la fois la vie familiale adoptive même « en l'absence de cohabitation ou de liens *de facto* »[1], d'estimer les relations entre adoptant et adopté comme des relations familiales[2] et de lui reconnaître la même protection que n'importe quelle vie familiale, tout en manquant à l'inscrire dans l'intérêt supérieur de l'enfant. A moins de craindre la dérive inattendue d'un totalitarisme d'un nouveau genre ou d'être à jamais traumatisés par le trépas de César, les juges se doivent de reconsidérer leur perception de l'adoption dont leur définition en fait non pas une issue salvatrice mais plutôt la sanction terrible d'un manquement irrémédiable, une « mesure plus lourde »[3] mais aussi exceptionnelle et à n'envisager qu'après l'échec de toutes les alternatives possibles[4], ce qui encore une fois suggère une lecture biologique et égoïste. Pourtant, la Cour a pu, par le passé, se montrer soucieuse des liens que l'enfant placé pouvait nouer à l'égard de ses « parents nourriciers »[5] ainsi qu'elle les désigne, mais aussi de la limite à opposer aux mesures de réunification que l'on pouvait attendre de la

---

[1] CEDH, *Pini et Bertani et al. c. Roumanie*, 22 juin 2004, n° 78028/01 78030/01 §143 « Il n'en résulte pas pour autant, de l'avis de la Cour, que toute vie familiale projetée sorte entièrement du cadre de l'article 8. ».

[2] CEDH, *Pini et Bertani*, §140 « la Cour réitère une jurisprudence plus ancienne, selon laquelle, bien que le droit d'adopter ne figure pas en tant que tel au nombre des droits garantis par la Convention, les relations entre un adoptant et un adopté sont en principe de même nature que les relations familiales protégées par l'article 8 de la Convention » ; CEDH, *Wagner et J.M.W.L. c. Luxembourg*, 28 juin 2007, n° 76240/01.

[3] CEDH G^de^. Ch., *Strand Lobben c. Norvège*, §209, déjà cité.

[4] CEDH, *S. H. c. Italie,* 13 oct. 2015, n° 52557/14.

[5] CEDH, *Johansen c. Norvège*, §80 « Il est également pertinent de noter qu'il était de l'intérêt de l'enfant de veiller à ne pas perturber l'instauration de liens avec ses parents nourriciers. […] La Cour ne voit pas de raison de douter que la prise en charge par le foyer d'accueil eût de meilleures chances de réussir si le placement était pratiqué en vue d'une adoption » ; CEDH W. c. Royaume-Uni §62 « un enfant retiré à ses parents et confié à d'autres personnes peut nouer avec elles, au fil du temps, de nouveaux liens qu'il pourrait ne pas être dans son intérêt de perturber ou de rompre en revenant sur une décision antérieure de restreindre ou supprimer les visites de ses parents ».

part des autorités[1]. La Cour est même allée jusqu'à affirmer que l'absence de droit à adopter n'empêchait pas de reconnaître une « obligation positive de permettre la formation et le développement de liens familiaux »[2].

Elle installe également le contentieux dans une problématique temporelle insoluble, exigeant par principe que les mesures de séparation soient temporaires, tout en ayant reconnu qu'il relevait de l'intérêt de l'enfant « de bénéficier le plus rapidement possible de relations affectives stables dans sa nouvelle famille »[3] quoique la rapidité ne doive pas empêcher le parent biologique d'exprimer son consentement[4]. A titre d'exemple, cela a conduit les juges à approuver la procédure qui subordonne la déclaration d'adoptabilité à l'écoulement d'un délai d'un an après la déclaration d'abandon, elle-même soumise à un délai d'un an[5]. Concrètement, un enfant passera donc au minimum deux ans en structure d'accueil avant de pouvoir être adopté, et cela seulement si ses parents biologiques ne contestent pas la procédure ou ne manifestent pas d'une façon ou d'une autre de leur intérêt de vouloir maintenir un lien avec lui. La récente réforme française[6] pourra peut-être apporter une modernisation de la pratique dans l'intérêt de l'enfant, à condition toutefois de se détacher de la prégnance biologique devenue un réflexe[7]. Si la Cour européenne peut maintenir son refus de consacrer un droit à adopter, peut-être lui faut-il réfléchir plus profondément à la question de savoir s'il n'existe pas un droit à être adopté.

---

[1] CEDH, R. et H. c. Royaume-Uni.
[2] CEDH, Moretti et Benedetti c. Italie, 27 avr. 2010, n° 16318/07.
[3] CEDH, Kearns c. France, 10 janv. 2008, n° 35591/04 §80.
[4] CEDH, Todorova c. Italie ; CEDH, X. c. Croatie.
[5] CEDH, Zambotto Perrin c. France, 26 sept. 2013, n° 4962/11.
[6] Loi n° 2022-219 du 21 fév. 2022 visant à réformer l'adoption.
[7] Rapport annuel de nov. 2022 sur la vie privée de l'enfant du Défenseur des droits et du Défenseur des enfants, Recommandation 9 « Veiller au respect du maintien des liens de l'enfant confié avec ses parents, dans le cadre défini par la décision judiciaire ; veiller à ce que les parents soient impliqués dès que possible dans l'accompagnement éducatif avec le soutien le cas échéant de tiers identifiés comme personnes ressources au sein de leur environnement familial et amical ».

Le don d'organe

Clément MIMRAN,

Doctorant de l'Institut des Etudes Juridiques de l'Urbanisme, de la Construction et de l'Environnement, Université Toulouse Capitole

Le don d'organe est l'espèce d'un genre plus vaste : c'est une donation. La donation est elle-même l'espèce d'un genre plus vaste : c'est un contrat[1].

Or on peut observer qu'il existe une certaine tendance à contester la nature juridique du don d'organe. On dit qu'il ne serait pas un contrat[2] ; donc pas une donation.

Pourtant, le Code de la santé publique contient un livre II qui s'intitule « *Don*[3] et utilisation des éléments et produits du corps humain »[4]. On pourrait toutefois rétorquer qu'il faudrait ici distinguer l'usage du mot et le concept auquel il renvoie[5].

---

[1] G. Baudry-Lacantinerie et M. Colin, *Traité théorique et pratique de droit civil, des donations entre vifs et des testaments*, Tome 1er, Paris, 1895, n° 13, p. 5 et 6 : « le mot contrat figurait dans la rédaction primitive de l'article 894 du Code civil. Au Conseil d'État, le premier consul critiqua cette expression, en faisant observer : "que le contrat impose des obligations mutuelles aux contractants, et qu'ainsi cette expression ne pouvait convenir à la donation". Il est bien vrai que, dans la donation, l'une des parties, le donateur, s'engage seul envers l'autre ; le donataire, lui, ne s'oblige pas. Mais tout ce qui résulte de là, c'est que la donation est un contrat unilatéral. L'observation du premier consul portait donc à faux, et l'on a eu tort d'y donner suite, en remplaçant le mot *contrat* par le mot *acte* ».

[2] Par exemple, A. Cheynet de Beaupré, « La gratuité du don », in *Mélanges en l'honneur de Gérard Mémeteau*, LHE Edition, 2015, p. 55 et s., spéc. p. 59.

[3] Souligné par nous.

[4] CSP, art. L. 1211-1 et s.

[5] Sur ce procédé v., F. Rouvière, « Patrimoine ou masse de bien ? », *RTD civ.*, 2022, p. 764.

Cependant, le doute sémantique n'est plus permis lorsque le premier article de ce livre II évoque « la *cession*[1] et l'utilisation des éléments et produits du corps humain »[2], et que, par suite, il est affirmé qu' « *aucun paiement*[3], quelle qu'en soit la forme, ne peut être alloué à celui qui se prête au prélèvement d'éléments de son corps ou à la collecte de ses produits »[4]. À cela on pourrait même ajouter que le Code civil[5] lui-même valide ces conventions[6]. Ainsi, ce n'est que constater une réalité positive que de dire que, depuis 1994[7], le législateur organise le « commerce à titre gratuit » d'éléments et produits du corps humain[8]. Il est possible de céder gratuitement son organe[9], son sang[10] ou encore ses tissus ou ses cellules[11]. Or disposer gratuitement de son vivant en cédant son bien à un autre qui l'accepte[12], c'est exactement ce que l'on

---

[1] Nous soulignons.
[2] CSP, art. L. 1211-1.
[3] Nous soulignons.
[4] CSP, art L. 1211-4.
[5] On peut noter le renvoi opéré par le code de la santé publique : « la cession et l'utilisation des éléments et produits du corps humain sont régies par les dispositions du *chapitre II du titre Ier du livre Ier du Code civil* et par les dispositions du présent livre » (CSP, art. L. 1211-1 alinéa 1er).
[6] C. civ., art. 16-5 : « les conventions ayant pour effet de conférer une valeur patrimoniale au corps humain, à ses éléments ou à ses produits sont nulles » ; *a contrario* : les conventions n'ayant pas pour effet de conférer une valeur patrimoniale au corps humain, à ses éléments ou à ses produits sont valides.
[7] Loi n° 94-654 du 29 juillet 1994 relative au don et à l'utilisation des éléments et produits du corps humain, à l'assistance médicale à la procréation et au diagnostic prénatal.
[8] On remarquera qu'en l'absence de dispositions législatives le doyen Nerson remarquait déjà « que la cession d'un organe, à des fins thérapeutiques, la cession d'un rein, par exemple, doit être admise, mais dans chaque cas, il y aura lieu à une pesée des intérêts en présence » (« L'influence de la biologie et de la médecine moderne sur le droit civil », *RTD civ.*, 1970, p. 661, spéc. p. 676). « Le langage nous le fait pressentir, il y a *don* », ajoutait-il (*ibid.*). Constat déjà partagé par d'autres, comme par exemple Jean Savatier (« *Et in hora mortis nostrae*. Le problème des greffes d'organes prélevés sur un cadavre », *D.,* 1968, p. 89, spéc. p. 92).
[9] CSP, art. L. 1231-1 A et ss.
[10] CSP, art. L. 1220-1 et ss.
[11] CSP, art. L. 1241-1 et ss.
[12] L'identité du donataire pose question. Dans la mesure où le don d'organe est un contrat réel, c'est le prélèvement qui entraîne la formation du contrat. Or c'est à l'établissement de santé que l'organe est remis par l'effet de son prélèvement consenti. C'est donc avec lui que le contrat est conclu. Pour ces analyses, v. G. Loiseau, « Le

appelle une donation entre vifs[1]. Ainsi, il est juste de dire que l'on peut donner, de son vivant, son organe[2]. En revanche, pour le cas du prélèvement d'organe sur une personne décédée[3], on ne peut parler de don[4] dans la mesure où la donation à cause de mort n'est pas admise par le droit[5].

Dans une première approche – celle qui est d'ailleurs suggérée par les organisateurs de ce colloque, qui voient dans « le don d'organe » une manifestation des « pratiques attendues de l'altruisme » – on associe immédiatement (instinctivement) le fait de donner à un geste altruiste. L'altruisme de la donation ne ferait guère de doute, d'autant plus lorsqu'elle porte sur un organe. Seulement, à bien y réfléchir, et dans une seconde approche, l'évidence disparaît et laisse place au doute[6]. De plus, le don d'organe, en tant qu'espèce particulière de

---

contrat de don d'éléments et produits du corps humain. Un autre regard sur les contrats réels », *D.*, 2014, p. 2252.
On peut ajouter qu'il est possible de voir dans la donation d'organe, une donation avec charge de redonner. Le premier donataire, l'établissement, n'étant alors qu'un intermédiaire chargé par le premier donateur, le donneur, de redonner l'organe au donataire final, le receveur. Il ne s'agirait alors que d'un simple mécanisme de stipulation pour autrui (article 1205 alinéa 2 du Code civil).

[1] C. civ., art. 894 : « la donation entre vifs est un acte par lequel le donateur se dépouille actuellement et irrévocablement de la chose donnée en faveur du donataire qui l'accepte ».

[2] Évidemment, dans le cas où le prélèvement – la remise – n'est pas volontaire, il ne peut y avoir donation. Ainsi, ne sont pas concernés « les éléments et produits du corps humain prélevés et utilisés à des fins thérapeutiques *autologues* dans le cadre d'une seule et même intervention médicale, sans être conservés ou préparés à aucun moment au sein d'un organisme ou d'un établissement autorisé » (CSP, art. L. 1211-8 al. 1er).

[3] CSP, art. L. 1232-1 et ss.

[4] V. toutefois, le doyen Savatier qui y voyait une véritable donation à cause de mort (« Les problèmes juridiques des transplantations d'organes humains », *JCP G*, 1969, I, 2247, n° 5).

[5] C. civ., art. 893 al. 2.

[6] Ce doute est davantage renforcé par le fait que l'altruisme du droit civil, voir du droit en général, n'a rien d'une évidence – n'associe-t-on pas, généralement, le *droit* à l'*intérêt* ? Xavier Martin remarquait d'ailleurs, à la lecture des travaux préparatoires du Code civil, « que les rédacteurs non seulement ne prennent pas en compte le désintéressement, mais surtout sont quasiment incapables de concevoir cette notion, dont leur propos ne donne au mieux que des reflets fugitifs et affadis » (X. Martin, « L'insensibilité des rédacteurs du Code civil à l'altruisme », *RHD*, 1982, p. 589, spéc. p. 590).

donation, a nécessairement des spécificités qui la rendent plus ou moins altruiste. L'altruisme du don d'organe se doit d'être *vérifié* (I).

Une fois sûr de l'altruisme de l'opération, c'est à ses contours qu'il faut s'intéresser. Parce que le corps de la personne est en jeu – et donc la personne humaine elle-même –, l'altruisme du donateur devra nécessairement se heurter à certaines résistances qui viendront brider sa liberté généreuse. L'altruisme du donneur d'organe est *limité* (II).

I- La vérification de l'altruisme du don d'organe

Vérifier l'altruisme du don d'organe, c'est d'abord vérifier l'altruisme de cette opération plus vaste qu'est la donation (A) ; faute d'altruisme de la donation (genre) il faudrait immédiatement réfuter l'altruisme du don d'organe (espèce) ; *a contrario*, si le genre (la donation) est altruiste, l'espèce (le don d'organe) le serait aussitôt. Certain de l'altruisme du genre, il faudra alors s'intéresser à l'altruisme spécifique de l'espèce (B).

A) L'altruisme ordinaire de la donation

La première étape de cette vérification de l'altruisme du don d'organe consiste ainsi à répondre à la question suivante : la donation est-elle une opération altruiste ? Une réponse positive est nécessaire pour conclure à l'altruisme du don d'organe. Seulement, force est de constater que la certitude initiale laisse place au doute (1). Pour avancer, ce doute se doit donc d'être dispersé (2).

1) Le doute dévoilé

La donation est une espèce de libéralité[1]. Or, ici, c'est du genre que le doute se dévoile. En effet, la libéralité c'est la gratuité[2]. Seulement, comment faut-il entendre cette gratuité ? On fait justement remarquer qu'il y aurait *deux conceptions* possibles pour les libéralités[3].

Une première conception, « purement altruiste », consisterait à considérer que les libéralités sont une manifestation d'une « gratuité idéale ». Les libéralités ainsi conçues seraient alors « des actes totalement désintéressés qui rejettent toute poursuite d'un intérêt »[4]. Dans ces conditions, la poursuite d'un tel intérêt reviendrait à nier la gratuité altruiste de l'acte, et le pousserait dans les bras égoïstes de l'onéreux. La gratuité s'identifie alors à l'absence de contrepartie recherchée, c'est-à-dire à l'intention libérale du disposant elle-même définie comme l'« intention de procurer à autrui un avantage, sans contrepartie »[5]. Cette conception est celle de l'illustre Pothier[6].

La seconde conception, plus réaliste, reposant sur une « gratuité concrète », consisterait quant à elle à considérer qu'il y aurait, y compris dans les libéralités, la poursuite d'un intérêt[7]. Seulement, ici, il n'y aurait pas de quoi leur faire perdre leur caractère de gratuité. De la sorte, si le disposant poursuit un intérêt, il ne s'agit pas d'un intérêt pécuniaire comme pour les actes à titre onéreux. Le doyen Carbonnier

---

[1] C. civ., art. 893 al. 2.

[2] C. civ., art. 893 al. 1er : « la libéralité est l'acte par lequel une personne dispose à titre gratuit de tout ou partie de ses biens ou de ses droits au profit d'une autre personne ».

[3] J. Rochfeld, *Répertoire de droit civil*, Dalloz, v. *Cause*, n° 99 ; v. également J. Rochfeld, *Cause et type de contrat*, LGDJ, coll. Thèses, 1999, préf. Ghestin, n° 292 et s., p. 263 et s.

[4] J. Rochfeld, Répertoire de droit civil, op. cit. loc. cit..

[5] G. Cornu (dir.), *Vocabulaire juridique*, PUF, coll. Quadrige, 14e éd., 2022, v. *Intention libérale*.

[6] R.-J. Pothier, *Traité des obligations*, Dalloz, coll. Biothèque, 2011, préf. J.-L. Halpérin, n° 42, p. 24 : « dans les contrats de bienfaisance, la libéralité que l'une des parties veut exercer envers l'autre est une cause suffisante de l'engagement qu'elle contracte avec elle » ; v. également, *op. cit.*, n° 12, p. 11 : « les contrats de bienfaisance sont ceux qui ne se font que pour l'utilité de l'une des parties contractantes ».

[7] D'ailleurs, cette conception pourrait bien être celle des rédacteurs du Code civil. Sur ce point, v. J. Rochfeld, *Cause et type de contrat*, *op. cit.*, n° 293, p. 264.

y voyait « un intérêt moral du disposant à disposer, à ne pas laisser s'appliquer à son patrimoine un ordre de dévolution qui ne lui plaît pas »[1].

A ce stade, on peut donc remarquer que, si pour cette seconde conception la distinction de l'altruisme et de l'égoïsme ne serait pas celle du gratuit et de l'onéreux[2], pour la première en revanche le gratuit et l'altruisme se rejoignent.

2) Le doute dispersé

Pour disperser ce doute, il convient de déterminer ce qui justifie l'engagement du disposant. En effet, ce n'est qu'en déterminant pourquoi le disposant s'engage que l'on pourra véritablement conclure à l'altruisme ou non de l'opération : la justification de son engagement est-elle altruiste ? À partir de là, il y a trois possibilités.

La première possibilité rejoint la première approche : il suffit de considérer que le disposant ne recherche aucune contrepartie ni aucun intérêt pour conclure à l'altruisme de la donation, celle-ci n'étant que désintérêt. Pour le dire autrement, toute libéralité est nécessairement altruiste en ce que la gratuité qui la caractérise se définie par le rejet de la poursuite d'un intérêt : le disposant veut donner sans recevoir de contrepartie (*animus donandi*).

Seulement, en expliquant ce que *veut* le disposant on n'explique pas pourquoi il le veut[3]. Ainsi, c'est le lieu même où se déroule le présent colloque – l'amphithéâtre Maury – qui nous pousse à rejeter cette approche, dans la mesure où c'est précisément pour tenter de déterminer le pourquoi de cet engagement que le doyen Maury avait

---

[1] J. Carbonnier, *Droit civil*, Tome 2, PUF, coll. Quadrige Manuels, 2e éd., 2017, n° 980, p. 2029.

[2] J. Rochfeld, Répertoire de droit civil, op. cit., loc. cit.

[3] F. Chénedé, Les commutations en droit privé. Contribution à la théorie générale des obligations, Economica, coll. Recherches juridiques, 2008, n° 191, p. 172 ; v. également J. Rochfeld, Répertoire de droit civil, op. cit., n° 100.

trouvé dans « l'absence voulue d'équivalent économique » la justification du geste du disposant[1].

En outre, on citera le constat suivant du doyen Josserand : « imaginée dans son absolue pureté, la donation, type du contrat de bienfaisance, est toute générosité, toute libéralité : dans son origine, dans son exécution et dans son but, elle n'est que désintéressement. Mais ce n'est pas toujours qu'elle se présente dans cette unité et dans cette intégrité ; le plus souvent, du moins lorsqu'elle revêt une certaine importance, elle offre un aspect plus complexe, celui d'un alliage de sentiments et de désirs très différents, les uns désintéressés et altruistes, les autres plus ou moins intéressés : le disposant poursuit alors un but par rapport auquel la donation n'est qu'un simple moyen »[2].

Voilà qui nous emmène donc à étudier la deuxième possibilité : celle qui consiste à considérer qu'il faut distinguer au sein des libéralités. C'est d'ailleurs ce que proposait Josserand à la suite du constat précédemment évoqué. Précisant la distinction des « donations purement gracieuses » et des « donations faites en vue d'un but déterminé » de Capitant, le doyen de Lyon proposait de distinguer les « libéralités pures » des « libéralités relatives »[3]. Il y aurait donc des libéralités altruistes et d'autres qui ne le seraient pas, faute d'être purement désintéressées. Le critère de distinction résiderait alors dans les mobiles du disposant[4].

Toutefois, c'est la troisième approche qu'il faut privilégier, plus systématique et apte à apporter une réponse véritable à la justification de l'engagement du disposant[5] : celle qui consiste à considérer que

---

[1] V. l'exposé de la théorie du doyen Maury et sa critique par J.-J. Dupeyroux, Contribution à la théorie générale de l'acte à titre gratuit, LGDJ, 1955, préf. J. Maury, n° 168 et s., p. 187 et s.

[2] L. Josserand, Les mobiles dans les actes juridiques en droit privé, Dalloz, coll. Bibliothèque, 2006, préf. D. Deroussin, n° 264, p. 331.

[3] L. Josserand, *ibid.*

[4] L. Josserand, *ibid*, n° 37, p. 54 : « l'acte de bienfaisance relève de la psychologie infiniment plus que l'acte de spéculation qui trouve en lui-même, dans les clauses qu'il renferme, une cause suffisante et sa propre explication ».

[5] De cette façon, il est possible de dépasser l'approche négative qui consiste à voir dans l'acte à titre gratuit le revers de l'acte à titre onéreux. L'une des plus célèbres illustrations de cette approche négative est celle du doyen Maury qui définissait la cause des contrats à titre gratuit comme « l'absence voulue d'équivalent économique » (v. F. Chénedé, *op. cit.*, n° 191, p. 172) ; v. déjà G. Baudry-Lacantinerie

l'intérêt en présence dans toute libéralité n'est pas contraire en soi à l'altruisme du disposant[1]. Cela se justifie par les caractères spécifiques que revêt cet intérêt. C'est à Judith Rochfeld que l'on doit d'avoir mis en évidence la justification de l'engagement du disposant, en distinguant les deux caractères originaux de la cause des libéralités[2].

D'une part, si intérêt il y a dans le cadre des libéralités, celui-ci se concrétise dans la poursuite non rationnelle d'une contrepartie. C'est ainsi que « si une "contrepartie" intervient de la part du bénéficiaire, celle-ci n'est pas recherchée pour elle-même lorsque la libéralité est effectuée »[3]. La poursuite d'un tel intérêt de la part du disposant ne serait dès lors ni consciente[4] – la libéralité ne procède pas d'un calcul – ni rationnelle – le lien entre la prestation initiale et celle à venir ne saurait être interprété[5].

Voilà une première raison de conclure à l'altruisme de la donation : on ne peut reprocher la poursuite d'un intérêt (doublement) inconscient : inconscient pour le disposant, qui ne sait pas lui-même qu'il poursuit un intérêt ; et inconscient pour la société, qui ne se rend pas compte elle-même de l'existence d'un tel intérêt.

---

et M. Colin, *op. cit.*, n° 15, p. 6 : « le donateur procure en effet un *avantage gratuit* puisqu'il ne *reçoit pas l'équivalent* de ce qu'il donne ».

[1] J. Rochfeld, *Cause et type de contrat*, *op. cit.*, n° 291, p. 262 : « d'une part, il est nécessaire d'admettre l'existence d'une contrepartie ou d'un intérêt, si l'on veut proposer une explication, un mode d'intelligibilité des libéralités. Nul ne s'engage sans raison. Mais, d'autre part, cette admission d'un intérêt ne doit pas automatiquement pervertir la gratuité de ces actes, en les faisant basculer dans le domaine de ceux qui sont mus par l'égoïsme, c'est-à-dire dans l'onéreux ».

[2] J. Rochfeld, *Répertoire de droit civil*, *op. cit.*, n° 101 et s. ; v. sa thèse de doctorat : *Cause et type de contrat*, *op. cit.*, n° 294 et s., p. 266 et s.

[3] J. Rochfeld, Répertoire de droit civil, op. cit, n° 103.

[4] J. Rochfeld, *Cause et type de contrat*, *op. cit.*, n° 299, p. 270 : « le disposant en effectuant son acte ne sait pas, surtout ne prévoit pas, quand il va recevoir en retour, ni ce qu'il va recevoir en retour ».

[5] La libéralité ne peut donc apparaître comme une forme d'échange fondée sur la réciprocité, v. J. Rochfeld, *Répertoire de droit civil*, *op. cit.*, n° 104 ; J. Rochfeld, *Cause et type de contrat*, *op. cit.*, n° 303, p. 272 : « aussi, la cause qui, dans les actes à titre onéreux, représenterait la recherche rationnelle d'une contrepartie en ce sens qu'elle était calculée et évaluée par rapport à la prestation consentie en retour, dans un rapport d'équivalence et de réciprocité immédiates, devient donc, ici, un "saut dans l'inconnu" ».

D'autre part, même s'il faut admettre l'existence d'une contrepartie dans le cadre des libéralités[1], il faut immédiatement ajouter que celle-ci est davantage de nature relationnelle[2]. Il s'agit ici de considérer que la libéralité s'insère dans une relation – entre le disposant et le bénéficiaire – qui lui préexiste. Et c'est précisément dans cette relation que la libéralité trouve sa justification : « dans le don, le bien circule au service du lien »[3].

Voilà une seconde raison de conclure à l'altruisme de la donation : ce n'est pas tant l'intérêt du disposant qui justifie sa libéralité que la relation qu'il entretient avec le bénéficiaire ; or avoir l'autre (*alter*) comme justification, n'est-ce pas précisément ce que l'on appelle altruisme ?

B) L'altruisme spécifique du don d'organe

La donation est une opération altruiste. Dès lors, il faudrait conclure à l'altruisme du don d'organe, qui n'est qu'une variété spécifique de donation. C'est à cette spécificité qu'il faut désormais s'intéresser. Qu'est-ce qui justifie l'engagement du donneur d'organe ? On pourrait se demander si toute justification est apte à valider un tel engagement mais la réponse serait assurément négative car l'acte est grave.

L'engagement du donateur n'est pas anodin : il porte volontairement atteinte à l'intégrité de son corps. Pour cette raison, le Code civil n'admet une telle atteinte qu'« à titre exceptionnel dans

---

[1] V. F. Chénedé, *op. cit.*, n° 191, p. 174, qui se refuse toutefois à parler de « *contrepartie* relationnelle », et qui préfère évoquer une « *satisfaction* extrapatrimoniale ».

[2] J. Rochfeld, *Répertoire de droit civil*, *op. cit.*, n° 102 ; v. également, J. Rochfeld, *Cause et type de contrat*, *op. cit.*, n° 295 et s., p. 266 et ss. : « si la libéralité est bien un acte relié à une contrepartie, sa spécificité réside dans le fait que cette contrepartie n'est pas recherchée pour elle-même, mais pour ce qu'elle signifie dans la relation du disposant et du bénéficiaire. Elle prend son assise dans une relation qui existe avant, et continuera d'exister après » (n° 296, p. 266).

[3] J.-T. Godbout et A. Caillé, *Le don existe-t-il (encore) ?*, Rev. du M.A.U.S.S., 1991, n° 11, p. 32, cité par J. Rochfeld, *Cause et type de contrat*, *op. cit.*, n° 296, p. 267.

l'intérêt thérapeutique d'autrui »[1]. Le Code de la santé publique précise que le prélèvement de l'organe donné « ne peut être opéré que dans l'intérêt thérapeutique direct d'un receveur »[2]. Autrement dit, dans le cas où l'individu souhaite faire don d'une partie de lui-même, la cause de son engagement réside dans l'intérêt thérapeutique du receveur ; c'est l'intérêt thérapeutique d'autrui qui justifie l'engagement du donateur.

Tout cela signifie donc que le geste altruiste du donateur – l'altruisme ordinaire – l'est d'autant plus dans la mesure où, ici, ce geste a une visée thérapeutique – l'altruisme spécifique –, c'est-à-dire qu'il est destiné à traiter la maladie d'autrui – le geste est fort. On pourrait donc dire : porter atteinte à l'intégrité d'un corps humain, c'est grave ; mais sauver une vie à l'aide de cet organe peut être un « bien supérieur »[3] ; or c'est justement ce bien qui, lui seul, peut justifier l'engagement du donateur.

Il faudra toutefois s'assurer que cet intérêt thérapeutique soit proportionné au regard du risque encouru par le receveur. En effet, faute de proportionnalité, c'est la justification du geste du donneur qui serait alors dépourvue de toute portée. De la sorte, il faudra s'assurer que le risque mesurable en l'état des connaissances scientifiques et médicales couru par le receveur potentiel ne soit pas supérieur à l'avantage escompté pour celui-ci[4].

En outre, il faut relever que l'enjeu est aussi fort que le geste lui-même. Le législateur a même fait du prélèvement et de la greffe d'organes « une priorité nationale »[5]. Voilà de quoi, sans doute, renforcer encore davantage l'altruisme du donateur.

---

[1] C. civ., art. 16-3 al. 1er. Lorsque l'atteinte se destine à celui qui la subit, la justification devra être la « nécessité médicale pour la personne » (notion plus vaste qui englobe l'intérêt thérapeutique tout en la dépassant).

[2] CSP, art. L. 1231-1 al. 1er.

[3] Formulation empruntée à René Savatier (« Les problèmes juridiques des transplantations d'organes humains », *JCP G*, 1969, I, 2247, n° 1 : « mutiler un corps humain dans lequel on prend un organe, c'est un mal. Mais sauver une vie à l'aide de cet organe peut être un bien supérieur »).

[4] CSP, art. L. 1211-6 al. 1er.

[5] CSP, art. L. 1231-1 A. Sur les diverses mesures d'encouragement, v. J. Penneau et E. Terrier, *Répertoire de droit civil*, Dalloz, v. *Corps humain – Bioéthique*, n° 162.

II- La limitation de l'altruisme du donneur d'organe

Il faut tout d'abord rappeler que le consentement n'est pas une limite en ce qu'il est une condition nécessaire à la validité d'un acte juridique[1]. Disposer, c'est engager juridiquement sa chose[2], et donc consentir à un acte juridique ayant cette chose comme objet.

Le droit commun du corps rend nécessaire un tel consentement[3], ce que le droit spécial, appliqué au don d'éléments et produits du corps, prend la peine de rappeler[4]. Mais tout ceci n'a donc rien d'original : pour donner, il faut consentir à donner ; *a fortiori*, pour donner un organe, il faut consentir à donner cet organe. Ce qui n'empêche pas toutefois le fait, pour ce consentement, d'être sous étroite surveillance[5]. Il n'y pas là non plus une limitation quelconque. Il convient simplement, au regard de la gravité de l'acte, de s'assurer que le consentement du donateur est libre et éclairé[6].

En revanche, comment se fait-il que la loi nous indique que le « consentement [du donneur] est révocable à tout moment »[7] ? Cette disposition semble entrer en profonde contradiction avec le principe

---

[1] C. civ., art. 1128.
[2] F. Zenati-Castaing et T. Revet, *Les biens*, PUF, coll. Droit fondamental, 3e éd., 2008, no 210, p. 235.
[3] C. civ., art. 16-3 al. 2.
[4] CSP, article L. 1211-2 al. 1er : « le prélèvement d'éléments du corps humain et la collecte de ses produits ne peuvent être pratiqués sans le consentement préalable du donneur ».
[5] Sur les modalités de ce consentement, v. CSP, art., L. 1231-1 III.
[6] Il convient de s'assurer que le donneur est correctement informé (CSP, art. R. 1231-1-1) et que l'expression de son consentement soit suffisamment encadrée (CSP, art. R. 1231-2 et ss.).
[7] CSP, art. L. 1211-2 al. 1er.

d'irrévocabilité des donations[1]. Plus généralement, que penser de la force obligatoire d'un tel contrat ?[2]

C'est qu'en réalité le contrat – la donation – n'est pas conclu par l'échange des consentements mais bien davantage par la remise – le prélèvement – de la chose – l'organe – : le don d'organe est un contrat réel[3]. Voilà qui explique donc que le consentement du donateur puisse être révoqué jusqu'à la remise volontaire de l'organe – la conclusion du contrat[4].

Cependant, parce que l'organe est une partie de la personne humaine, deux véritables limites majeures s'opposent à l'altruisme du donateur : son identité (A) et sa survie (B).

A) L'identité du donateur

Tout le monde peut-il donner ? Dans la mesure où la réponse à cette question est négative, on peut y voir une véritable limite à l'altruisme du donateur.

Précisons d'abord que, dans l'absolu, tout le monde peut se retrouver dans la position de donneur : toute personne a, *a priori,* la capacité de disposer d'un organe qui n'est pas nécessairement à sa survie après l'aliénation.

Toutefois, ne sont pas en capacité de disposer de leur organe, y compris avec le consentement de leurs représentants, les mineurs et les majeurs faisant l'objet d'une mesure de protection juridique avec représentation à la personne[5].

---

[1] Ce principe est souvent invoqué à travers l'adage « donner et retenir de ne vaut » (v. G. Baudry-Lacantinerie et M. Colin, *op. cit.*, n° 26, p. 9). On pourrait simplement se contenter de souligner que l'irrévocabilité est un élément de définition de la donation (C. civ., art. 894). En outre, le contrat, dont la donation n'est qu'une espèce, ne peut être révoqué unilatéralement par l'une des parties (C. civ., art. 1193). Seules certaines causes peuvent exceptionnellement justifier une telle irrévocabilité de la donation (C. civ., art. 953 et ss.).

[2] C. civ., art. 1103 du Code civil.

[3] G. Loiseau, « Le contrat de don d'éléments et produits du corps humain. Un autre regard sur les contrats réels », *D.*, 2014, p. 2252.

[4] C. civ., art. 1109 al. 3.

[5] CSP, art. L. 1231-2.

En revanche, si tout le monde peut donner (exception faite des mineurs et des majeurs protégés), tout le monde ne peut pas donner à toute personne : toute personne est potentiellement donneur mais toute personne n'est pas donneur potentiel. C'est ce qui a dû entraîner une réponse négative à la question de savoir si tout le monde peut donner, dans la mesure où, pour une situation donnée, seules certaines personnes strictement déterminées pourront donner leur organe. Comment sont alors sélectionnés les donneurs potentiels ?

Le Code de la santé publique établit une liste de donneurs potentiels. « Le donneur doit avoir la qualité de père ou mère du receveur », nous dit-il[1]. Toutefois, peuvent être autorisés à donner leur organe[2] : le conjoint, les frères ou sœurs, les fils ou filles, les grands-parents, les oncles ou tantes, les cousins germains et cousines germaines ainsi que le conjoint du père ou la mère du receveur[3]. En outre, le donneur peut être le concubin du receveur, qui devra alors apporter la preuve d'une vie commune d'au moins deux ans avec le receveur. Plus largement, le donneur peut être celui qui rapporte la preuve d'un lien affectif, étroit et stable depuis au moins deux ans, avec le receveur[4].

On constate alors que le donneur doit se trouver dans le cercle familial ou affectif du receveur[5]. À partir de là, il est possible de faire deux observations. D'une part, cette limitation des donneurs potentiels est évidemment un obstacle considérable à la possibilité de donner son organe. Toutefois, et d'autre part, cette limitation se comprend aisément dans la mesure où, il faut le rappeler, la donation est avant tout une forme de relation[6], qui n'a donc en principe vocation à n'intervenir « que dans des relations sociales déterminées, familiales ou affectives »[7].

---

[1] CSP, art. L. 1231-1 I al. 1er.
[2] L'autorisation est délivrée, postérieurement à l'expression du consentement, par le comité d'experts (sur ce comité, v. CSP, art. L. 1231-3).
[3] CSP, art. L. 1231-1 I al. 2.
[4] On remarque toutefois que cet élargissement peut soulever certaines difficultés : v. J. Penneau et E. Terrier, *Répertoire de droit civil*, Dalloz, v. *Corps humain – Bioéthique*, n° 170.
[5] Ici, il est donc dérogé au principe d'anonymat (C. civ., art. 16-8 et CSP, art. L. 1211-5).
[6] J. Rochfeld, *Cause et type de contrat*, *op. cit.*, n° 296 p. 267 : « la libéralité apparaît alors, non comme une forme d'échange, mais comme une forme de relation ».
[7] J. Rochfeld, *ibid.*, n° 297 p. 269.

Seulement, l'identité ne suffit pas, il faut encore que le donneur soit compatible avec le receveur, sans quoi le don du premier serait dépourvu de justification faute d'une possibilité de greffe sur le second. Ainsi, le législateur tente de remédier à cette difficulté en introduisant la possibilité d'effectuer un don croisé d'organes[1]. Le recours à cette pratique est ainsi rendu nécessaire par l'existence d'une incompatibilité « entre une personne ayant exprimé l'intention de don et une personne dans l'intérêt de laquelle le prélèvement peut être opéré »[2].

La pratique du don croisé d'organes consiste, pour un receveur potentiel placé dans une situation d'incompatibilité avec son donneur potentiel, à bénéficier du don d'une autre personne ayant exprimé sa volonté de donner mais qui était, elle aussi, dans une situation d'incompatibilité à l'égard de celui auquel était destiné l'organe, cette dernière bénéficiant alors du don de l'autre donneur[3]. Autrement dit, lorsqu'il existe une incompatibilité entre un premier couple donneur-receveur (la paire A) et un second couple donneur-receveur (la paire B) ; mais qu'il existe en revanche une compatibilité entre le donneur de la paire A et le receveur de la paire B, ainsi qu'entre le donneur de la paire B et le receveur de la paire A ; alors le donneur de la paire A pourra donner son organe au receveur de la paire B tandis que le donneur de la paire B donnera le sien au receveur de la paire A[4].

La rupture est alors majeure : d'un don cantonné au cercle familial et motivé par la seule considération de l'affection éprouvée à l'encontre du receveur on passe à un don « extrafamilial et motivé par le contredon reçu »[5]. Voilà qui a de quoi questionner l'altruisme d'une telle opération – réflexion sur sa nature – dès lors que celle-ci repose sur la simultanéité du don – je donne car tu donnes.

---

[1] Article 7 de la loi n° 2011-814 du 7 juillet 2011 relative à la bioéthique. Récemment, l'article 8 de la loi n° 2021-1017 du 2 août 2021 relative à la bioéthique est venu modifier certains points.

[2] CSP, art. L. 1231-1 II al. 1er.

[3] CSP, art. L. 1231-1 II al. 2.

[4] La loi prévoit toutefois, pour augmenter les possibilités d'appariement entre les donneurs et les receveurs engagés dans un don croisé et en substitution au prélèvement de l'un des donneurs vivants, qu'il peut y avoir recours à un organe prélevé sur une personne décédée (CSP, art. L. 1231-1 II al. 3). En outre, le principe d'anonymat du donneur et du receveur retrouvera son emprise et devra être garanti (article préc. II alinéa 5).

[5] A.-M. Leroyer, « Dons croisés d'organes », *RTD civ.*, 2012, p. 778.

En effet, le don croisé d'organes s'apparente davantage à une forme d'échange[1], la seule considération de la suppression de la simultanéité du don permet d'en prendre la mesure[2] : le donneur s'engagerait-il à donner son organe en ne sachant pas si le receveur de sa famille en recevra un en retour ?[3]

B) La survie du donateur

Peut-on donner n'importe quel organe ? Là encore, la réponse étant négative on conclura à une limitation de l'altruisme.

C'est d'ailleurs sans doute la limite la plus évidente. En disposant d'une partie d'elle-même, la personne humaine ne peut entraîner la disparition du sujet de droit dont elle est le support. Pour que l'opération soit validée par l'ordre juridique, il est nécessaire que le disposant survive, en tant que sujet de droit, au transfert de propriété[4]. Raison pour laquelle, le donateur ne peut donner qu'un organe qui n'est pas nécessaire à sa survie après le prélèvement. Le prélèvement en vue de la greffe ne peut donc s'opérer que dans le cadre vital de la survie du sujet. Ainsi, le don d'organe concerne essentiellement le don de rein et, dans une moindre mesure, le don d'un lobe de foie.

---

[1] C. civ., art. 1702 : « l'échange est un contrat par lequel les parties se donnent respectivement une chose pour une autre ».

[2] A.-M. Leroyer, op. cit., loc. cit.

[3] Dans le cas du don croisé d'organes, on ne peut plus dire que le don est justifié par la relation qu'il entretient avec le receveur dans la mesure où, précisément, ce dernier ne l'intéresse guère (défaut du caractère relationnel de la contrepartie). En effet, c'est davantage la conséquence de son don qui le motive à donner, il donne en attendant consciemment le contredon, c'est-à-dire qu'il sait ce qu'il va recevoir en retour et quand il devrait le recevoir (défaut du caractère non rationnel de la contrepartie). Dès lors, est-on toujours en mesure d'affirmer que le don croisé d'organes n'est pas une forme d'échange ?

[4] F. Zenati-Castaing et T. Revet, *Manuel de droit des personnes*, PUF, coll. Droit fondamental, 2006, n° 298, p. 264.

La nécessaire survie du sujet explique encore que l'acte de soin[1] ne devra pas, en l'état des connaissances médicales, faire courir de risques disproportionnés au donneur par rapport au bénéfice escompté[2].

En revanche, au décès de la personne humaine, la question de la survie du sujet ne se pose plus, que l'on considère que la personnalité juridique ait disparu ou qu'elle survive à travers les héritiers. Il devient alors possible de prélever un ensemble d'organes comme les reins, les poumons, le foie ou encore le cœur[3]. Ce même cœur qui, du vivant du donateur, le pousse à faire œuvre d'altruisme.

---

1 CSP, art. L. 1211-4 al. 4 : « le don dans l'intérêt thérapeutique d'un receveur est assimilé à un acte de soins ».

2 CSP, art. L. 1110-5 al. 1er. Le législateur a en effet introduit un « ratio de proportionnalité » qui renvoie à la notion de « risque injustifié » que pourrait faire courir le professionnel à son patient : v. J. Penneau et E. Terrier, Répertoire de droit civil, Dalloz, v. Médecine : réparation des conséquences sanitaires, no 158. Déjà, sur son application au donneur, v. R. Savatier, « Les problèmes juridiques des transplantations d'organes humains », JCP G, 1969, I, 2247, spéc. no 3.

3 V. les réflexions de Jean Savatier au moment où la greffe de cœur est devenue à la portée de la médecine : « Et in hora mortis nostrae. Le problème des greffes d'organes prélevés sur un cadavre », D., 1968, p. 89.

Le financement participatif par prêt : une régulation altruiste de l'économie par le droit ?

Abélisse PINCHON

Doctorante contractuelle de l'Institut de Droit privé, Université Toulouse Capitole

« Quel que soit l'égoïsme de l'homme, il y a dans sa nature, à l'évidence, quelques principes qui le poussent à s'intéresser à la fortune des autres et qui rendent leur bonheur nécessaire pour lui, bien qu'il n'en tire rien d'autre que le plaisir de le voir »[1]. Tels sont les propos qui introduisent la Théorie des Sentiments Moraux, premier ouvrage d'Adam Smith dans lequel il développe l'idée selon laquelle la sympathie, définie comme la capacité dont dispose chacun de juger une action dans son contexte social[2], jouerait un rôle régulateur dans le comportement de chaque personne, y compris des agents économiques[3]. La notion de sympathie envisage ainsi les relations économiques et sociales sous le prisme de l'interdépendance.

L'implication de la notion de sympathie dans le champ d'étude de l'économie rompt avec l'image égoïste traditionnellement attribuée

---

[1] A. Smith, *Théorie des Sentiments Moraux*, traduit par M. Biziou, C. Gautier et J-F. Pradeau, Paris : PUF, coll. Leviathan, 1999.

[2] A. Smith définit plus exactement l'empathie comme la capacité de juger la « propriété ou l'impropriété, la décence ou l'indécence » des actions d'une personne.

[3] Dans son ouvrage *Recherches sur la nature et les causes de la richesse des nations*, A. Smith reconnaît toutefois l'intérêt dont peuvent faire preuve les agents économiques lorsqu'ils agissent sur le marché. Cet intéressement n'entrave cependant pas leur sympathie qui s'avère intuitive et qui s'explique par la recherche de chaque agent économique du « parfait accord des affections des spectateurs avec les siennes ». V. A. Smith, *Recherches sur la nature et les causes de la richesse des nations*, traduit de l'anglais par J-A. Roucher, Paris : Buisson, 1790-1791, p. 594.

aux agents économiques[1] et selon laquelle ils agissent au profit de leur seul intérêt personnel. Cette manière d'envisager le comportement des acteurs économiques a inspiré, par la suite, de nombreuses études appliquées au domaine de l'économie au rang desquelles figure celle du rôle de l'altruisme dans les transferts marchands. Alfred Marshall, économiste britannique de la fin du XIXe siècle, a été ainsi le premier à attribuer à l'altruisme une fonction dans la motivation des transferts économiques intrafamiliaux et communautaires. Il affirme, en effet, que l'« homme économique » n'a jamais été considéré comme parfaitement égoïste, personne ne sachant mieux que lui « endurer la peine et la privation, dans le but non égoïste de pourvoir aux besoins de sa famille »[2]. Marshall ajoute « qu'on a toujours tacitement admis que les motifs qui normalement le guident, comprennent les affections de famille. S'il en est ainsi, pourquoi n'y comprendrait-on pas aussi d'autres motifs altruistes, dont l'action est assez uniforme dans une même classe, à une même époque, et dans le même lieu, pour qu'on puisse les ramener à une règle générale ? »[3].

La notion d'altruisme est donc loin d'être étrangère à la théorie économique, contrairement au domaine juridique où elle se fait davantage remarquer par son absence. Cette affiliation de l'altruisme à la matière économique trouve aujourd'hui un écho important dans les théories afférentes aux concepts d'économie réelle et collaborative[4]. Parmi les mécanismes financiers associés à ces théories figure le financement participatif, *crowdfunding* en anglais et dont la traduction littérale est le *financement par la foule*. Il s'agit d'un outil de collecte

---

[1] F.Y. Edgeworth, économiste et juriste du XIXème siècle, considérait l'égoïsme comme le principe premier en économie : F.Y Edgeworth, *Mathematical psychics : An Essay on the application of Mathematics to the Moral Sciences*, London : C. Kegan Paul, 1881, 150 p. Cité par F-R Mahieu, « Altruisme et ingérence. Modalités de l'altruisme dans l'analyse économique », *in* F-R Mahieu (dir.), *Altruisme. Analyses économiques*, Paris : Economica, coll. Hors collection, 1998, p. 116 et 117.

[2] A. Marshall, « Préface de la première édition », *in* A. Marshall, *Principes d'économie politique, traduit par F. Sauvaire-Jourdain*, t. I, 1e éd., Paris : V. Giard et E. Brière, 1906, p. VI.

[3] *Ibid.*

[4] L'altruisme est, en effet, considéré comme l'un des types d'initiatives caractéristiques de l'économie collaborative. V. à ce sujet A. Acquier, V. Carbone, D. Massé, « L'économie collaborative, source d'innovation sociétale ? », *in* A. Decrop, *La consommation collaborative. Enjeux et défis de la nouvelle société du partage*, Paris : Deboeck supérieur, 2017, p. 247 et 249.

de fonds qui permet, par le biais d'une plateforme internet, à un ensemble indéterminé de contributeurs de consentir collectivement au financement d'un projet dans lequel ils souhaitent prendre part. Le recours au financement participatif, au-delà d'une quête purement financière, semble se manifester comme un élan altruiste caractéristique de l'économie collaborative[1]. Le financement participatif constitue, cependant, un outil économique particulièrement complexe. Il s'opère, en effet, selon différentes modalités en prenant la forme de dons, avec ou sans contrepartie, de prêts, rémunérés ou non rémunérés, ou encore d'investissements, en capitaux ou en royalties. Dans une volonté de complétude des contributions du présent ouvrage, et afin de traiter au mieux la question de l'altruisme dans ses relations avec le droit financier, seul le financement participatif sous forme de prêts sera envisagé[2].

Depuis plus d'une dizaine d'années, le financement participatif par prêt connaît un essor remarquable[3], autant au niveau national, européen qu'international. Aussi bien les auteurs que les acteurs de la finance participative s'accordent sur l'importance de son rôle en tant qu'outil, à la fois, alternatif et complémentaire aux réseaux de financement traditionnels ; les établissements bancaires n'étant plus, dans le contexte de ces vingt dernières années, en mesure d'assurer l'ensemble des besoins de financement des entreprises[4],

---

[1] S. Onnée, S. Renault, « Le financement participatif : atouts, risques et conditions de succès », *Gestion*, 2013, vol. 38, n°3, p. 64.

[2] La thématique du don faisant d'ores et déjà l'objet d'une contribution : cf. contribution de C. Mimran dans le présent ouvrage, le financement participatif sous forme de dons est écarté de la présente contribution. Il en va de même avec le financement participatif sous forme d'investissements qui, du fait de l'esprit de lucre le caractérisant, s'éloigne du thème de l'altruisme.

[3] Avant l'année 2011, les fonds collectés par les plateformes de crowdfunding s'élevaient à 20 millions d'euros en France. Le dernier baromètre publié par l'association Financement Participatif France (ci-après FPF), en février 2022, enregistre « une année record pour le financement participatif. 2 355 millions d'euros ont été collectés sur les plateformes, soit une hausse de +25% par rapport à l'année 2021. Depuis 2015, les chiffres ont été multipliés par 14 avec un total cumulé de plus de 7 milliards d'euros, tout modèle transactionnel confondu (don, prêt, investissement) ». Disponible sur : https://financeparticipative.org/ (consulté le 23/02/2023).

[4] V. notamment sur ce point J-M Moulin, « Le financement participatif ou crowdfunding », *in* J-M Moulin (dir), *Droit de la finance participative*, Bruxelles :

particulièrement les besoins relatifs aux phases d'amorçage et d'expansion des TPE et des PME[1]. Le financement participatif ne connut, cependant, d'encadrement juridique propre qu'avec l'adoption de l'ordonnance du 30 mai 2014[2].

Le financement participatif sous forme de prêts invite ainsi à interroger la manière dont le Droit s'empare d'outils économiques qui se développent, de prime abord, en dehors de son champ d'application, et l'orientation qu'il est susceptible de leur faire revêtir. *Quel rôle joue le Droit dans la dimension altruiste généralement attribuée au financement participatif par prêt* ? La reconnaissance juridique du financement participatif a permis le passage d'un outil économique à vocation altruiste à un outil financier effectivement altruiste (I). Néanmoins, le droit du financement participatif, s'il s'est construit dans un premier temps comme un droit au service de la sécurisation d'un outil financier altruiste, son évolution pose aujourd'hui la question de son caractère possiblement néfaste pour sa prospérité (II).

Bruylant, 2017, p. 139, qui envisage le *crowdfunding* comme « une alternative sérieuse au financement de projets » des entreprises qui « sont particulièrement touchées par le resserrement du crédit bancaire aux entreprises dans un contexte prudentiel exigeant en fonds propres réglementaires » ; et R. Fievet, « Tourisme & Territoire - Financement - Crowdfunding et tourisme : une alliance naissante », *Juris tourisme*, 2014, n°167, p. 37, qui présente le *crowdfunding* comme un mode de financement complémentaire aux circuits bancaires classiques dans le secteur touristique, spécialement affecté par la crise économique.

[1] Le ministère de l'économie, des finances et de la souveraineté industrielle et numérique présente, en effet, le crowdfunding comme un outil particulièrement adapté aux PME et aux jeunes entreprises innovantes. Disponible sur : https://www.economie.gouv.fr/ (consulté le 23/02/2023).

[2] Ordonnance n° 2014-559 du 30 mai 2014 relative au financement participatif.

I- La reconnaissance juridique du financement participatif, passage d'un outil économique à vocation altruiste à un outil financier effectivement altruiste

La reconnaissance juridique du financement participatif par prêt lui a permis de passer d'une pratique à vocation altruiste mais initialement risquée (A), à une pratique désormais gouvernée par l'éthique (B).

A) D'une pratique économique à vocation altruiste...

L'originalité du financement participatif réside dans la relation tripartite[1] qu'il implique. Le financement de projets s'opère, en effet, par les échanges économiques et sociaux qu'entretiennent trois acteurs, aux statuts et aux intérêts certes divers, mais qui se retrouvent dans la synergie collaborative qui caractérise le financement participatif par prêt. Il s'agit des plateformes, qu'elles soient d'envergure nationale ou internationale, des porteurs de projet, particuliers ou entreprises, ainsi que des micro-investisseurs, c'est-à-dire de la foule[2]. Le financement participatif par prêt, qu'il soit rémunéré[3] ou non, intègre ainsi les particuliers à la décision d'octroi de crédits. En consentant à accorder des prêts directement à d'autres particuliers, sous la forme de micro-crédits, ou à des entreprises, afin de soutenir des projets économiques locaux, les particuliers viennent donc compléter les parties prenantes

---

[1] N. Duran, « Les rôles des acteurs dans la formation et le développement du crowdlending : analyse des liens et échanges sociaux », *Innovations*, 2018, vol. 56, n° 2, p. 146.

[2] *Ibid.*

[3] Dans le présent article, est également entendu par prêt rémunéré l'emprunt obligataire qui connaît une importante progression au sein du financement participatif par prêt au côté du *crowdlending*, prêt avec taux d'intérêt dans son acception classique.

traditionnelles[1] du secteur. Ils ne sont plus seulement des consommateurs, mais endossent également le rôle de financeurs.

Le caractère collaboratif du financement participatif s'avère particulièrement attrayant pour les internautes, qui manifestent une volonté toujours plus grandissante de « redonner un sens à leur épargne en la fléchant vers l'économie réelle et en contribuant au développement de leur territoire » [2]. Néanmoins, le financement participatif n'est pas dénué de risques pour les particuliers. En s'écartant du système de l'intermédiation classique[3], il impose aux particuliers prêteurs de détenir eux-mêmes les dépôts[4], et donc de supporter eux-mêmes les risques inhérents à une telle activité[5], tels que l'insolvabilité de l'emprunteur ou encore les possibilités de fraude auxquelles ils peuvent être exposés en ligne[6].

Dans ces circonstances, le caractère prétendument altruiste du financement participatif par prêt questionne, d'autant plus concernant le prêt rémunéré dont les fonds collectés ont aujourd'hui largement dépassé ceux du prêt non rémunéré, également appelé prêt solidaire[7],

---

[1] *Ibid.*

[2] C. Palusinski, *Le crowdfunding*, Paris : Que sais-je, 2018, p. 5.

[3] Le système de l'intermédiation bancaire permet à des personnes autres des établissements bancaires de « présenter, proposer ou aider à la conclusion des opérations de banque ou des services de paiement ou à effectuer tous travaux et conseils préparatoires à leur réalisation » par le biais d'un mandat délivré par une personne étant habilitée à pratiquer de telles opérations, généralement une banque auprès de laquelle sont effectués les dépôts.

[4] N. Duran, *op. cit.*, p. 143.

[5] N. Duran, C. Dubrulle, *Les échecs en crowdlending : une étude exploratoire* [en ligne], 2018, p. 6. Disponible sur : https://hal.univ-reunion.fr/hal-01655014/document (consulté le 25/02/2023).

[6] A titre d'exemple, en juin 2013, une tentative de fraude sur la plateforme de financement participatif Kickstarter a été évitée par une équipe de journalistes réalisant un reportage sur le sujet du *crowdfunding*. Un faux projet, nommé Kobe Red a failli récolter 120.000 dollars confiés par 3 252 donateurs. Exemple tiré de S. Onnée, S. Renault, *op. cit.*, p. 61.

[7] Le dernier baromètre 2022 publié par FPF estime les fonds collectés pour le prêt non rémunéré à seulement 1,2 millions d'euros sur les plus de 2 milliards d'euros collectés par le biais du financement participatif par prêt. Disponible sur : https://financeparticipative.org/ (consulté le 23/02/2023). Le prêt solidaire ne représenterait ainsi que 0,06% du financement participatif par prêt.

qui est l'un des premiers segments du *crowdfunding* à avoir émergé[1]. Le prêt peut-il être considéré comme une pratique altruiste, de surcroît s'il présente des risques pour ceux qui s'y engagent ? Dans la pensée de Sénèque, le don, bienfait premier, s'oppose au prêt[2]. Cette conception des libéralités entre parfaitement en résonance avec la notion d'altruisme telle que développée par Auguste Comte[3]. L'altruisme, au sens comtien du terme, s'incarne dans la maxime « vivre pour autrui »[4] et tend ainsi à réfuter toute possibilité de transferts économiques altruistes[5]. Cette conception sacrificielle de l'altruisme[6], fondée sur un pur désintéressement[7] au profit des intérêts de l'Autre, réduit la manifestation d'actes altruistes à quelques occasions sporadiques, pour ne pas dire rarissimes. Pourtant, si un acte est exercé avec l'arrière-pensée d'éprouver une forme de satisfaction personnelle, cela remet-il

---

[1] V. Ricordeau, *Crowdfunding : le financement participatif bouscule l'économie !*, Limoges ; Paris : FYP ; ISG, International business school, coll. Stimulo, 2013, p. 27.

[2] « Malheur au bienfaiteur usurier qui tient registre de ses présents, qui porte ses dons en dépense, qui se fait l'exacteur avare du malheureux qu'il oblige, et l'assigne comme un débiteur, au jour fixe et à l'heure marquée. Un honnête homme ne pense jamais à ses dons : autrement le don prendrait la forme du prêt » : Sénèque, *Traité des bienfaits, précédé d'un discours sur la traduction par M. Dureau de la Malle*, Paris : chez Pissot, 1776, p. 13.

[3] V. A. Comte, *Système de politique positive ou traité de sociologie positive instituant la religion de l'Humanité*, 4 vol., 1851-1881, 678 p.

[4] Selon Comte, chaque individu doit considérer comme un vice le moindre soin qu'il pourrait apporter à ses intérêts personnels de sorte que si le fait d'aider autrui entraîne même involontairement une satisfaction personnelle, même minime, l'action réalisée revêt un caractère égoïste : J. Ballet, « Altruisme sacrificiel et altruisme rationnel », *in* F-R Mahieu (dir.), *op. cit.*, p. 146.

[5] Les mots de F. de La Rochefoucauld à ce sujet sont révélateurs : « L'intérêt parle toutes sortes de langues, et joue toutes sortes de personnage, même celui du désintéressé ». F. de la Rochefoucauld, *Réflexions, ou Sentences et maximes morales*, Paris : Imprimerie nationale, 1998, maxime XXXIX.

[6] V. sur ce point les écrits des économistes J.S. Mill et H. Spencer qui s'opposent à cette approche sacrificielle de l'altruisme en lui préférant une approche rationnelle : J.S. Mill, *Auguste Comte et le Positivisme, traduit de l'anglais par le dr G. Clemenceau*, 5e éd., Paris : Alcan, 1893, 200 p. ; H. Spencer, « Pourquoi je me sépare d'Auguste Comte », *in* H. Spencer, *La classification des sciences, traduit de l'anglais sur la troisième édition par F. Réthoré*, 5e éd., Paris : Alcan, 1893, p. 95-138 ; H. Spencer, *Le rôle moral de la bienfaisance, traduction de M. E. Castelot et M. E. Martin Saint-Léon*, Paris : Guillaumin, 1895, p. 258.

[7] « Qualité (vertu) consistant à ne pas s'attacher à son intérêt personnel » : Vocabulaire juridique Cornu, 12e éd., Paris : PUF, 2017, v. « désintéressement ».

en question la volonté première de son auteur de répondre aux besoins d'autrui ? N'apparaît-il pas illusoire de tenter d'appliquer à la notion d'altruisme une acception qui ne prendrait pas en compte une telle nuance, ou pire de tenter d'observer ses implications sans tenir compte de la possibilité de celle-ci ? C'est en tout cas la position défendue par la tradition philosophique qui définit l'altruisme comme l'intégration de l'Autre[1] dans les choix économiques individuels[2]. Chaque personne, chaque agent économique, est ainsi perçu comme un individu rationnel capable d'exprimer l'autonomie de sa volonté dans un contexte d'ignorance de ses finalités personnelles[3]. Selon cette conception, tous les agents économiques, dans les choix qu'ils effectuent, mobilisent des préférences subjectives, dépendant de leurs intérêts strictement personnels, et des préférences éthiques, représentant, au contraire, des préférences fondées sur des considérations sociales universelles, et donc impersonnelles[4]. Dans le cadre de transferts pécuniaires, l'altruisme émerge alors de choix économiques établis sur des préférences, non pas subjectives, mais sociales, c'est-à-dire d'un calcul

---

[1] La tradition philosophique envisage l'Autre, sujet de l'altruisme, de manière universelle. Cet universalisme se fonde sur la notion d'impératif catégorique développée par Emmanuel Kant dans son ouvrage *Fondements de la Métaphysique des Mœurs* : « Je dois toujours me conduire de telle sorte que je puisse aussi vouloir que ma maxime devienne une loi universelle ». L'impératif catégorique implique, en effet, un consensus sur les fins devant être atteintes et ce consensus est exprimé par l'idée selon laquelle tous les Hommes, tous les membres de la société, participent à l'utilitarisme social. A ce sujet, comme le souligne le Pr. F-R Mahieu, au sein de la théorie économique, « l'impératif catégorique est interprété depuis Sidgwick (1907) comme un principe d'équité : tout ce qui vaut moralement pour une personne doit valoir également pour tous les êtres semblables qui sont dans une situation semblable ». V. F-R Mahieu, « Altruisme et ingérence. Modalités de l'altruisme dans l'analyse économique », *in* F-R Mahieu (dir.), *op. cit.*, p. 119.

[2] Levinas considère à ce sujet que c'est la responsabilité que chacun a envers l'Autre qui vide « le Moi de son impérialisme et de son égoïsme ». « Être moi, signifie dès lors, ne pas pouvoir se dérober à la responsabilité, comme si tout l'édifice de la création reposait sur mes épaules » : E. Levinas, *Humanisme de l'autre homme*, Paris : Fata Morgana, 1972, p. 53.

[3] F-R. Mahieu, *in* F-R. Mahieu (dir.), *op. cit.*, p. 122.

[4] Cette distinction est issue de celle, par la suite largement reprise et détaillée, opérée par le célèbre économiste J. Harsanyi entre « *indivuals preferences* » et « *social preferences* ». V. J. Harsanyi, « Cardinal Welfare, Individualistic Ethics and Interpersonnal Comparison of Utility », *Journal of Political Economy*, 1955, vol. 63, n° 4, p. 310.

économique fondé sur l'éthique[1]. Dans cette perspective, le caractère positif ou négatif d'une action ne se révèle qu'après son exercice et n'influence donc pas sa nature possiblement altruiste[2]. Une action est considérée comme altruiste à partir du moment où sa motivation est fondée sur l'éthique. L'altruisme s'analyse ainsi en « un sentiment de Justice donnant lieu à des actions de Justice »[3] et s'appréhende en termes de Droit[4]. La forme la plus immédiate de l'altruisme s'illustrerait alors en un réseau de responsabilité établi sur des droits et des obligations réciproques[5].

L'intégration d'un tiers dans le calcul marchand opéré par les agents économiques entre parfaitement en résonance avec la question du financement participatif et de son caractère altruiste sur le marché financier. S'il témoigne d'une certaine volonté d'enrichissement, le financement participatif par prêt n'en est pas moins une pratique économique collaborative et solidaire qui s'est développée grâce aux choix des particuliers prêteurs fondés sur leurs préférences sociales. Ils se tournent, en effet, délibérément vers cet outil économique alors qu'ils pourraient s'orienter vers des placements financiers plus attractifs, mais qui se caractérisent, au contraire, par une volonté d'enrichissement strictement personnel[6]. Néanmoins, le financement participatif par prêt ne disposait d'aucun cadre juridique propre. Les risques qu'il faisait supporter à ses acteurs, et notamment aux particuliers préteurs, le rendaient insusceptible de constituer un outil financier altruiste dans l'absolu. Le réseau de responsabilité qui existait entre ses parties prenantes était, en effet, trop déséquilibré pour que le financement participatif puisse être perçu comme un instrument empreint de *Justice*.

---

[1] « La bienveillance correspond à un calcul sur un état individuel, un calcul personnel et subjectif. L'altruisme, au contraire, se situe à un niveau de calcul social, vis-à-vis d'une référence éthique » : J. Ballet, *in* F-R. Mahieu (dir.), *op. cit.*, p. 143.

[2] « L'altruisme se traduit par une externalité d'ordre positif ou négatif vis-a-vis de la pesonne » : F-R. Mahieu, *in* F-R. Mahieu (dir.), *op. cit.*, p. 129.

[3] J. Ballet, *in* F-R. Mahieu (dir.), *op. cit.*, p. 140.

[4] J.S. Mill écrit, en effet, à ce propos qu'il convient de « diriger notre conduite d'après une règle que tous les êtres raisonnables puissent adopter avec avantage pour leur intérêt collectif » : J.S. Mill, *L'Utilitarisme*, traduit de l'anglais par le P-L. Le Monnier, 2e éd., Paris : Alcan, 1889, p. 102.

[5] F-R. Mahieu, *in* F-R. Mahieu (dir.), *op. cit.*, p. 127.

[6] Tel que, par exemple, l'assurance vie ou les placements immobiliers en SCPI.

La reconnaissance juridique du financement participatif par prêt, d'ailleurs largement sollicitée par les acteurs du domaine[1], a ainsi permis au financement participatif de passer d'un outil économique à vocation altruiste à un outil économique effectivement altruiste, car gouverné par des règles éthiques contraignantes.

B) … A une pratique financière gouvernée par l'éthique

L'ordonnance du 30 mai 2014, en reconnaissant juridiquement le financement participatif par prêt en tant qu'outil financier, a instauré des règles de bonnes conduites et d'organisation devant être respectées par les plateformes dans leurs relations avec les particuliers prêteurs et les porteurs de projet souhaitant être financés. Les plateformes doivent, à ce titre, « se comporter d'une manière honnête, équitable, transparente et professionnelle en tenant compte des droits et des intérêts de leurs clients, y compris de leurs clients potentiels. A cette fin, [elles] prennent et documentent toutes les mesures raisonnables visant à détecter et empêcher les risques de conflits d'intérêts pouvant se poser dans le cadre de leur activité »[2]. Les personnes physiques qui dirigent ou gèrent une plateforme de financement participatif doivent, à cet effet, remplir des conditions d'honorabilité et de compétence professionnelle[3]. Les plateformes sont ainsi soumises à diverses obligations qui peuvent être divisées en trois catégories. Premièrement, les plateformes doivent satisfaire à une obligation de vigilance en veillant à ce que les caractéristiques des projets présentées aux internautes comprennent toutes les informations nécessaires afin qu'ils puissent consentir de manière éclairée à investir dans un projet en prêtant une certaine somme

---

[1] V. Autorité des Marchés Financiers, Autorité de Contrôle Prudentiel, Guide du financement participatif (crowdfunding) à destination des plate-formes et des porteurs de projet, 14 mai 2013.

[2] *C. mon. fin.*, art. L. 548-6 al. 1 et 2 dans sa version issue de la Loi n° 2019-486 du 22 mai 2019 relative à la croissance et la transformation des entreprises. C'est, néanmoins, bien l'ordonnance du 30 mai 2014 qui a mis en place les règles de bonne conduite et d'organisation ci-après exposées.

[3] C. mon. fin., art. L. 548-4.

d'argent. Pour se faire, les projets présentés sur les plateformes doivent être « prédéfinis en termes d'objet, de montant cible de financement, de calendrier, de description chiffrée de l'utilisation prévue des fonds levés et de résultat attendu »[1]. Deuxièmement, les plateformes sont soumises à une obligation d'information en informant le public des conditions de sélection des projets et des porteurs de projet[2] et en fournissant aux prêteurs les renseignements relatifs au taux d'intérêt applicable, au montant total du crédit, à la durée du prêt, à ses modalités et conditions de remboursement ainsi que la possibilité ou non pour le prêteur de se rétracter[3]. Enfin, les plateformes ont l'obligation de mettre en garde les « prêteurs, sur les risques liés au financement participatif de projet, notamment en publiant les taux de défaillance enregistrés sur les projets en cours et les projets financés depuis plus de douze mois »[4], et les « porteurs de projets, sur les risques d'un endettement excessif »[5]. De plus, en vertu de l'article L. 561-2 du Code monétaire et financier, les plateformes sont assujetties aux obligations de lutte contre le blanchiment de capitaux et le financement du terrorisme[6], notamment à l'obligation de vigilance à l'égard de la clientèle[7] et aux obligations de déclaration et d'information de toute somme ou opération présentant un risque élevé de blanchiment ou de financement du terrorisme[8].

De telles mesures peuvent apparaître logiques, voire évidentes, pour assurer la bonne conduite des relations entre les plateformes et leurs partenaires, que ce soient les particuliers prêteurs ou les porteurs de projet, autrement dit pour permettre la pratique du financement participatif par prêt qui ne peut être valablement exercée que s'il existe une confiance mutuelle durable entre ses acteurs[9]. Toutefois, aucune de ces obligations spécifiques n'était imposée avant la reconnaissance juridique du financement participatif, les plateformes n'étant soumises auparavant qu'aux obligations générales de protection et de sécurité

---

[1] C. mon. fin., art. L. 548-6 al 4.
[2] C. mon. fin., art. L. 548-6 al. 5 2°.
[3] C. mon. fin., art. L. 548-6 al. 5 4°.
[4] C. mon. fin., art. L. 548-6 al. 5 5° a).
[5] C. mon. fin., art. L. 548-6 al. 5 5° b).
[6] C. mon. fin., art. L. 561-2 al. 1 4° et 6°.
[7] C. mon. fin., art. L. 561-4-1 al. 1.
[8] C. mon. fin., art. L. 561-15-1 I.
[9] N. Duran, *op. cit.*, p. 154.

relatives aux transferts marchands réalisés en ligne[1]. Le caractère altruiste du financement participatif par prêt se manifeste pourtant bel et bien au travers des règles issues du Code monétaire et financier, qui ancrent de manière effective le financement participatif par prêt comme un outil financier de promotion de l'économie durable et collaborative. Cette analyse peut sembler paradoxale tant les notions d'éthique et de finance apparaissent historiquement antinomiques. La poursuite de l'enrichissement à la seule fin d'enrichissement a connu une longue période de prohibition qui débuta dès l'Antiquité[2]. Le Droit, reflet de la société et, durant de nombreux siècles, des valeurs religieuses va alors se saisir de la question de l'enrichissement dans une optique de condamnation[3]. Cette condamnation de l'enrichissement, marquée par la prohibition du prêt rémunéré, sera néanmoins vaine. Le protestantisme, et plus précisément le calvinisme, va élaborer la première éthique de gestion de la richesse en passant de l'interdiction du prêt rémunéré à un aménagement de celui-ci afin de le faire coïncider avec les principes bibliques[4]. Des règles de contrôle et de protection vont alors être mises en place afin d'encadrer les activités de prêt en prenant la forme, notamment, de normes de comportement contraignantes.

La position qui sous-tend l'éthique financière est que l'enrichissement ne peut être perçu comme un fait illégitime de l'Homme, mais qu'il doit, cependant, être encouragé dans un sens qui profite à tous. La reconnaissance du financement participatif par prêt s'incarne parfaitement dans cette logique, de prime abord idéaliste, voire insidieuse. Elle ne l'est pourtant point. L'éthique financière, tout comme le financement par prêt, ne prétendent pas incarner une économie purement désintéressée annihilant toute prétention

---

[1] V. notamment Loi n° 2008-3 du 3 janv. 2008 pour le développement de la concurrence au service des consommateurs ; Loi n° 2014-344 du 17 mars 2014 relative à la consommation qui transpose la Directive 2011/83/UE du Parlement européen et du Conseil du 25 oct. 2011 relative aux droits des consommateurs.

[2] Aristote considérait, notamment, que la fonction de l'argent était l'échange en vue de l'acquisition et non en vue de la production de richesse. V. *Politique d'Aristote traduite en français par J. Barthélémy Saint-Hilaire*, 2e éd., Paris : Dumont, p. 30.

[3] J-M. Poughon, « Ethique et finance : oxymore ou ambiguïté », *in* C. Cutajar, J. Lasserre Capdeville, M. Storck (dir.), *Finance et éthique*, Paris : Lamy, coll. Lamy Axe Droit, 2013, p. 20.

[4] *Ibid.*, p. 22.

individuelle au profit du seul intérêt général. L'enrichissement engendré doit, néanmoins, accroître autant que possible le bien-être de la société et de ses membres. L'éthique financière se positionne alors moins comme un idéalisme aveugle des ambitions capitalistes du marché financier que comme une résignation, sinon nécessaire, favorable au progrès social. Dans cette perspective, bien qu'il puisse être considéré comme une forme d'altruisme détourné, le financement participatif, et par extension les règles éthiques qui gouvernent aujourd'hui son fonctionnement, s'attachent davantage à la finalité que peut apporter le développement d'une économie réelle et durable[1] plutôt qu'aux moyens employés pour y parvenir. Le financement participatif par prêt est une manifestation de la nécessité pour les agents économiques, à plus fortes raisons pour les particuliers, d'orienter la finance vers des valeurs autres que la seule rentabilité[2]. L'altruisme, loin d'être une motivation ignorée en économie, semble faire partie de ces autres valeurs que promeut le financement participatif par prêt.

La reconnaissance juridique du financement participatif par prêt, marquée par la mise en place de règles éthiques contraignantes, a ainsi permis son établissement sur le marché en tant qu'outil financier altruiste. Le droit qui a éclos alors s'est positionné comme un droit au service de la sécurisation de cet outil financier et ses acteurs, bien que l'évolution qu'il connaît aujourd'hui tend à compromettre la spécificité altruiste du financement participatif par prêt.

---

[1] Dans son baromètre 2022 précité, FPF considère le financement durable comme le « fer de lance du crowdfunding » en précisant que 552 millions d'euros ont été collectés pour des projets à visée sociale ou environnementale. Disponible sur : https://financeparticipative.org/ (consulté le 23/02/2023).

[2] V. sur cette question Th. Bonneau, « Préface », *in* J-M. Moulin, *op. cit.*, p. 11.

II - Le droit du financement participatif par prêt, passage d'un droit au service de la sécurisation d'un outil financier éthique à un droit compromettant sa spécificité altruiste ?

Le droit du financement participatif par prêt s'est, dans un premier temps, construit comme un droit au service de la sécurité juridique de ses acteurs en établissant cet outil financier comme une pratique dérogatoire au monopole bancaire (A). La complexification des normes qui régissent le financement participatif par prêt pose toutefois la question de sa conciliation avec les valeurs d'économie durable et collaborative qui fondent son caractère altruiste (B).

A) Une pratique dérogeant au monopole bancaire pour la sécurité juridique de ses acteurs

L'entremise du Droit dans l'exercice du financement participatif par prêt a été confrontée à un obstacle juridique de taille : celui de l'adéquation de son modèle avec les règles relatives aux opérations de crédits, gouvernées par le principe du monopole bancaire. La définition particulièrement large des opérations de banque énoncée par le Code monétaire et financier englobait ainsi certaines réalités du financement participatif par prêt[1] ; or, en vertu de l'article L. 511-5 du Code monétaire et financier, il est en principe interdit « à toute personne autre qu'un établissement de crédit ou une société de financement d'effectuer

---

[1] C. mon. fin., art. L. 311-1 : « Les opérations de banque comprennent la réception de fonds remboursables du public, les opérations de crédit, ainsi que les services bancaires de paiement ».
C. mon. fin., art. 313-1 al. 1 : « Constitue une opération de crédit tout acte par lequel une personne agissant à titre onéreux met ou promet de mettre des fonds à la disposition d'une autre personne ou prend, dans l'intérêt de celle-ci, un engagement par signature tel qu'un aval, un cautionnement, ou une garantie »

des opérations de banque à titre habituel[1] ». La délivrance de l'agrément d'établissement de crédit ou de société de financement par la Banque Centrale Européenne, sur proposition de l'Autorité de Contrôle Prudentiel et de Résolution (ci-après ACPR)[2], est soumise à des conditions strictes[3] que la grande majorité des plateformes de financement participatif par prêt ne peuvent réunir. L'exercice d'activités de prêt par les plateformes de financement participatif se trouvait alors particulièrement limité. En effet, au regard des règles relatives aux opérations de banque, les plateformes de financement participatif n'avaient d'autre choix que de circonscrire leurs pratiques aux prêts non rémunérés, qui ne relèvent pas du monopole bancaire[4]. La difficulté résidait, néanmoins, dans l'appréciation de la notion de prêt non rémunéré au regard des usages du financement participatif par prêt. Comme le soulignaient l'Autorité des Marchés Financiers (ci-après AMF) et l'ACPR dans un guide publié en mai 2013, « sous réserve de l'appréciation souveraine des tribunaux, les prêts qui offrent une perspective d'avantages en nature de faible valeur destinés à promouvoir le projet ou son initiateur, par exemple sous forme de CD, DVD, places de concert, invitations au lancement d'un produit, paraissent pouvoir être assimilés à des prêts à titre gratuit »[5]. L'AMF et l'ACPR, malgré leur intention de rassurer les plateformes et les porteurs de projet, se montraient particulièrement prudentes quant aux frontières du monopole bancaire. En cas de méconnaissance des règles relatives aux opérations de banque, les plateformes s'exposaient à des poursuites pénales au titre de la complicité de l'exercice illégal de la profession de

---

[1] Cette notion d'habitude implique que la réalisation seulement occasionnelle d'opérations de crédit ne contrevienne pas au monopole bancaire. La Cour de cassation considère que l'habitude débute généralement à partir du second acte de crédit effectué : Crim. 24 mars 1944 : *D.* 1944. 75 ; Crim. 5 févr. 2003, n° 01-87.052.
[2] C. mon. fin., art. L. 511-10 I.
[3] Afin d'obtenir l'agrément d'établissement de crédit ou de société de financement, les personnes morales qui en font la demande doivent, notamment, disposer d'un capital initial libéré ou d'une dotation versée d'un montant minimal de cinq millions d'euros : C. mon. fin., art. L. 511-11 ; arrêté du 4 déc. 2017 relatif à l'agrément, aux modifications de situation et au retrait de l'agrément des établissements de crédit, art. 4.
[4] C. mon. fin., art. L. 313-1 al. 1.
[5] Autorité des Marchés Financiers, Autorité de Contrôle Prudentiel, *op. cit.*, p. 4.

banquier, sanctionné par trois ans d'emprisonnement et 375.000 euros d'amende[1].

La seule solution dont disposaient les plateformes était alors celle de l'intermédiation bancaire. Les plateformes de financement participatif avaient, avant l'adoption de l'ordonnance du 30 mai 2014, la possibilité d'exercer des activités de financement participatif sous forme de prêts par le biais du statut d'intermédiaire en opérations de banque et en services de paiement[2]. La capacité d'exercice offerte par ce statut restait néanmoins limitée. En effet, une plateforme de financement participatif qui exerçait en qualité d'intermédiaire en opérations de banque et en services de paiement avait la charge de diriger les clients vers une banque, auprès de laquelle ils effectuaient les dépôts destinés à l'octroi des crédits, et qui était alors seule détentrice du choix des emprunteurs. Les plateformes ne disposaient donc d'aucune compétence en matière de réception et de gestion des dépôts ainsi qu'en matière de décision d'octroi de crédit[3].

Le contournement du monopole bancaire par les plateformes de financement participatif les plaçait ainsi dans une situation juridique tantôt délicate, tantôt peu avantageuse. Les règles du Code monétaire et financier régissant le fonctionnement et les pouvoirs des prestataires de services monétaires et financiers, tout spécialement des établissements bancaires, freinaient le développement participatif, mais également portaient atteinte à la sécurité juridique des plateformes, et par extension des particuliers prêteurs et des porteurs de projet déjà engagés dans des opérations de prêt. De surcroît, cette entrave apparaissait en contradiction avec le principe du monopole bancaire. En effet, bien qu'il pourrait apparaître comme un privilège décerné arbitrairement à certaines personnes, l'existence du monopole bancaire se justifie par la nécessité de protection des déposants contre les risques inhérents aux pratiques de prêt[4]. La conciliation incertaine entre les pratiques des plateformes de financement participatif, notamment concernant les prêts offrant une perspective d'avantages en nature, et les règles de droit alors en vigueur a imposé la mise en place d'un droit dérogatoire au

---

[1] C. mon. fin., art. L. 571-3 al. 1.
[2] Autorité des Marchés Financiers, Autorité de Contrôle Prudentiel, *op. cit.*, p. 5 et 6.
[3] Autorité des Marchés Financiers, Autorité de Contrôle Prudentiel, *op. cit.*, p. 6.
[4] Th. Bonneau, *Droit bancaire*, 14e éd., Paris : LGDJ, Lextenso, coll. Domat droit privé, 2021, §289.

monopole bancaire et ce afin de garantir avant tout la sécurité juridique des acteurs du financement participatif. L'ordonnance du 30 mai 2014 a d'ailleurs été adoptée sur le fondement de la loi du 2 janvier 2014 habilitant le Gouvernement à simplifier et sécuriser la vie des entreprises[1]. Elle a ainsi étendu les dérogations au monopole bancaire alors existantes[2] à « toute personne physique ou morale qui octroie des prêts à des fins de financement participatif »[3].

En imposant le financement participatif comme une pratique dérogatoire au monopole bancaire, le droit qui le régit s'est construit comme un droit au service de la sécurité juridique de ses acteurs. La dérogation au monopole bancaire en faveur du financement participatif s'est accompagnée de mesures d'encadrements, destinées à assurer la sécurité juridique des particuliers faisant le choix de ce mode alternatif de financement. L'ordonnance du 30 mai 2014, ainsi que son décret d'application[4], ont plafonné le montant des prêts rémunérés pouvant être accordés à 1 000 euros et celui des prêts non rémunérés à 4 000 euros, démontrant ainsi une volonté de favoriser le caractère collaboratif et altruiste du financement participatif par prêt[5]. Ce seuil a néanmoins été, par la suite, relevé à 2 000 euros[6] pour le prêt rémunéré avant d'être supprimé par le règlement européen en date du 7 octobre 2020[7]. Cette suppression n'est qu'une des nombreuses mesures mises en place par les nouvelles normes européennes, qui modifient le droit du financement participatif tel qu'envisagé par le droit français, pionnier en la matière[8].

---

[1] Loi n° 2014-1 du 2 janv. 2014 habilitant le Gouvernement à simplifier et sécuriser la vie des entreprises.

[2] Il était déjà reconnu, entre autres, la possibilité aux organismes sans but lucratif, dans le cadre de leur mission et pour des motifs d'ordre social, aux associations régies par la loi de 1901 ainsi qu'aux associations sans but lucratif et aux fondations d'utilité publique de réaliser des opérations de crédit dans certaines conditions : C. mon. fin., art. L. 511-6 al. 2.

[3] C. mon. fin., art. L. 511-6 al. 2 7°.

[4] Décret n° 2014-1053 du 16 sept. 2014 relatif au financement participatif.

[5] K. Boyer, A. Chevalier, J-Y. Léger, A. Sannajust, *Le crowdfunding*, Paris : La Découverte, coll. Repères, 2017, p. 83.

[6] Décret n° 2016-1453 du 28 oct. 2016 relatif aux titres et aux prêts proposés dans le cadre du financement participatif.

[7] F. de Maupeou, « Financement participatif : les nouvelles perspectives », *Cont. Conc. Cons.*, 2023.

[8] D. Legeais, « Financement participatif », *RTD Com.*, 2021, n° 2, p. 142.

Cette harmonisation, bien que vivement attendue par les auteurs et les acteurs du domaine, interroge sur la conciliation de ce nouveau droit du financement participatif avec les valeurs de l'économie durable et collaborative.

B) Une pratique se complexifiant au détriment de son caractère altruiste ?

L'adaptation de la législation bancaire en vigueur a offert au financement participatif un cadre sécurisé, et à ses acteurs une protection juridique spécifique. L'ordonnance du 30 mai 2014 a ainsi permis au droit français de se positionner en tant que précurseur dans ce domaine, autant sur le plan européen qu'international[1]. Cette position pionnière s'explique, outre l'adoption de règles éthiques de fonctionnement et la dérogation au principe du monopole bancaire, par la création de nouveaux statuts spécifiques à ce mode de financement et adaptés aux réalités de marché de finance participative. Deux statuts, organisés par le Code monétaire et financier, coexistaient : celui de conseiller en investissement participatif[2] (ci-après CIP) et celui d'intermédiaire en financement participatif[3] (ci-après IFP). Le statut de CIP était réservé aux plateformes finançant des projets par émission d'actions ou d'obligations à taux fixe[4], qui pouvaient également exercer leurs activités en tant que prestataire de services d'investissement. Le statut d'IFP, quant à lui, était réservé aux plateformes de financement

---

[1] En avril 2015, l'OCDE publiait un rapport sur les nouvelles approches de financement des PME et de l'entreprenariat dans lequel il était notifié, presque un an après l'adoption de l'ordonnance du 30 mai 2014 que le « financement participatif n'est en qu'au stade initial de son développement en tant que source de financement des entreprises, mais devrait jouer un rôle croissant à l'avenir, avec l'adoption d'une réglementation plus complète » : OCDE, Centre pour l'entrepreneuriat, les PME et le développement local, *Nouvelles approches du financement des PME et de l'entrepreneuriat : Élargir la gamme des* instruments, Rapport de synthèse final, 2 avr. 2015, p. 8. Disponible sur : https://data.oecd.org// (consulté le 23/02/2023).

[2] C. mon. fin., art. L. 547-1 et s. anciens.

[3] C. mon. fin. art. L. 548-1 et s.

[4] K. Boyer, A. Chevalier, J-Y. Léger, A. Sannajust, *op. cit.*, p. 72.

participatif sous forme de prêts et de dons. Les plateformes souhaitant exercer des activités de financement participatif par prêt devaient s'immatriculer sur le registre unique des intermédiaires en assurance, banque et finance[1] en tant qu'IFP. Les intermédiaires en financement participatif ne sont soumis à aucune obligation d'agrément, contrairement aux établissements de crédit et aux sociétés de financement, ce qui rend leur statut particulièrement attractif et adapté aux réalités de la finance participative. Le règlement européen du 7 octobre 2020[2] a néanmoins profondément modifié les habilitations du statut d'IFP et, plus largement, le droit du financement participatif tel que conçu par l'ordonnance du 30 mai 2014. En effet, ce règlement a introduit un nouveau statut unique, celui de prestataire européen de services de financement participatif (ci-après PESFP), se substituant aux divers statuts nationaux mis en place dans les Etats membres de l'Union[3]. Le statut de PESFP s'applique aux opérateurs ayant pour activité « la mise en relation des intérêts d'investisseurs et de porteurs de projets en matière de financement d'entrepreneurs, faisant appel à une plate-forme de financement participatif et consistant en […] la facilitation d'octroi de prêt »[4], entendu comme un « contrat par lequel un investisseur met à la disposition d'un porteur de projet une somme d'argent convenue »[5]. L'article premier du règlement précise que celui-ci ne s'applique pas aux porteurs de projet considérés comme des consommateurs au sens du droit de l'Union, c'est-à-dire à toute personne physique agissant dans un but étranger à une activité commerciale ou professionnelle[6]. Ce nouveau statut tend ainsi à couvrir l'ensemble du financement participatif sous forme de prêt rémunéré et à restreindre, par voie de conséquence, l'activité des IFP aux seuls prêts à titre gratuit ou aux prêts rémunérés qui ne rentreraient pas dans le

---

[1] C. mon. fin., art. L. 548-3.
[2] Règlement (UE) 2020/1503 du Parlement européen et du Conseil du 7 octobre 2020 relatif aux prestataires européens de services de financement participatif pour les entrepreneurs.
[3] J-M. Moulin, « Le marché européen du financement participatif accède à la vie juridique », *BJB*, 2020, n° 6, p. 16.
[4] Règlement (UE) 2020/1503, art. 2 1. a) i).
[5] Règlement (UE) 2020/1503 art. 2 1. b).
[6] Directive 2008/48/CE, art. 3 a).

champ d'application du règlement, en d'autres termes aux projets artistiques ou immobiliers non professionnels[1].

La réglementation européenne, au travers du statut de PESFP, s'inscrit dans la même perspective de sécurisation du financement participatif par prêt et de protection de ses acteurs que le droit issu de l'ordonnance du 30 mai 2014. Ce statut possède, à ce titre, de nombreuses similitudes avec les statuts internes de CIP et d'IFP. Il ressort néanmoins du règlement du 7 octobre 2020 une volonté de professionnalisation du financement participatif par prêt qui tend à entrer en contradiction avec le modèle alternatif et collaboratif qui a fait son succès. Le statut de PESFP exige que pour toute activité de financement participatif sous forme de prêts rémunérés, un agrément soit délivré par l'AMF sur avis conforme de l'ACRP[2]. De plus, le nouveau statut unique européen fait entrer dans le champ d'activité du *crowdfunding* la gestion individuelle de portefeuille de prêts, jusqu'alors ignorée par le droit français du financement participatif[3]. Cette activité implique, dans le cadre de l'application du règlement du 7 octobre 2020, une distinction entre « clients avertis » et « clients non avertis ». Si cette distinction permet d'offrir une protection plus accrue aux particuliers prêteurs novices en matière d'investissement, elle tend à fondre le financement participatif dans le paysage des services de financement traditionnels[4]. Les PESFP devront ainsi faire passer à leurs « clients non avertis » un « test de connaissances à l'entrée et [de] simulation de la capacité à supporter des pertes »[5]. Plus éclairant encore, les PESFP devront, dans le cadre de la gestion individuelle de portefeuille de prêts, prendre toutes les mesures nécessaires afin d'obtenir le meilleur résultat possible pour leurs clients et pourront exercer un pouvoir discrétionnaire pour le compte de leurs clients investisseurs dans les limites convenues préalablement avec ces

---

[1] Si le financement de projets immobiliers personnels connaît une forte croissance au sein de la finance participative, il s'éloigne tout de même du caractère social originel du financement participatif par prêt.

[2] *C. mon. fin.*, art. L. 547-1 al. 2 tel qu'issu de l'Ordonnance n° 2021-1735 du 22 décembre 2021 modernisant le cadre relatif au financement participatif mettant en conformité le droit interne avec le règlement du 7 octobre 2020.

[3] Règlement (UE) 2020/1503, art. 3 4.

[4] J-M. Moulin, *op. cit*, p. 21.

[5] Règlement (UE) 2020/1502, art. 21.

derniers[1]. Cette voie de professionnalisation du financement participatif par prêt s'avère, en outre, complétée d'un élan « capitalistique »[2] symbolisé par l'augmentation significative du montant maximum total pouvant être obtenu par un même porteur de projet sur une année. Le droit interne avait progressivement élevé ce seuil jusqu'à une capacité maximale de collecte de fonds égale à 1 million d'euros pour les prêts. Le règlement augmente ce seuil à 5 millions d'euros[3], accroissant ainsi de manière considérable les possibilités d'investissement et de financement de cet outil économique, tout en dirigeant son modèle vers un instrument financier toujours plus libéral.

Le droit national s'est adapté au nouveau cadre européen par l'adoption de l'ordonnance du 22 décembre 2021[4] modernisant le cadre relatif au financement participatif. Une période transitoire était censée permettre aux plateformes exerçant leurs activités de financement participatif sous forme de prêts rémunérés de passer du statut d'IFP au statut de PESFP, tout en ayant la possibilité de continuer leurs activités sous l'empire des anciennes normes nationales jusqu'au 10 novembre 2022. Cependant, au regard des difficultés rencontrées par les plateformes pour s'adapter à la nouvelle réglementation, cette période a été prorogée jusqu'au 10 novembre 2023[5].

Si une harmonisation européenne des règles relatives aux activités de financement participatif entraînant des bénéfices pour ses acteurs s'avérait souhaitable d'un point de vue concurrentiel, mais également afin de favoriser la coopération européenne en la matière[6], il est à craindre que le financement participatif perde « un peu de l'âme qui en faisait sa spécificité originelle »[7] pour devenir « un mode de financement professionnel comme un autre permettant simplement

---

[1] Règlement (UE) 2020/1503, art. 3 4. et 5.
[2] Pour reprendre le terme du Pr. J-M. Moulin. V J-M. Moulin, *op. cit.*, p. 19.
[3] Règlement (UE) 2020/1503, art 1 2. c).
[4] Ordonnance n° 2021-1735 du 22 déc. 2021 modernisant le cadre relatif au financement participatif.
[5] V. sur ce point X. Delpech, « Réforme du financement participatif : prorogation de la période transitoire », *Dalloz actualité*, 4 oct. 2022.
[6] Au niveau européen, les normes en matière de financement participatif s'avéraient « fragmentées ». De nombreux États membres exigeaient l'obtention d'une licence pour les plateformes étrangères ce qui posait certaines difficultés juridiques. V sur ce point J-M. Moulin, *op. cit.*, p. 16.
[7] D. Legeais, *op. cit.*

d'échapper au monopole bancaire et aux modes classiques de financement des entreprises jugés trop contraignants »[1]. Le financement participatif par prêt n'est-il pas en voie de devenir un outil financier à deux vitesses ? L'une représentée par les prêts non rémunérés, caractéristiques d'une économie solidaire, et l'autre par les prêts rémunérés, symbole d'une financiarisation de l'économie collaborative.

[1] *Ibid.*

TITRE 4 : LES PRATIQUES INATTENDUES DE L'ALTRUISME

L'appréhension de l'altruisme en matière de données urbaines

Evgeniia VOLKOVA,

Doctorante de Institut de Droit Privé, Université Toulouse Capitole

Le volume global de données générées et utilisées est passé de 2 zettaoctets en 2010 à 79 zettaoctets en 2021 alors que les prévisions devraient atteindre 97 zettaoctets en 2022 et 181 zettaoctets en 2025[1]. Ces données sont une matière précieuse pour faire face à des crises humanitaires ou catastrophes naturelles. Lors du tremblement de terre au Népal en avril 2015, un opérateur de réseau mobile, Ncell, et un développeur de cartes numériques, Flowmider, ont créé une base de données sur les déplacements humains pour aider à localiser les victimes et fournir des ressources nécessaires[2]. En Allemagne, plus de 530 000 personnes[3] ont partagé leurs données collectées par des bracelets de fitness ou des montres connectées, y compris la fréquence cardiaque et l'activité physique, via une application *Corona-Datenspende* lancé par l'Institut Robert-Koch pour analyser la courbe de fièvre et la propagation de l'épidémie de Covid-19[4].

---

[1] STATISTA RESEARCH DEPARTMENT, « Volume of data/information created, captured, copied, and consumed worldwide from 2010 to 2020, with forecasts from 2021 to 2025 (in zettabytes) », *Statista* [en ligne], 8 sept. 2022. Disponible sur : https://www.statista.com/statistics/871513/worldwide-data-created/ (consulté le 01/11/2022).

[2] UN GLOBAL PULSE et GSMA, *The State of Mobile Data for Social Good Report* [en ligne], juin 2017, p. 7. Disponible sur : https://www.unglobalpulse.org/document/the-state-of-mobile-data-for-social-good/ (consulté le 02/11/2022).

[3] ROBERT KOCH INSTITUTE, « Application de don des données Corona 2.0 », *Robert Koch Institute* [en ligne], 19 oct. 2021. Disponible sur : https://www.rki.de/DE/Content/InfAZ/N/Neuartiges_Coronavirus/Corona-Datenspende-allgemein.html (consulté le 01/11/2022).

[4] O. Amft et al., « Wearables to Fight COVID-19: From Symptom Tracking to Contact Tracing », *IEEE Pervasive Computing*, octobre-décembre 2020, vol. 19, n° 4, p. 54.

Les données permettent également de gérer des situations non-urgentes, telles que la recherche d'emploi ou l'amélioration de la planification urbaine[1]. Les données sont au cœur des villes modernes qui utilisent des technologies, telles que l'intelligence artificielle (IA), afin de fournir les meilleurs services aux citoyens[2]. Par exemple, les données sur l'utilisation des transports publics et privés permettent aux autorités locales d'améliorer la mobilité urbaine[3]. A cet égard, Uber partage gratuitement des données sur les temps de trajet, la vitesse et les cartes thermiques des nouvelles mobilités avec des villes participant au programme *Uber Movement*[4]. À l'aide des données sur les temps de trajet *d'Uber*, la ville de Bruxelles a analysé l'impact des événements majeurs et des vacances d'été sur les déplacements urbains et ajusté les temps de trajet moyens[5].

Par conséquent, de nombreuses initiatives internationales en faveur du partage de données privées pour le bien public ont été lancées, telles que le « *Global Pulse* » des Nations Unis, les « données responsables », *data for good* ou le « partage de données pour le bien commun »[6]. Ces initiatives sont caractérisées par une grande variété terminologique, y compris « le don des données », « la philanthropie des données » et, enfin, « l'altruisme en matière de données ». Bien que ces termes semblent décrire le même concept, ils sont utilisés dans des contextes différents.

La notion de don des données est interprétée comme une forme de participation citoyenne (science citoyenne), dans lesquelles les individus fournissent volontairement leurs données à caractère personnel produites à d'autres fins à un jeu de données collectif pour

---

[1] J. Wu, « Big Data Philanthropy: The Social Impact of Donating Data », *LinkedIn* [en ligne], 1er juill. 2015. Disponible sur : https://www.linkedin.com/pulse/data-philanthropy-social-impact-donating-june-wu/ (consulté le 02/11/2022).

[2] L. Archambault, C. Rotily, « Smart cities : les outils d'une révolution juridique maîtrisée », *Dalloz IP/IT*, 2021, p. 329.

[3] A. Alemanno, « Big Data for Good: Unlocking Privately-Held Data to the Benefit of the Many », *European Journal of Risk Regulation*, 2018, vol. 9, n° 2, p. 184.

[4] UBER MOVEMENT, « FAQ's », *Uber Movement* [en ligne], 2022. Disponible sur : https://movement.uber.com/faqs?lang=en-US (consulté le 02/11/2022).

[5] E. Strand, « Seasonal and major event travel time variability in Brussels », *Medium* [en ligne], 11 avr. 2019. Disponible sur : https://medium.com/uber-movement/seasonal-and-major-event-travel-time-variability-in-brussels-eb14d3daef72 (consulté le 02/11/2022).

[6] A. Alemanno, *op. cit.*, p. 186.

nourrir la recherche en santé[1]. Les pratiques de partage de données pour le bien commun sont apparues à la fin des années 1980 lorsque la base de données génomique *GenBank* a changé son modèle de collecte de données à partir des articles académiques et a permis aux scientifiques de soumettre leurs propres données à la base de données pour étudier la séquence génétique[2]. Cependant, la notion de don des données peut aller au-delà du domaine de la santé et englober la gouvernance des données collaborative dans laquelle les individus contribuent activement leurs données pour des gains sociaux plus larges[3].

Le concept de « philanthropie des données » a été proposé par le directeur de la technologie du Forum économique mondial, Brian Behlendorf, lors du Forum économique mondial de 2011 à Davos[4]. La philanthropie des données a été définie comme un « partenariat visant à partager des données par des entreprises du secteur privé pour le bénéfice public »[5], ou un « acte de partage d'actifs de données privées pour servir le bien public »[6], ou un « partage de données privées ou d'informations exclusives basées sur des données pour le bien public »[7]. Ces définitions reflètent la même idée du partage volontaire et gratuite de données privées pour le bien commun.

---

[1] M. Bietz et al., « Data Donation as a Model for Citizen Science Health Research », *Citizen Science: Theory and Practice* [en ligne], 2019, vol. 4(1), n° 6, p. 1. Disponible sur : https://doi.org/10.5334/cstp.178 (consulté le 01/11/2022).

[2] S. Hilgartner, « Biomolecular databases: New communication regimes for biology? », *Science Communication*, déc. 2019, vol. 17, n° 2.

[3] ADA LOVELACE INSTITUTE, *Participatory data stewardship: A framework for involving people in the use of data* [en ligne], sept. 2021, p. 41. Disponible sur : https://www.adalovelaceinstitute.org/report/participatory-data-stewardship/ (consulté le 01/11/2022).

[4] N. Wolfe et al., « Crunching digital data can help the world », *CNN* [en ligne], 3 févr. 2011. Disponiblesur :http://edition.cnn.com/2011/OPINION/02/02/wolfe.gunasekara.bogue.data/index.html (consulté le 02/11/2022).

[5] A. Pawelke, « Data Philanthropy: Where Are We Now? », *UN Global Pulse* [en ligne], 8 mai 2013. Disponible sur : https://www.unglobalpulse.org/2013/05/data-philanthropy-where-are-we-now/ (consulté le 02/11/2022).

[6] Brice MCKEEVER et al., *Data Philanthropy : Unlocking the Power of Private Data for Public Good* [en ligne] : Urban Institute, juill. 2018, p. 1. Disponible sur : https://www.urban.org/research/publication/data-philanthropy-unlocking-power-private-data-public-good (consulté le 02/11/2022).

[7] Y. Lev-Aretz, « Data Philanthropy », *Hastings Law Journal*, août 2019, vol. 70, n° 149, p. 1498.

L'idée de partager des données pour le bien commun n'apparaît à l'horizon politique européen qu'en février 2020 dans une stratégie européenne pour les données[1]. Dans ce document, la Commission européenne a mis en avant le fait que les données sont créées à la fois par les secteurs privé et public et peuvent être utiles pour gérer les crises, améliorer la santé et les services publics. Ainsi, ces données doivent être mises à disposition pour le bien public et utilisées par l'ensemble de la société, en particulier les chercheurs, les organismes publics, les petites et moyennes entreprises (PME) et les start-ups. La Commission a également souligné l'importance de l'altruisme en matière de données produites par des individus pour le bien public[2].

Ce nouveau mécanisme a été introduit en droit européen sous le titre d'altruisme en matière de donnée dans le règlement sur la gouvernance des données (« *Data Governance Act* ») qui est entré en vigueur le 23 juin 2022[3]. Il vise à encadrer le partage volontaire de données à caractère personnel sur la base du consentement des individus ou de données à caractère non personnel sur la base de l'autorisation des détenteurs de données sans contrepartie, à des fins d'intérêt général, telles que l'amélioration de la mobilité ou des services publics[4]. La capacité de l'altruisme des données à servir les initiatives locales a déjà été anticipée par le chercheurs[5]. Il a été également caractérisé en tant que forme juridique de la « souveraineté des données » permettant les citoyens de choisir l'endroit dans lequel leurs données seront stockées[6].

Or, ce nouvel instrument a suscité de nombreux débats quant à son statut juridique et sa corrélation avec le cadre légal existant,

---

[1] Communication de la Commission du 19 févr. 2020 intitulée « Une stratégie européenne pour les données », COM(2020) 66 final, p. 8.
[2] *Ibid.*, p. 15.
[3] Règlement 2022/868 du Parlement européen et du Conseil du 30 mai 2022 portant sur la gouvernance européenne des données et modifiant le règlement (UE) 2018/1724 (règlement sur la gouvernance des données), *Journal officiel de l'Union européenne (JOUE)*, n° L 152/1, 3 juin 2022.
[4] *Ibid.*, art. 2, paragraphe 16.
[5] T. Petelin, A. Virot-Landais, « Les données des smart cities : Quels enjeux ? », *Revue Droit & Ville*, janv. 2022, n° 93, p. 320.
[6] I. Calzada, « Data Co-Operatives through Data Sovereignty », *Smart Cities*, 2021, vol. 4, p. 1161.

notamment avec le Règlement général sur la protection des données[1] (RGPD)[2]. Nous aborderons de manière critique les enjeux liés aux acteurs (**I**) et à la mise en œuvre de l'altruisme en matière de données (**II**). Notre analyse sera menée dans le contexte des villes intelligentes et de la gouvernance des données urbaines en raison du nombre croissant de cas d'usage et des problèmes juridiques sous-jacents.

I- Les enjeux liés aux acteurs de l'altruisme en matière de données

Les acteurs de l'altruisme en matière de données incluent les parties au partage de données altruiste (*A*) et les organisations altruistes en matière de données (*B*).

A) Les parties au partage de données altruiste

Le partage de données altruiste implique les personnes concernées ou les détenteurs de données, d'une part, et les utilisateurs de données, d'autre part. Pourtant, leur statut juridique et relations ne sont pas clairement établis.

---

[1] Règlement 2016/679 du Parlement européen et du Conseil du 27 avril 2016 relatif à la protection des personnes physiques à l'égard du traitement des données à caractère personnel et à la libre circulation de ces données, et abrogeant la directive 95/46/CE (règlement général sur la protection des données), *JOUE*, n° L 119/1, 4 mai 2016.

[2] Voir par exemple E. Gefenas et al., « Controversies between regulations of research ethics and protection of personal data: informed consent at a cross-road », *Medicine, Health Care and Philosophy*, 2022, vol. 25, p. 26 ; P. Žarska, M. Mesarcik, « Dualistic Data Property Right : Solution for Controllership of Data in the European Union? », *International and Comparative Law Review*, vol. 21, n° 2, p. 59 ; J. Baloup et al., *White Paper on the Data Governance Act* [en ligne], 23 juin 2021, CiTiP Working Paper 2021, p. 38 et suiv. Disponible sur : https://ssrn.com/abstract=3872703 (consulté le 04/11/2022).

La personne concernée est définie conformément au RGPD[1], à savoir une personne physique identifiée ou identifiable[2]. Les notions de données à caractère personnel et de consentement utilisées dans la définition de data altruisme s'entendent également au sens donné par le RGPD. A supposer que les concepts sous-jacents soient les mêmes, il est possible de se demander si les objectifs du partage de données altruiste n'auraient pas pu être atteints dans le cadre du RGPD et, en allant plus loin, si la mise en place de ce nouveau mécanisme était nécessaire.

A cet égard, Winfried Veil affirme que le législateur européen aurait pu simplement modifier le RGPD et, notamment, exclure le traitement des données à caractère personnel à des fins altruistes du champ d'application du RGPD, à l'instar de l'exemption pour les activités personnelles ou domestiques[3], ou préciser des conditions de consentement au traitement des données à caractère personnel à des fins d'intérêt général dans le texte du RGPD, ou de créer un « responsable du traitement altruiste » ayant des droits et obligations spécifiques en vertu du RGPD, tels que le traitement orienté vers l'intérêt général[4].

Les différences semblent néanmoins importantes. Le RGPD encadre le traitement des données à caractère personnel dans des relations *a priori* « bilatérales » entre la personne concernée et le responsable du traitement. Le *Data Governance Act* vise à faciliter l'accès aux données à la fois à caractère personnel et non personnel de multiples utilisateurs et la création des réserves de données d'une taille suffisante pour permettre le développement des systèmes d'IA[5]. De plus, le RGPD offre des garanties aux personnes concernées qui ne sont en aucun cas remises en cause par le *Data Governance Act*[6]. Ce dernier vise à établir des mécanismes de contrôle pour renforcer la confiance

---

[1] Data Governance Act, art. 2, paragraphe 7.

[2] RGPD, art. 4, paragraphe 1.

[3] *Ibid.*, art. 2, paragraphe 2, point c).

[4] W. Veil, *Data altruism : how the EU is screwing up a good idea* [en ligne], 27 janv. 2022, Discussion Paper n° 1, pp. 4-5. Disponible sur : https://algorithmwatch.org/en/eu-and-data-donations/ (consulté le 04/11/2022).

[5] Data Governance Act, considérant 45.

[6] *Ibid.*, considérant 4.

dans le partage de données[1] qui a déjà été affaiblie à la suite des incidents majeures, telles que l'affaire *Cambrige Analytica*[2].

Quant aux détenteurs de données, ils peuvent être une personne morale, y compris des organismes publics et des organisations internationales. Ou bien une personne physique, qui n'est pas une personne concernée par rapport aux données en question, et qui, en vertu de la loi, a le droit de donner accès à des données à caractère personnel ou non personnel[3]. Cette définition est différente par rapport à la proposition initiale du *Data Governance Act* qui faisait référence aux « personnes morales » et aux « personnes concernées »[4]. Les modifications ont probablement été apportées à la suite des critiques de la Comité européen sur la protection des données (CEPD) sur l'incohérence avec la nature des droits accordés à la personne concernée, qui sont non exclusifs, inaliénables et personnels[5] et, donc, la terminologie du RGPD doit être utilisée, telle que le traitement des données à caractère personnel et ses conditions[6].

La version finale du *Data Governance Act* n'apporte pourtant ni plus de clarté ni plus de conformité avec le RGPD. Tout d'abord, il n'est pas clair, sur la base des définitions de détenteur de données et d'altruisme en matière de données prises ensemble, si et comment un individu peut partager des données à caractère non personnel. À première vue, les détenteurs de données, dont la définition inclut des personnes morales et physiques, partagent des données à caractère personnel ou non personnel. Mais, par cette définition, le détenteur de données étant une personne physique ne peut pas être une « personne

---

[1] *Ibid.*, considérant 5.

[2] E. Grasland, « Scandale Cambridge Analytica : Facebook conclut un accord », *Les Echos* [en ligne], 28 août 2022. Disponible sur : https://www.lesechos.fr/tech-medias/hightech/scandale-cambridge-analytica-facebook-conclut-un-accord-1784169 (consulté le 02/11/2022).

[3] Data Governance Act, art. 2, paragraphe 8.

[4] Proposition de règlement du Parlement européen et du Conseil du 25 nov. 2020 sur la gouvernance européenne des données (acte sur la gouvernance des données), COM(2020) 767 final.

[5] Comité européen de la protection des données, *Déclaration 05/2021 concernant l'acte sur la gouvernance des données à la lumière des évolutions législatives* [en ligne], 19 mai 2021, p. 5. Disponible sur : https://edpb.europa.eu/our-work-tools/our-documents/other-guidance/statement-052021-data-governance-act-light-legislative_fr (consulté le 04/11/2022).

[6] *Ibid.*, p. 6.

concernée pour ce qui est des données spécifiques considérées ». Selon la définition d'altruisme de données, les détenteurs de données ne peuvent autoriser que le partage de données à caractère non personnel.

Ces dispositions laissent la possibilité à une double interprétation : (1) tous les détenteurs de données (personnes morales ou physiques) peuvent partager leurs données à caractère non personnel dans le cadre de l'altruisme en matière de données et des données à caractère personnel d'autres personnes concernées dans les cas autres que l'altruisme en matière de données ; la référence à la personne concernée dans la définition de détenteur de données vise à souligner que la personne physique ne peut pas partager ses propres données à caractère personnel ; (2) la personne physique ne peut partager que des données à caractère personnel d'une autre personne concernée dans les cas autres que l'altruisme en matière de données, et, par conséquent, la référence au détenteur de données dans la définition d'altruisme en matière de données ne concerne que le partage de données à caractère non personnel par des personnes morales.

La première interprétation semble plus conforme à l'intention du *Data Governance Act* de permettre un partage large de données via des mécanismes de confiance. Ainsi, l'interdiction du partage de données à caractère non personnel altruiste par les personnes physiques ne semble pas raisonnable. Madame Julie Baloup admet la possibilité théorique d'un tel partage, par exemple dans le domaine de l'agriculture ou de la science citoyenne[1].

Même si l'objectif était d'éviter la qualification des données à caractère personnel en tant qu'objet de droit de propriété, la définition de l'altruisme des données inclut toutefois la référence au partage de données à caractère personnel ce qui comporte le même risque. Ainsi, il semble pratique de retirer la référence à la personne concernée de la définition de détenteur de données et de modifier la définition de l'altruisme des données en remplaçant la notion de partage par la notion de traitement en ce qui concerne les données à caractère personnel et en précisant que les personnes physiques peuvent partager leurs données à caractère non personnel.

Le statut de l'utilisateur de données semble être encore plus incertain. Il est défini comme une personne physique ou morale qui a :

[1] J. Baloup et al., *op. cit.*, p. 41.

(1) un accès licite aux données à caractère personnel ou non personnel ; (2) le droit, y compris au titre du RGPD, d'utiliser ces données à des fins commerciales ou non commerciales[1]. Il n'est pas clair de quelle manière l'utilisateur de données correspond au destinataire au sens du RGPD qui est défini comme toute personne morale ou physique ou l'autorité publique qui reçoit des données à caractère personnel[2].

Cette définition ne précise pas non plus si l'utilisateur peut être un organisme public, par rapport à la définition du détenteur de données. Une telle possibilité semble être indispensable pour que les autorités puissent agir dans l'intérêt public. Par exemple, la Rochelle a déployé un outil numérique « *Coach CO2, Self data territorial* » qui permet aux citoyens de partager volontairement leurs données de localisation avec la ville et de calculer leur empreinte carbone en temps réel[3].

De plus, la nature juridique de l'accès licite et du droit d'utiliser les données n'est pas certaine[4]. Les données sont partagées sur la base du consentement d'une personne concernée ou de l'autorisation d'un détenteur des données[5] donnant à l'utilisateur le droit de traiter ces données[6]. Il n'est pas clair si ce consentement ou cette autorisation portent sur l'accès et le droit d'utilisation des données ou uniquement sur ce dernier, tandis que l'accès doit être fondé sur un autre motif licite.

En outre, la définition d'altruisme en matière de données ou le chapitre IV ne précisent pas quels sont les droits et obligations de l'utilisateur de données, par exemple, s'il peut interagir directement avec les personnes concernées et les détenteurs de données, quelle est la nature de leurs relations avec les organisations altruistes en matière de données (par exemple, contractuelle), quels sont les délais de traitement des données, que se passe-t-il en cas de traitement des données à des fins autres que celles initialement définies et que se passe-t-il si la sécurité des données est compromise ?

---

[1] Data Governance Act, art. 2, paragraphe 9.

[2] RGPD, art. 4, paragraphe 9.

[3] C. Cousin, « La Rochelle lauréate pour son projet « Coach CO2, Selft data territorial », *actu.fr* [en ligne], 8 déc. 2021. Disponible sur : https://actu.fr/nouvelle-aquitaine/la-rochelle_17300/la-rochelle-laureate-pour-son-projet-coach-co2-selft-data-territorial_47053306.html (consulté le 05/11/2022).

[4] J. Baloup et al., *op. cit.*, p. 13.

[5] Data Governance Act, art. 2, paragraphe 16.

[6] *Ibid.*, art. 2, paragraphe 6.

La seule précision est incluse dans le chapitre IV, selon lequel l'organisation altruiste en matière de donnée doit préalablement informer les personnes concernées ou les détenteurs de données de la finalité pour laquelle elle autorise le traitement de leurs données par l'utilisateur de données[1]. Cette disposition peut potentiellement être en conflit avec la définition d'altruisme en matière de données, selon laquelle le traitement est basé sur le consentement de la personne concernée ou sur l'autorisation du détenteur de données, et elle doit être modifiée en conséquence.

B) Les organisations altruistes en matière de données

Le *Data Governance Act* introduit un autre acteur baptisé « l'organisation altruiste en matière de données », dont la définition est absente. Il est seulement prévu qu'une entité souhaitant faciliter le partage de données altruiste et respectant les exigences applicables[2] peut être enregistrée en tant qu'organisation altruiste en matière de données reconnue dans l'Union[3]. Cet enregistrement est effectué par les autorités nationales compétentes et donne lieu à l'inscription au registre public des organisations altruistes en matière de données[4] et le droit d'utiliser le label « organisation altruiste en matière de données reconnu dans l'Union » dans sa communication écrite et orale[5].

---

1 Data Governance Act, art. 21, paragraphe 1, point a).
2 Selon l'article 18 du Data Governance Act, afin d'être éligible à l'enregistrement en tant qu'organisation altruiste en matière de données, une entité doit : (1) mener des activités liées à l'altruisme en matière de données ; (2) être une personne morale poursuivant des objectifs d'intérêt général en vertu du droit national ; (3) fonctionner à but non lucratif et être indépendante des organisations commerciales ; (4) avoir une structure dédiée aux activités liées à l'altruisme en matière de données ; et (5) adhérer au règlement contenant des exigences établies par la Commission européenne.
3 Ibid., considérant 3.
4 Ibid., art. 19, paragraphe 5.
5 Ibid., art. 17, paragraphe 2.

L'enregistrement n'est pas une condition *sine quoi non* à l'exercice d'activités liées à l'altruisme en matière de données[1]. Toute organisation à but non lucratif en vertu du droit national peut les pratiquer[2]. Par exemple, l'association « La Fabrique des Mobilités » a lancé un projet « *Tracemob* » qui permet aux utilisateurs des suivre leurs déplacements via une application mobile et de partager leurs données de déplacement moyennées et anonymisées avec les autorités locales afin que ces derniers puissent moderniser les services de transport et les infrastructures publiques[3]. Les autorités locales peuvent également collecter des données directement auprès les parties prenantes. Par exemple, la société « *Strava* » fournit gratuitement des données agrégées et anonymisées sur les schémas de mobilité douce aux collectivités via une plateforme numérique « *Strava Métro* » pour les aider à améliorer les infrastructures piétonnes et cyclables[4].

Pourtant, le *Data Governance Act* ne prévoit aucune disposition concernant l'altruisme en matière de données effectué via des organisations altruistes autres que reconnues ou en dehors de toute structure tierce. Cette lacune réglementaire peut entraîner des pratiques divergentes au niveau national, la protection plus faible des données et le manque d'incitations pour le partage de données. Alors que le respect des exigences pour les organisations altruistes en matière de données reconnues, en particulier, le caractère non lucratif, la transparence et les garanties pour protéger les intérêts des personnes concernées et des détenteurs de données, vise à apporter la confiance dans le partage de données altruiste[5], tout écart est susceptible de remettre en cause cette confiance.

L'imprécision de certaines exigences a toutefois été critiquée par le CEPD et le Contrôleur européen de la protection des données. En particulier, l'indépendance financière des organisations altruistes en matière de données peut être compromise dans le cas où des personnes physiques ou morales leur versent des redevances pour le traitement de

---

[1] *Ibid.*, considérant 46.
[2] *Ibid.*, considérant 48.
[3] Fabrique des mobilités, « Tracemob : Collectez vos données de déplacement », *lafabriquedesmobilites.fr* [en ligne]. Disponible sur : https://lafabriquedesmobilites.fr/tracemob (consulté le 08/11/2022).
[4] Strava, « Frequently Asked Questions : About Metro », *Strava Metro* [en ligne], 23 sept. 2020. Disponible sur : https://metro.strava.com/faq (consulté le 08/11/2022).
[5] *Ibid.*, considérant 46.

données[1]. Le législateur européen aurait pu aussi mieux expliquer dans quelles situations ces redevances peuvent être versées[2].

Les exigences pour les organisations altruistes en matière de données, telles que l'interdiction d'agir à but lucratif, ne s'appliquent pas aux utilisateurs de données. Cela peut être trompeur pour les personnes concernées et les détenteurs de données qui interagissent avec l'organisation altruiste en matière de données et qui, par conséquent, pourraient s'attendre à ce que les utilisateurs de données soient également des organisations non commerciales[3].

En outre, dans le cadre des projets complexes, tels que les villes intelligentes qui sont souvent construites en tant que partenariats publics-privés, les personnes concernées et les détenteurs de données peuvent ne pas connaître tous les participants impliqués à chaque étape du traitement des données. D'une part, l'organisation altruiste en matière de données, en tant que responsable du traitement, doit informer la personne concernée sur tous les destinataires de données ou catégories de destinataires[4]. D'autre part, cette garantie n'est pas détaillée dans la partie substantielle et ne s'applique pas aux détenteurs de données et au partage de données à caractère non personnel. À titre de remède, le législateur pourrait imposer à l'organisation altruiste en matière de données une obligation d'informer les personnes concernées et les détenteurs de données sur les risques éventuels, sur la structure commerciale des utilisateurs de données[5] et des projets.

Les activités liées à l'altruiste en matière de données sont à peine définies, ce qui implique des risques liés à la mise en œuvre car le *Data Governance Act* vise à réglementer ces activités[6]. De plus, les organisations altruistes en matière de données sont tenues de mener des activités sous une structure juridique indépendante, ce qui nécessite la

---

[1] Data Governance Act, art. 20, paragraphe 1, point d).

[2] Comité européen de la protection des données et Contrôleur européen de la protection des données, *Avis conjoint 03/2021 sur l'acte sur la gouvernance des données : Version 1.1* [en ligne], 9 juin 2021, paragraphe 184. Disponible sur : https://edpb.europa.eu/our-work-tools/our-documents/edpbedps-joint-opinion/edpb-edps-joint-opinion-032021-proposal_en (consulté le 08/11/2022).

[3] J. Baloup et al., *op. cit.*, p. 46.

[4] Voir RGPD, art. 14, paragraphe 1, point e) ; Data Governance Act, n°46.

[5] J. Baloup et al., *op. cit.,* p. 46.

[6] *Ibid.*, p. 44.

connaissance de leur portée exacte[1]. Le *Data Governance Act* autorise les organisations altruistes en matière de données à collecter des données auprès de personnes physiques ou morales et les traiter ou à traiter des données collectées par des tiers[2]. D'autres activités consistent à communiquer des finalités d'intérêt général pour lesquelles les données sont traitées, à fournir des outils pour faciliter l'octroi et le retrait des consentements et des autorisations pour le traitement des données et à assurer le stockage et le traitement sécurisés des données à caractère non personnel collectées[3]. Le *Data Governance Act* ne précise pourtant pas le contenu des activités de stockage et de traitement et n'étend pas explicitement ces exigences de sécurité aux données à caractère personnel.

II- Les enjeux liés à la mise en œuvre de l'altruisme en matière de données

Les enjeux liés à la mise en œuvre de l'altruisme en matière de données concernent les conditions (*A*), d'une part, et les risques (*B*), d'autre part.

A) Les conditions de l'altruisme en matière de données

Les conditions de l'altruisme en matière de données découlent de sa définition, à savoir qu'il doit : (1) être basé sur le consentement de la personne concernée ou sur l'autorisation du détenteur de données ; et (2) poursuivre une finalité d'intérêt général prévue par le droit national.

La proposition initiale du *Data Governance Act* déclarait la conformité du consentement au partage de données altruiste avec le

---

[1] Ibid.

[2] Data Governance Act, considérant 50.

[3] *Ibid.*, article 21.

RGPD[1] mais elle n'expliquait pas clairement la notion de consentement. Cette absence a suscité de vives discussions quant à sa corrélation avec le consentement prévu par le RGPD, y compris l'applicabilité de l'exigence de licéité, ainsi qu'à la valeur ajoutée incertaine de ce nouveau type d'approbation, en tenant compte du fait que les conditions de validité du consentement sont déjà prévues par le RGPD[2]. Il a été rappelé que la notion de consentement devrait être explicitement définie dans le texte de *Data Governance Act*[3].

Bien que la version adoptée du *Data Governance Act* tienne compte des remarques ci-dessus et définisse le consentement au sens donné par le RGPD, quelques incertitudes subsistent. Par exemple, le consentement est considéré comme la seule base légale de l'altruisme en matière de données. Cette disposition sera difficile à mettre en œuvre dans les cas où les utilisateurs de données sont des organismes publics, par exemple, des collectivités territoriales qui utilisent des données urbaines pour améliorer les politiques publiques ou les infrastructures locales.

A priori, le consentement ne peut pas servir de base légale pour le traitement des données à caractère personnel par des autorités publiques, lorsqu'il existe un déséquilibre manifeste entre le responsable du traitement et la personne concernée et, par conséquent, le consentement ne peut être considéré comme donné librement[4]. Comme l'a toutefois expliqué le CEPD, les autorités publiques peuvent fonder leur traitement des données à caractère personnel, par exemple, lorsque l'accès de la personne concernée aux services publics ne sera pas conditionné à l'octroi de son consentement[5].

---

[1] Voir : Proposition de règlement sur la gouvernance des données, op. cit., considérant 38 ; Commission Staff Working Document Impact Assessment Report Accompanying the document Proposal for a Regulation of the European Parliament and of the Council on European data governance (Data Governance Act), SWD/2020/295 final, p. 28.

[2] Comité européen de la protection des données et Contrôleur européen de la protection des données, *op. cit.*, paragraphe 159.

[3] Rapport A9-0248/2021 de la Commission de l'industrie, de la recherche et de l'énergie du 22 juill. 2021 sur la proposition de règlement du Parlement européen et du Conseil sur la gouvernance européenne des données (acte sur la gouvernance des données), amendement 40.

[4] RGPD, considérant 43.

[5] Comité européen de la protection des données, *Lignes directrices 5/2020 sur le consentement au sens du règlement (UE) 2016/679* : Version 1.1 [en ligne], 4 mai

Ainsi, il convient de s'assurer que les personnes concernées comprennent que l'altruisme en matière de données n'est ni une obligation légale ni un principe moral, comme le précise le philosophe M. Taddeo[1], mais un acte volontaire[2]. Les personnes concernées doivent être informées que le refus de partager leurs données à caractère personnel avec les autorités locales, par exemple, pour améliorer la mobilité, ne les privera pas des services de transport public. Cette obligation d'information pourrait être imposée aux organisations altruistes en matière de données.

Par ailleurs, les organisations altruistes en matière de données peuvent agir en tant que responsables du traitement au sens défini par le RGPD et devraient effectuer le traitement des données à caractère personnel sur la base légale qui sera généralement un consentement[3]. Toutefois, le *Data Governance Act* ne précise pas le lien entre ce consentement et le consentement de la personne concernée servant de base à l'altruisme en matière de données, à savoir s'il s'agit du même consentement ou à des consentements différents.

En outre, le *Data Governance Act* prévoit le développement d'un formulaire de consentement à l'altruisme en matière de données qui est censé apporter une sécurité juridique et une transparence supplémentaire pour les personnes concernées[4]. Si l'impact de ce nouvel instrument a été positivement évalué dans la littérature, sa capacité à assurer la transparence supplémentaire, par rapport aux exigences existantes prévues par le RGPD, est discutable[5].

Alors que le formulaire de consentement est conçu pour faciliter le partage altruiste de données à caractère personnel conformément au

---

2020, paragraphe 16 et 17. Disponible sur : https://edpb.europa.eu/our-work-tools/our-documents/guidelines/guidelines-052020-consent-under-regulation-2016679_en (consulté le 09/11/2022).

[1] M. Taddeo, « Data philanthropy and the design of the infraethics for information societies », *Philosophical Transactions of the Royal Society A*, 2016, vol. 374, n° 2083, p. 4.

[2] G. Gonzalez Fuster, « La chronique Carta Academica - L'altruisme des données peut-il sauver le monde? », *Le Soir* [en ligne], 24 avr. 2021. Disponible sur : https://www.lesoir.be/367657/article/2021-04-24/la-chronique-carta-academica-laltruisme-des-donnees-peut-il-sauver-le-monde (consulté le 05/11/2022).

[3] Data Governance Act, considérant 50.

[4] *Ibid.*, considérant 52.

[5] J. Baloup et al., *op. cit.*, pp. 39-40.

RGPD, l'absence d'un formulaire d'autorisation de partage de données à caractère non personnel semble injustifiée. L'existence d'un tel outil pour les détenteurs de données harmoniserait les pratiques de partage de données et faciliterait les procédures internes de préparation des documents. Même si le formulaire de consentement est également censé simplifier l'octroi et le retrait de l'autorisation de partage altruiste de données par les entreprises[1], il n'est pas clair comment ses dispositions spécifiques seraient adaptées au partage de données à caractère non personnel.

Les personnes concernées et les détenteurs de données ne peuvent mettre leurs données à disposition que pour des finalités d'intérêt général. Le *Data Governance Act* ne les établit pas de manière exhaustive mais il apporte des exemples, parmi lesquels la santé, la lutte contre le changement climatique, l'amélioration de la mobilité et des services publics[2]. Les chercheurs ont souligné l'incertitude de ce concept et conseillé de le mieux définir[3] ou même de le remplacer par une notion d'intérêt public qui est plus précise et qui est déjà prévu par le RGPD[4].

A notre avis, un tel remplacement comporterait plus d'incertitudes. Le traitement des données à caractère personnel pour la mission d'intérêt public sert généralement de base légale pour les autorités publiques, alors que les données partagées de manière altruiste sont traitées par des utilisateurs de données qui peuvent être toute personne morale ou physique. La mission d'intérêt public est fondée sur le droit européen ou national[5], alors que l'intérêt général est défini par

---

[1] *Ibid.*, considérant 52.

[2] *Ibid.*, considérant 50 et art. 2, paragraphe 16.

[3] Comité européen de la protection des données et Contrôleur européen de la protection des données, *op. cit.*, paragraphe 172.

[4] Voir, par exemple : P. Keller, F. Vogelezang, *The Data Governance Act : Five opportunities for the data commons* [en ligne], 23 juin 2021, Open Future Policy brief #0, p. 30. Disponible sur : https://openfuture.eu/publication/the-data-governance-act-five-opportunities-for-the-data-commons/ (consulté le 09/11/2022) ; BEUC, *Data Governance Act –foster data sharing mechanisms that benefit society as a whole* [en ligne], 3 nov. 2021, p. 1. Disponible sur : https://www.beuc.eu/sites/default/files/publications/beuc-x-2021-100_letter_re_data_governance_act_-_foster_sharing_mechanisms_that_benefit_society_as_a_whole.pdf (consulté le 09/11/2022).

[5] RGPD, considérant 45.

le droit national[1]. Il convient de préciser que l'intérêt général ne bénéficie pas de définition en droit français[2], ce qui a suscité des débats quant à la distinction avec d'autres notions telles que « l'intérêt public »[3], « le bien commun »[4] et « l'intérêt général local »[5]. Ainsi, les caractéristiques de l'intérêt général auraient pu être mieux définies afin d'éviter les incohérences d'interprétation.

L'absence de délimitation claire de l'intérêt général peut également nuire à l'exigence de consentement spécifique, qui est applicable en cas de partage de données altruiste[6]. Même si un certain degré de flexibilité est autorisé en cas de recherche scientifique, dans laquelle les finalités spécifiques peuvent entre incertaines au départ[7], l'exigence de consentement spécifique doit être respectée par le responsable du traitement, par exemple, en permettant à la personne concernée de donner son consentement à des finalité de recherche en général et à des étapes de recherche spécifiques qui sont initialement connues[8]. Cette possibilité semble découler de l'obligation des organisations altruistes en matière de données d'informer la personne

---

[1] Data Governance Act, art. 2, paragraphe 16.

[2] À l'exception de la définition donnée par le Conseil d'État préconisant que « l'intérêt public dépasse des intérêts particuliers, sur lesquels l'État tend à affirmer sa suprématie et à garantir qu'aucun intérêt particulier ne puisse imposer ses objectifs au détriment de l'unité sociale et nuire à l'expression démocratique de la volonté générale ». CONSEIL D'ÉTAT, *Rapport public 1999, Jurisprudence et avis 1998, Intérêt général* : Etudes et Documents n° 50, 1999, p. 268.

[3] D. Truchet, « La notion d'intérêt général : le point de vue d'un professeur de droit », *Légicom*, janv. 2017, n° 58, p. 6.

[4] J.-M. Pontier, « Bien commun et intérêt général », *Les Cahiers Portalis*, janv. 2017, n° 4, p. 38.

[5] F. Rangeon, « Peut-on parler d'un intérêt général local ? », *in* Christian Le Bart et Rémi Lefebvre (dir.), *La proximité en politique : Usages, rhétoriques, pratiques*, Rennes : Presses universitaires de Rennes, Res publica, 2005, p. 48.

[6] Comité européen de la protection des données et Contrôleur européen de la protection des données, *op. cit.*, paragraphe 170.

[7] Voir : Data Governance Act, considérant 50 ; RGPD, considérant 33.

[8] Comité européen de la protection des données, Document on response to the request from the European Commission for clarifications on the consistent application of the GDPR, focusing on health research [en ligne], 2 févr. 2021, paragraphe 26. Disponible sur :https://edpb.europa.eu/our-work-tools/our-documents/edpbedps-joint-opinion/edpb-edps-joint-opinion-032021-proposal_en (consulté le 10/11/2022).

concernée ou le détenteur de données des finalités spécifiées pour lesquelles le traitement des données est autorisé[1].

B) Les risques de l'altruisme en matière de données

Bien que les implications concrètes de l'altruisme en matière de données restent à identifier, certains risques peuvent déjà être anticipés. Par exemple, Marina Micheli a mis en garde contre des déséquilibres de forces et des dépendances des autorités publiques des données fournies gratuitement par des entreprises technologiques, telles que Telcos, notamment lorsqu'il s'agit de pays à faible revenu, ce qui menace leur souveraineté, en tant qu'autorités publiques seulement en partie capables de collecter les informations sur leurs territoires[2].

Cette dépendance peut également concerner des collectivités territoriales qui utilisent des technologies et des données fournies par les acteurs privés[3]. Les données privées peuvent servir de base à la prise de décisions politiques ou administratives et avoir des conséquences juridiques directes pour les individus, ce qui transforme les espaces publics en « espaces de contrôle et de manipulation »[4] et entraîne le risque de « privatisation » de l'espace public. Il peut y avoir un dilemme éthique inverse où les acteurs privés, qui veulent promouvoir leurs produits ou services basés sur les données, partagent gratuitement leurs

---

[1] Data Governance Act, art. 21, paragraphe 1, point a).
[2] M. Micheli, « Public bodies' access to private sector data: The perspectives of twelve European local administrations », *First Monday* [en ligne], 7 févr. 2022, vol. 27, n° 2. Disponible sur : https://journals.uic.edu/ojs/index.php/fm/article/view/11720/10600 (consulté le 10/11/2022).
[3] S. Ranchordas, « Law and Autonomous Systems Series: Cities as Corporations? The Privatization of Cities and the Automation of Local Law », *Oxford Business Law Blog* [en ligne], 18 avr. 2018. Disponible sur : https://www.law.ox.ac.uk/business-law-blog/blog/2018/04/law-and-autonomous-systems-series-cities-corporations-privatization (consulté le 10/11/2022).
[4] T. Timan, « Conclusion : the need for privacy in public space », *in* T. Timan, B. C. Newell et B.-J. Koops (dir.), *Privacy in Public Space: Conceptual and Regulatory Challenges*, Cheltenham, Northampton : Edward Elgar Publishing, 2017, p. 280.

données avec les villes ayant des avancements technologiques, alors que les petites villes sont obligées de payer pour les mêmes données[1].

Afin d'atténuer le risque de dépendance des données et de préserver la souveraineté territoriale, les autorités locales doivent veiller à ce que l'entreprise privée ne devient pas le seul fournisseur de données et de technologies, diversifier leurs sources de données et se munir de leurs propres infrastructures numériques et physiques, telles que les capteurs, les plateformes numériques, les serveurs et les technologies pour analyser les données, telles que l'IA.

Par ailleurs, l'objectif principal de l'altruisme en matière de données, tel que déclaré par le *Data Governance Act*, est de créer des réserves de données de grande taille qui sont nécessaires pour permettre l'analyse des données et l'apprentissage automatique en Europe[2]. Cette idée semble s'inscrire dans la continuité de l'intention mise en avant dans une stratégie européenne pour les données de rendre plus de données disponibles en mettant en place des mécanismes de gouvernance appropriés et des règles d'accès et d'utilisation des données.

L'accent mis sur la quantité de données laisse de côté les problèmes de qualité et d'adéquation des données qui sont pertinents dans le contexte de l'IA, en particulier l'apprentissage automatique qui utilise des jeux de données d'entraînement pour développer des modèles algorithmiques[3]. Or, les données peuvent ne pas être représentatives de la population ciblée (biais d'échantillonnage et systémiques) et différer de la situation réelle (biais historiques et sociaux), ce qui peut entraîner des inégalités et une discrimination à l'égard des groupes de population vulnérables, y compris les autochtones, les femmes ou les personnes handicapées[4].

---

[1] S. Chignard, « Data governance at the local level: lessons from European cities », *Urban Innovative Actions* [en ligne], 7 juin 2021. Disponible sur : https://uia-initiative.eu/en/news/data-governance-local-level-lessons-european-cities (consulté le 11/11/2022).

[2] Data Governance Act, considérant 45.

[3] C.-A. Azencott, *Introduction au Machine Learning*, 2e éd., Malakoff : Dunod, 2022, p. 3.

[4] Reva Schwartz et al., *Towards a Standard for Identifying and Managing Bias in Artificial Intelligence* [en ligne], mars 2022, NIST Special Publication 1270, p. 15. Disponible sur : https://www.nist.gov/publications/towards-standard-identifying-and-managing-bias-artificial-intelligence (consulté le 11/11/2022).

Or, les aspects de qualité des données sont omis dans le *Data Governance Act*. Si l'enregistrement des organisations d'altruisme de données doit conduire à la création de référentiels de données, ces organisations ne sont pas tenues d'assurer la conformité des données avec des caractéristiques ou des formats spécifiques ou des exigences liées au traitement. À cet égard, les pratiques de gouvernance et de gestion des données établies par la proposition de règlement sur l'IA doivent être pleinement respectées par les fournisseurs de systèmes d'IA, y compris la collecte et la préparation des données, la pertinence, la représentativité, l'absence d'erreurs et l'abondance[1].

Finalement, les acteurs privés peuvent utiliser l'altruisme en matière de données pour dissimuler leurs pratiques déloyales. Par exemple, les sociétés peuvent s'engager dans l'altruisme en matière de données pour réparer leur réputation et masquer les dommages qu'elles causent, ou pour accéder aux données stratégiques d'un concurrent[2]. En outre, les sociétés peuvent abuser de motifs altruistes définis de manière ambiguë pour inciter les consommateurs à partager leurs données[3]. Le législateur pourrait imposer des sanctions en cas d'un tel comportement fautif.

Conclusion

Malgré le potentiel de stimuler le partage de données pour le bien commun, y compris à l'échelle urbaine, l'altruisme en matière de

---

[1] Proposition de Règlement du Parlement européen et du Conseil du 21 avr. 2021 établissant des règles harmonisées concernant l'intelligence artificielle et modifiant certains actes législatifs de l'Union, COM(2021) 206 final, article 10.

[2] HUMAN TECHNOLOGY FOUNDATION et EXPLORATOIRE SOPRA STERIA NEXT, *Data Altruisme : une initiative européenne, les données au service de l'intérêt général* [en ligne], 22 févr. 2022, p. 41. Disponible sur : https://www.human-technology-foundation.org/fr-news/rapport-data-altruisme (consulté le 10/11/2022).

[3] L. Bertuzzi, « Gouvernance des données : adoption d'une nouvelle loi européenne sur le partage des données », *EURACTIV* [en ligne], 1 déc. 2021. Disponible sur : https://www.euractiv.fr/section/economie/news/gouvernance-des-donnees-adoption-dune-nouvelle-loi-europeenne-sur-le-partage-des-donnees/?_ga=2.153609840.956654279.1668180623-1028922015.1668180619 (consulté le 11/11/2022).

données est confronté à d'importantes lacunes réglementaires, notamment le statut incertain de ses acteurs, les conflits du consentement pour le partage de données à caractère personnel avec le RGPD, l'absence de règles pour autoriser le partage de données à caractère non personnel et les risques liés à sa mise en œuvre. Le non-respect du principe de clarté de la loi basé sur l'article 34 de la Constitution[1] peut décourager les parties prenantes de s'engager dans le partage de données altruistes. Non seulement les individus, qui s'inquiètent de la protection des données à caractère personnel, mais aussi les entreprises, dont les données peuvent être un actif précieux protégé par les droits de propriété intellectuelle ou le secret d'affaires, pourraient être réticents à mettre à disposition leurs données. Ainsi, en plus des garanties prévues par le *Data Governance Act*, il convient de faciliter un changement de culture et de proposer des incitations suffisantes[2]. Les collectivités peuvent jouer un rôle actif et organiser des ateliers citoyens et des campagnes informationnelles pour expliquer les avantages et l'impact positif de l'altruisme en matière de données[3].

---

[1] Cons. const., n° 2001-455 DC, 12 janv. 2002, cons. 9 ; n° 2001-451 DC, 27 nov. 2001, cons. 13 ; n° 98-401 DC, 10 juin 1998, cons. 10.

[2] M. Barbero, « The EU steps up efforts to democratize data governance : Data Values Digest #19 », *The Data Values Digest* [en ligne], 9 déc. 2021. Disponible sur : https://datavaluesdigest.substack.com/p/the-eu-steps-up-efforts-to-democratize (consulté le 11/11/2022).

[3] Selon une étude, 60 % des participants partageraient leurs données à des fins de recherche à condition que cela puisse aboutir au bien public, contre seulement 25 % déclarant qu'ils ne le feraient pas. Voir : A. Skatova et al., *Data Donation: Sharing Personal Data for Public Good?* [en ligne], déc. 2014, Digital Economy All Hands Meeting 2014, p. 1. Disponible sur : https://doi.org/10.13140/2.1.2567.8405 (consulté le 11/11/2022).

L'altruisme dans les relations individuelles de travail

Maëlys GRANGE,

Doctorante contractuelle de l'Institut de Droit Privé, Université Toulouse Capitole

« Il faut distinguer les droits à esprit égoïste de ceux à esprit altruiste[1] ». Tel est le leitmotiv des théories finalistes du droit[2]. Qu'en est-il alors du droit du travail et plus particulièrement des relations individuelles ? Prévoit-il des droits « orientés vers des intérêts extérieurs à ceux du titulaire »[3] ? Bien que qualifié de droit de protection[4], il est permis de douter.

Absent des dictionnaires juridiques, l'altruisme se définit dans le langage courant comme une « disposition bienveillante à l'égard des autres »[5]. En d'autres termes, il s'agit d'une volonté de se soucier d'autrui de manière désintéressée[6]. Faire preuve d'altruisme suppose donc un acte volontaire et sans contrepartie. Or, le droit du travail s'inscrit autant dans « les principes de liberté et d'égalité contractuelles » que dans les « principes contraires de dépendance et

---

[1] P-E. Moyse, « L'abus de droit : L'anténorme – Partie 1 », McGill *law journal - Revue de droit de McGill*, 2012, n°57, p. 871.

[2] Concerne l'abus de droit. (V. pour exemple, L. Josserand, *De l'esprit des droits et de leur relativité : théorie dite de l'abus des droits*, 2e éd., Dalloz, Paris, 1939.).

[3] P-E. Moyse, *Op. Cit.*

[4] J. Mouly, « Où l'on voit que l'indemnité forfaitaire de rupture anticipée d'un CDD n'est pas une peine et que le droit du travail demeure un droit de protection du salarié », *Droit social*, 2017, p. 72.

[5] V. not. « Altruisme » in le Trésor de la langue française informatisé, [En ligne], consulté le 11 octobre 2022, disponible sur http://stella.atilf.fr

[6] V. not. « Altruisme » in Dictionnaire de l'Académie française, 9ème édition, [En ligne], consulté le 11 octobre 2022, disponible sur https://www.cnrtl.fr/

hiérarchie »[1]. Droit de rééquilibrage, il se destine à régir la relation contractuelle entre l'employeur et le salarié[2]. Instinctivement, il paraît incongru d'envisager l'altruisme dans une branche de droit marquée par un rapport de force et de surcroît dans les relations individuelles, qui excluent par définition les rapports collectifs de travail[3]. En effet, elles ne régissent que les rapports qu'entretiennent individuellement le salarié et l'employeur[4]. Pour autant, cela signifie-t-il qu'elles l'ignorent ? La réponse ne semble pas aisée. En se détachant de la fonction première d'encadrement des pouvoirs de l'employeur[5], il est possible de s'interroger sur la qualification altruiste de certains actes juridiques réalisés par l'employeur comme le salarié. Si la relation contractuelle ne permet pas facilement la reconnaissance de l'altruisme entre les parties (I), la qualification apparaît plus aisée lorsque l'acte effectué par le salarié bénéficie à d'autres personnes que l'employeur. Bien plus encore, le droit du travail semble le promouvoir (II).

I- L'ambiguïté de l'altruisme dans la relation de l'employeur et du salarié

De prime abord, l'employeur et le salarié semblent faire preuve d'altruisme entre eux. N'est-ce pas le cas lorsque l'employeur attribue des gratifications, qu'il mobilise ses fonds propres pour les salariés dans une situation désolante telle que la maladie d'un enfant, ou encore lorsqu'il octroie une indemnisation ou une compensation supérieure à

---

[1] A. Supiot, « La subordination » in *Le droit du travail*, PUF, Que sais-je ? 2016 Chapitre V, p. 65 à 80.

[2] Y. Aubrée, « Contrat de travail : existence et formation » in *Répertoire de droit du travail*, Dalloz, janvier 2014.

[3] B. Teyssié, « Introduction » in *Droit du travail, Relations collectives*, LexisNexis, 12e éd., 2020, p. 1.

[4] E. Dockès, G. Auzero, D. Baugard, « Notions premières » in *Droit du travail*, Précis, Dalloz, 35e éd., 2021, p. 4.

[5] F. Guiomard « Droits fondamentaux et contrôle des pouvoirs de l'employeur », Communication au séminaire sur les Droits fondamentaux, Université Paris-X-Nanterre, 9 mai 2003, p. 1.

la norme légale ? De la même manière et *a contrario*, le salarié, en renonçant à certains de ses droits tel que cela peut être le cas dans les accords de performance collective, ne réalise-t-il pas un acte altruiste au profit de son employeur et notamment de la pérennité de l'entreprise ? Toutefois, ces initiatives s'inscrivent dans un contexte particulier : la relation subordonnée. Finalement, la question qui se pose est celle de savoir si la relation contractuelle entre l'employeur et le salarié exclut l'altruisme de l'un vers l'autre. Successivement, deux cas sont à décompter. D'abord, les actes réalisés par l'employeur en faveur du salarié (A), puis ceux du salarié au profit de son employeur (B).

A) La difficile reconnaissance de l'altruisme de l'employeur

Les prémices du droit du travail sont marquées par les « patrons philanthropes »[1] ayant été altruistes vis-à-vis de leurs ouvriers. Alors même qu'aucune obligation légale ne les contraignait, ces derniers ont instauré des écoles et se refusaient à employer des enfants en dessous d'un certain âge…[2] Du fait de la seule inexistence d'une obligation juridique, ces décisions des patrons s'identifient de prime abord aisément comme des actes altruistes. Néanmoins, ces mêmes patrons qui réclamaient notamment un encadrement juridique du travail des enfants, revendiquaient leurs intérêts : amélioration de la productivité, éviter les crises de surproduction, amélioration des qualités des ouvriers, …[3] Ces arguments mettent à mal la qualification d'acte altruiste car il ressort que les patrons tiraient un bénéfice de leurs engagements vis-à-vis des enfants. Dès lors, peut-on vraiment

---

[1] Tel fut le cas de M. J-J. Bourcart à la tête de la filature Schlumbergeur à Mulhouse et qui a fait partie de la Société industrielle de Mulhouse. V. en ce sens, F. Jacquet-Francillon, « L'industrie, les philanthropes et leurs écoles de 1842 à 1874 » in *Naissance de l'école du peuple*, Editions de l'Atelier, Patrimoine, 1995, Chapitre 10, p. 227 à 244.

[2] *Ibid.*

[3] N. Stoskopf, « Quand les patrons mulhousiens chassaient en meute… », *Annuaire historique de Mulhouse*, Mulhouse : Archives municipales, 2019, 30, p. 29.

considérer que ces patrons dit philanthropes aient agi par altruisme ? Y répondre semble peu aisé.

Cette difficulté perdure aujourd'hui. Si la volonté de ne pas faire travailler les enfants comme acte altruiste n'interroge plus, puisqu'elle fut l'objet d'une loi la prohibant[1], d'autres engagements de l'employeur posent des difficultés similaires. Tel est notamment le cas des gratifications et avantages que peut accorder un employeur à son salarié.

Il possède en effet la possibilité d'attribuer, à un ou plusieurs de ses salariés, une prime, un avantage en nature ... Ce choix relève en principe de la seule volonté de l'employeur soit de son volontariat. Toutefois, le caractère volontaire n'est pas certain, la gratification ou l'avantage pouvant être sujets à un encadrement juridique. S'il apparaît évident d'exclure les primes et les avantages imposés par la loi[2], cela l'est beaucoup moins pour celles relevant au moins en partie de la volonté de l'employeur. Plusieurs cas se distinguent. Les conventions collectives et les accords collectifs peuvent prévoir l'attribution d'une gratification ou d'un avantage. À titre d'illustration, la Convention collective nationale du commerce de détail de l'habillement et des articles textiles accorde une prime d'ancienneté[3]. De même, la Convention collective nationale de travail des établissements et services pour personnes inadaptées et handicapées prévoit la fourniture du repas au personnel de cuisine à titre gratuit lorsqu'ils travaillent dans une certaine tranche horaire[4]. Or, dès lors que l'employeur dépend du champ d'application de l'accord, il est contraint de l'attribuer[5]. La situation est semblable lorsque le contrat de travail stipule le versement

---

[1] Dans la législation industrielle et ouvrière, ce sont la loi du 22 mars 1841 relative au travail des enfants employés dans les manufactures, usines et atelier et la loi 19 mai 1874 relative au travail des enfants et des filles mineures dans l'industrie. Cette prohibition est disposée aujourd'hui dans l'article L.4153-1 du Code du travail.

[2] Tel est le cas de la prime de participation qui est obligatoire pour les entreprises d'au moins 50 salariés par mois au cours des 5 dernières années ou ayant constitué une unité économique et sociale (art. L.3322-2 du Code du travail).

[3] Art. 32 de la Convention collective nationale du commerce de détail de l'habillement et des articles textiles du 25 novembre 1987, révisée par avenant du 17 juin 2004.

[4] Art. 5 de l'annexe 1 relative aux salaires, aux indemnités et avantages en nature de la Convention collective nationale de travail des établissements et services pour personnes inadaptées et handicapées du 15 mars 1966.

[5] C. trav., art. L.2254-1.

d'une prime. Par application du droit commun des contrats[1], l'employeur s'oblige à la verser. L'attribution de l'avantage ou de la gratification perd la qualification d'acte volontaire. Toutefois, si la présence d'un accord, qu'il soit collectif ou qu'il prenne la forme d'un contrat de travail, conduit à obliger l'employeur au versement d'une gratification, la volonté de ce dernier n'est pas ignorée.

Dans le cadre d'une convention collective, la volonté de l'employeur individuel est représentée par les organisations syndicales, associations ou groupements d'employeurs. Ainsi, on peut considérer que l'engagement de verser une gratification reste volontaire car il a choisi sa représentation. Seule la procédure d'extension d'une convention collective qui conduit à appliquer celle-ci à des employeurs non-signataires exclurait le volontariat. Toutefois, la qualification d'acte volontaire par le choix de la représentation apparaît contestable non seulement eu égard à l'article L.2254-1 du Code du travail mais également au vu du nombre de contentieux relatifs au versement des gratifications conventionnelles[2]. L'obligation juridique issue du contrat de travail repose davantage sur le volontariat de l'employeur individuel puisque ce dernier au moment de sa conclusion démontre sa volonté d'accorder un avantage ou une gratification. De même, une gratification issue d'un accord d'entreprise implique la volonté de l'employeur individuel puisqu'il s'agit du signataire direct. Cette volonté directe et individuelle suffirait donc à qualifier l'acte de volontaire. À l'image des conventions collectives, le raisonnement se veut discutable puisque la contractualisation conduit à une obligation. Or cette obligation peut perdurer dans le temps. Pour exemple, un avantage constituant l'octroi d'un logement de fonction attribué et qui serait prévu par le contrat de travail ne pourra être retiré qu'avec l'accord du salarié[3]. Autrement dit, même si on peut considérer qu'à la conclusion du contrat de travail, l'employeur était volontaire pour accorder un tel avantage, celui-ci devient une obligation pour l'avenir. Par conséquent, cela ferait perdre la qualification d'acte volontaire.

Reste alors la seule possibilité d'attribution d'une gratification ou d'un avantage par un acte unilatéral de l'employeur. Le droit du

---

[1] C. trav., art. L.1221-1.

[2] V. pour exemple, Cass. Soc., 20 janv. 2021, n° 18-25.950 ; Cass. Soc., 28 sept. 2022, n° 21-51.092 ; Cass. Soc., 3 févr. 2017, n° 14-28.999.

[3] Cass. Soc., 14 nov. 2007, n° 06-43.762.

travail distingue l'usage et l'engagement unilatéral[1]. L'usage suppose l'attribution d'un avantage qui se veut général, constant et fixe[2], tandis que l'engagement unilatéral implique une manifestation de volonté ferme de l'employeur d'octroyer un avantage qui serait source d'attente légitime pour les salariés[3]. Dès lors que l'attribution de la gratification est issue d'un engagement unilatéral ou d'un usage, l'employeur peut certes s'y opposer, mais il doit effectuer nombre de démarches : informer les représentants du personnel, informer individuellement les salariés et respecter un délai de prévenance. Synthétiquement, s'il ne fait aucun doute par la qualification d'acte unilatéral que l'employeur accorde volontairement un avantage, l'encadrement de la cessation de l'octroi de ce dernier l'oblige. Finalement, seule la gratification dite « exceptionnelle » ou « bénévole » qui ne répondrait ni aux conditions de l'usage ni à celles de l'engagement unilatéral serait qualifiée incontestablement d'acte volontaire.

L'altruisme suppose également l'absence de contrepartie. Or, lorsque l'employeur octroie un avantage ou une gratification, il n'est pas certain qu'il n'en retire aucune contrepartie ni bénéfice. L'attribution d'un avantage à l'issue d'un accord collectif ou d'un contrat de travail semble exclure d'office le caractère désintéressé de l'octroi. En effet, par définition, une phase de négociation précède la conclusion du contrat de travail tout comme celui d'un accord collectif[4]. Ces pourparlers impliquent nécessairement des concessions réciproques afin qu'un accord puisse être conclu. L'octroi d'une gratification devient alors un « levier de négociation ». De ce fait, une contrepartie existe même si celle-ci n'est pas forcément directe. Par principe, l'existence d'une négociation écarte ainsi l'altruisme. L'employeur peut octroyer un avantage en dehors de tout accord soit de

---

[1] Exclusion faite de « l'accord atypique » qui ne produit pas les effets d'un accord collectif mais qui se qualifie d'engagement unilatéral en raison d'un défaut de formation.

[2] Cass. Soc., 17 févr. 2004, n° 01-46.042.

[3] Cass. Soc., 22 janv. 1992, n° 89-42.841.

[4] D'autant plus que le législateur prévoit plusieurs thèmes de négociation collective obligatoire dont fait partie le salaire (Art. L2241-1 du Code du travail). Or les gratifications sont attachées à la négociation de la rémunération. Celles-ci peuvent faire partie intégrante du salaire. Tel est notamment le cas du salaire dit variable qui suppose le versement de différentes primes (V. pour exemple la Convention collective nationale des coiffeurs et des professions connexes du 10 juillet 2006).

toute négociation. Tel est le cas de l'usage, de l'engagement unilatéral ou de l'octroi « bénévole ». Pour autant, cela ne signifie pas que l'employeur n'en retire aucune contrepartie. L'attribution d'un avantage constitue un véritable outil de management. Cela peut permettre d'attirer et de fidéliser la main-d'œuvre[1], de motiver ses salariés à atteindre des objectifs [2] et de favoriser la paix sociale ... Il est alors difficile de conclure que l'employeur agit par désintérêt. En considérant ces remarques, aucune gratification, même exceptionnelle, ne serait un acte altruiste de la part de l'employeur. Pourtant, il paraît difficilement concevable que la gratification attribuée dans une négociation à la suite d'une grève repose sur la même volonté que celle d'un employeur accordant spontanément une prime en raison d'un chiffre d'affaires annuel particulièrement élevé.

Finalement, il ne s'agirait peut-être pas de rechercher la présence d'une contrepartie mais de prendre en considération la nature et le temps de la survenance de celle-ci. Reste tout de même que la définition de l'altruisme repose sur une absence de contrepartie.

Si l'octroi d'une gratification ou d'un avantage en nature constitue un exemple probant de la difficile reconnaissance de l'altruisme de l'employeur, ce constat semble s'appliquer à toutes ses initiatives en faveur du salarié. Récemment, le congé menstruel a été initié par quelques entreprises en France. Les employeurs accordent à leurs salariées dont les règles sont douloureuses, la possibilité de poser un jour de congé payé par mois ou de bénéficier du télétravail ce jour-là[3]. Ce nouveau congé, inspiré de législations étrangères[4], pose de

---

[1] M-C. Piron, K. Charbonneau, « Pour attirer et fidéliser la main d'œuvre : les programmes de rémunérations globales sont-ils efficaces ? », *Ordre des conseillers en ressources humaines agréés,* 12 janvier 2014, [En ligne], consulté le 11 octobre 2022, disponible sur https://ordrecrha.org/.

[2] A. Haegel, « Outil 49. Les primes et bonus sur objectifs individuels et collectifs » *In La boîte à outils des ressources humaines*, DUNOD, 3e éd.,, 2020, p. 146 à 147.

[3] C. Quignon, « Première expérimentation du congé menstruel en France : un bilan mitigé », *Le Monde*, 20 mai 2022, [En ligne], consulté le 13 octobre 2022, disponible sur https://www.lemonde.fr/.

[4] Tel est le cas d'un certain nombre d'États d'Asie (V. pour exemple, J. Labbé Pacheco, « Un congé menstruel ? ça existe déjà en Asie. Et voilà comment ça se passe », *L'OBS*, 20 août 2017, [En ligne], consulté le 11 octobre 2022, disponible sur https://www.nouvelobs.com/). En Europe, le législateur italien avait refusé d'édicter un tel congé en 2017 mais dernièrement, un projet de loi a été présenté en Espagne à

nouveau la question de l'altruisme. Non seulement la loi ne prévoit aucune obligation vis-à-vis d'un tel congé mais l'employeur, en l'accordant, semble n'en retirer aucun bénéfice. S'il est difficile de connaître la forme juridique retenue par les employeurs pour accorder ce congé[1], les salariés sont souvent à l'origine de cette initiative, au moins pour la société toulousaine Louis Design[2]. Devrait-on alors conclure qu'il y a eu négociation ? En outre, à l'heure où l'éthique et l'égalité homme-femme dans les entreprises constituent des critères importants pour le consommateur[3]et le salarié[4], la mise en place d'un tel congé interroge. De nouveau, se pose la problématique de la contrepartie. Peut-on considérer que la mise en place du congé menstruel constitue vraiment un acte altruiste alors même que cela peut avoir nombre d'incidences positives pour l'entreprise que ce soit pour la fidélisation de la main d'œuvre que pour les arguments de vente vis-à-vis du consommateur ?

Il apparaît évident qu'il ne faut pas croire que tout acte en faveur des salariés constitue un acte altruiste, pour autant, il ne faudrait pas non plus catégoriser toute initiative de l'employeur comme intéressée. D'autant plus que certaines « formes » d'entreprises favorisent la reconnaissance de l'altruisme de l'employeur. Tel est notamment le cas des entreprises dites « familiales » ou de petite envergure. Les relations affectives qui lient l'employeur et ses salariés dans ces structures

---

ce propos (V. C Padych, « Projet de loi en Espagne pour un congé menstruel : applaudissements et controverses », *Liaisons sociales Europe*, n°68, 3 juin 2022.).

[1] Selon l'avocate Nadia Perlaut, le congé menstruel est instauré soit par « voie d'usage, c'est-à-dire à l'initiative de l'employeur ou encore par accord collectif à l'issue d'une négociation avec les partenaires sociaux. » (N. Perlaut, « Prise en compte par l'entreprise des problématiques liées aux règles », *Hebdo édition sociale*, n°913, juillet 2022.)

[2] L. Rouet, « Congé menstruel chez Louis : mode d'emploi », Site commercial, [En ligne], consulté le 13 octobre 2022, disponible sur https://www.louis.design/.

[3] S. Garabedian, « Une analyse de la consommation éthique. Le rôle de l'information et de l'accessibilité », *Economie rurale*, 201, 2007, p. 55 à 74 ; A. Francois-Lecompte « La consommation sociale responsable : oui, mais… », *Reflets et perspectives de la vie économiques*, Tome XLVIII, p. 89 à 98.

[4] S. Simard, « Comment attirer, mobiliser et fidéliser des employés ? », *Cahier spécial*, 2011, [En ligne], consulté le 12 octobre 2022, disponible sur https://www.stephanesimard.com/.

exercent « une influence sur la conduite stratégique »[1]. En d'autres termes, l'employeur possédant des liens affectifs avec ses salariés a tendance à davantage prendre en compte les intérêts personnels de ces derniers. En outre, il apparaît difficile de qualifier d'acte intéressé la tolérance dont font preuve certains employeurs vis-à-vis de leur personnel comme peut l'être l'acceptation de retards répétés. Enfin, « l'entreprise altruiste » semble même être un nouveau modèle d'organisation promue par certains spécialistes du comportement organisationnel des entreprises[2].

B) L'exclusion de l'altruisme du salarié vis-à-vis de l'employeur par le droit du travail

Si la reconnaissance de l'altruisme de l'employeur se révèle difficile, elle l'est plus encore lorsqu'il s'agit d'actes effectués par le salarié au profit de son employeur. Le droit du travail semble *de facto* l'exclure. Contrairement à l'employeur, ce n'est pas tant l'absence de contrepartie qui pose difficulté mais bien celle du caractère volontaire de l'acte. La définition du travail salarié repose sur un rapport de pouvoir qui implique une méfiance du droit vis-à-vis des actes effectués par le salarié en faveur de l'employeur[3]. Le législateur ne laisse pas la possibilité au salarié de renoncer à ses droits aisément, y compris alors qu'il y aurait une volonté altruiste de sa part. Le salarié ne peut pas renoncer, en principe, aux droits qu'il tire des dispositions qualifiées d'ordre public. En effet, la qualification des dispositions comme telles ne permet pas d'écarter ces règles, ce que rappelle régulièrement la Cour de cassation. À titre d'exemple, elle a pu considérer que l'article L. 8251-1 du Code du travail était d'ordre public et s'imposait à

---

[1] M. Fall, *Influence de l'altruisme du Dirigeant-Propriétaire sur la performance familiale : mythe ou réalité(s) ?* Sciences de gestion, sous la direction de C. Chatelin, Orléans, Ecole doctorale Sciences de la Société : Territoires, Economie et Droit, 2021.
[2] V. pour exemple, I. Getz, L. Marbacher, *L'entreprise altruiste*, Albin Michel, 2019.
[3] F. Vasseur-Lambry, « La bonne foi dans les relations individuelles de travail », *Petites affiches*, 17 mars 2000, n°55, p. 7.

l'employeur[1]. En outre, le droit du travail est marqué par le principe de faveur qui, par définition, permet la dérogation à la norme supérieure mais dans un sens uniquement favorable au travailleur[2]. Par définition, l'application de ce principe conduit à reconnaître que le salarié ne pourrait pas renoncer à ses droits en faveur de son employeur.

Toutefois, ces derniers temps, le législateur laisse une place considérable à la négociation collective. Le Code du travail a pu être réorganisé autour d'un triptyque en trois sections « ordre public », « champ de la négociation collective » et « règles supplétives »[3]. Les règles ainsi posées dans la deuxième section peuvent être négociées et donc, moindres que celles prévues par la loi. Les salariés ont la possibilité de renoncer collectivement à un droit. Néanmoins, la présence de négociation suppose d'écarter, par principe, l'altruisme, qui implique l'absence de contrepartie et donc de concessions réciproques. À l'image des gratifications et avantages accordés par l'employeur, les signataires salariés peuvent concéder une réduction du contenu de certains droits pour bénéficier d'autres supplémentaires. Outre l'absence de contrepartie, le caractère volontaire de certains accords collectifs interroge. L'accord de performance collective en constitue un parfait exemple. L'accord collectif permettant d'aménager la durée de travail, la rémunération, … les salariés renoncent à des droits afin de permettre à l'entreprise de fonctionner et de préserver les emplois[4]. Si l'acceptation individuelle de l'accord concrétise la renonciation, le refus d'appliquer un tel accord constitue un motif de licenciement « *sui generis* », soit un motif spécifique de licenciement pourvu d'une cause réelle et sérieuse. Bien que le licenciement soit une faculté pour l'employeur, il est difficile d'admettre le caractère volontaire de l'acceptation individuelle par le salarié du simple fait qu'il prend le risque de perdre son emploi. De même, le départ à la retraite ou en retraite anticipée d'un salarié dans le cadre d'un plan de sauvegarde de

---

[1] Cass. Soc., 15 mars 2017, n° 15-27.928. En l'espèce, il ne s'agissait pas d'une renonciation de droit de la part du salarié, mais de l'emploi d'un étranger non muni d'un titre l'autorisant à exercer une activité salariée sur le territoire nationale.
[2] P-D. Ollier, *Le droit du travail*, Coll. U, Droit des affaires et de l'économie, Armand Colin, Paris, 1972, p. 46.
[3] Loi n° 2016-1099 du 8 août 2016 relative au travail, à la modernisation du dialogue social et à la sécurisation des parcours professionnels.
[4] C. trav., art. L.2254-2.

l'emploi peut être difficilement qualifié d'altruiste alors même que l'entreprise licencie.

Reste alors la question de la renonciation individuelle du salarié à ses droits. Si l'ordre public comme le principe de faveur viennent limiter cette possibilité, c'est également le cas des accords collectifs lui attribuant des droits supplémentaires. La Cour de cassation rappelle régulièrement cette affirmation. Pour exemple, la renonciation volontaire d'un salarié aux droits qu'il tire d'une convention collective ne vaut pas[1]. De même, en cas de rupture conventionnelle, l'indemnité spécifique de licenciement ne peut être d'un montant inférieur à celle prévue par un accord collectif si cela fut prévu par accord[2]. Synthétiquement, dès lors que le droit ressort d'une disposition d'ordre public ou d'une stipulation d'un accord collectif, le salarié ne peut y renoncer. De surcroît, l'application du principe de faveur conduit à exclure toute renonciation de droit du salarié qui lui serait défavorable. En d'autres termes, le salarié ne peut renoncer à ses droits en faveur de l'employeur sauf dispositions contraires.

De manière exceptionnelle, le droit du travail permet au salarié de renoncer à certains de ses droits. Toutefois, cela ne se fait pas sans un certain formalisme. Premièrement, la renonciation par le salarié à ses droits nécessite la production d'un document exprimant l'accord exprès de ce dernier par l'employeur. À titre d'illustration, le renoncement au repos dominical suppose la signature d'un accord annexe au contrat[3]. Deuxièmement, cette renonciation doit répondre à des conditions de forme et de temps. Pour exemple, la renonciation aux jours supplémentaires de congés dus pour fractionnement des congés payés ne peut se faire par avance et de manière générale[4]. De même, le salarié ne peut pas renoncer par avance au droit de se prévaloir des dispositions relatives à la contestation du licenciement[5].

---

[1] En l'espèce, le salarié pensait, à tort, que la seconde convention lui était plus favorable.

[2] Cass. Soc., 5 mai 2021, n° 19-24.650.

[3] À l'exception des dérogations permanentes de droit et des dérogations conventionnelles, cela concerne les dérogations sur fondement géographique, la dérogation accordée par le préfet et la dérogation accordée par le maire (art. L.3132-25-4 du Code du travail).

[4] Cass. Soc., 5 mai 2021, n° 20-14.390.

[5] Cass. Soc., 6 nov. 2008, n° 07-43.325.

Troisièmement, le droit du travail s'assure que le salarié bénéficie d'une contrepartie à cette renonciation. Ainsi, dans le cadre d'une dérogation préfectorale, un salarié renonçant à son repos dominical devra bénéficier d'une contrepartie[1]. Si le droit du travail tente de s'assurer du caractère volontaire de l'acte, il exclut *de jure* l'altruisme en exigeant une contrepartie à la renonciation.

Pour autant, à l'image de l'employeur, il ne faudrait pas conclure que le salarié ne peut exercer aucun acte altruiste en faveur de ce dernier. Toutefois, ces actes ne peuvent rester qu'en marge du droit du travail qui exige formalisme et contrepartie. Il est possible d'imaginer qu'un salarié souhaite contribuer au développement de l'entreprise et à ce titre, sans demande de son employeur et sans rechercher une augmentation ou un avancement, travaille au-delà des heures stipulées dans son contrat de travail. Force est alors de constater que ces dernières se réaliseraient en marge de la législation du travail.

S'il est difficile de reconnaître l'altruisme entre l'employeur et le salarié (I), ce n'est pas le cas entre les salariés ou même entre salariés et des tiers à l'entreprise. Etonnamment, le droit du travail favorise les dispositifs et promeut les actes altruistes du salarié (II).

II- L'essor de la promotion de l'altruisme des salariés par le droit du travail

Alors que le droit du travail constitue une branche de droit encadrant un rapport de pouvoir, dernièrement, la matière devient un acteur de la promotion de l'altruisme des salariés. Le législateur a instauré nombre de dispositifs favorisant la solidarité dans l'entreprise dont le dispositif du don de jours de repos (A). Plus curieusement encore, il crée des normes visant à encourager l'altruisme des salariés aux tiers à l'entreprise (B).

---

[1] C. trav., art. L.3132-25-3.

A) Le don de jours de repos, un dispositif « phare » de l'altruisme entre salariés

Le travail, en constituant un lieu de création de lien social[1], favorise la solidarité et l'altruisme entre les salariés. Il n'est pas rare que des collectes de fonds soient organisées lors de départ à la retraite ou que des cadeaux soient offerts lors de la naissance d'un enfant. Ces dons en capital ou en nature restent généralement en marge du droit. Mais, ces derniers ont pu prendre la forme de don de droits accordé en vertu de la législation du travail. Alors même que le droit du travail n'a pas vocation première à encadrer la relation entre les salariés, le législateur n'a pas eu d'autres choix que de s'intéresser à l'altruisme dont peuvent faire preuve les salariés entre eux. Tel est le cas pour le don de jours de repos à un parent ayant un enfant gravement malade. Le nombre de congés pour enfant malade est en effet plafonné à trois jours par an sauf exceptions[2]. À cela s'ajoutent divers congés prenant en considération l'état de santé de l'enfant du salarié comme le congé de présence parentale ou le congé de paternité et d'accueil d'un enfant hospitalisé à la naissance. Ils sont toutefois tous conditionnés et limités[3]. Le salarié peut ainsi rapidement se trouver dans l'impossibilité d'accompagner son enfant dans les soins lorsque ce dernier est atteint d'une maladie de longue durée ou d'un handicap. D'autant plus, que cela peut se conjuguer avec des difficultés financières du fait qu'il s'agisse de congé non-rémunéré[4] ou peu indemnisé[5]. Telle fut la situation d'un salarié dans la région de la Loire en 2009. En accord avec l'employeur, ses collègues lui avaient alors fait don de 170 jours de repos compensateurs accordés dans le cadre du dispositif de réduction

---

[1] D. Meda, « Le travail, lien social ? », in *Le travail, valeur en voie de disparition ?* Champs-Essais, Flammarion, 2010, Chapitre VII, p. 180.
[2] C. trav., art. L.1225-61.
[3] C. trav., art. L.1225-62 et s. concernant le congé parental ; C. trav., art. L.1225-35 à propos du congé de paternité et d'accueil d'un enfant.
[4] Tel est le cas du congé pour enfant malade.
[5] Tel est le cas du congé de présence parentale qui ouvre droit à l'allocation journalière de présence parentale sous conditions (art. 1225-62 et s. du Code du travail ; D.544-1 du Code de la sécurité sociale).

de temps de travail (RTT)[1]. Depuis 2014, la loi permet au salarié de faire don de jours de congés payés, de jours de repos dans le cadre des RTT, d'autres jours de récupérations ou encore de jours provenant du compte épargne temps[2]. Le bénéfice de ce dispositif a été élargi récemment aux salariés ayant perdu un enfant de moins de 25 ans ou d'une personne de moins de 25 ans qui fut à sa charge effective et permanente[3], aux salariés ayant le statut de proche aidant[4] ainsi qu'aux salariés réservistes[5].

Que le législateur se soit aventuré sur le terrain du don de jours de repos et qu'il ne cesse d'élargir les bénéficiaires de ce dispositif peut apparaître surprenant. En effet, les dispositions relatives aux jours de repos, notamment concernant leur nombre, sont d'ordre public. Cela est d'autant plus étonnant que le droit au repos a une valeur constitutionnelle[6]. L'instauration des congés payés en 1936 résulte de la nécessité d'« un repos annuel rétribué et absolument indispensable pour la santé physique et morale des travailleurs »[7]. De plus, les jours de congé ne constituent pas un capital, mais un droit[8]. À ce titre, la Cour de cassation rappelle régulièrement que le versement d'une indemnité ne peut se substituer à la prise des jours de congé[9]. En réalité, la loi conditionne le don, de façon que les prescriptions minimales en matière

---

[1] Travaux parlementaire, Séance du 30 avril 2014, Comptes rendus intégraux d'avril 2014, 9, [En ligne], consulté le 14 octobre 2022, disponible sur : https://www.senat.fr/.

[2] Loi n° 2014-549 du 9 mai 2014 permettant le don de jours de repos à un parent d'un enfant gravement malade.

[3] C. trav., art. L.1225-65-1, modifié par la loi n° 2020-692 du 8 juin 2020 visant à améliorer les droits des travailleurs et l'accompagnement des familles après le décès d'un enfant.

[4] C. trav., art. L3142-25-1, modifié par la loi n° 2021-1754 du 23 décembre 2021 de financement de la sécurité sociale pour 2022.

[5] C. trav., art. L.3142-94-1, crée par la loi n° 2018-607 du 13 juillet 2018 relative à la programmation militaire pour les années 2019 à 2025 et portant diverses dispositions intéressant la défense.

[6] Alinéa 11 du Préambule de 1946. (V. à propos de la garantie du droit au repos : Cons. const. 13 janv. 2003, n° 2002-456 ; Cons. const., 6 août 2009, n° 2009-588).

[7] G. Lefranc, *Le mouvement syndical sous la IIIè République,* Paris, Payot, 1967, p. 28.

[8] *Op. Cit.* Travaux parlementaire, F. Resbamen, 9.

[9] Cass. Soc., 13 juin 2012, n° 11-10.929 ; Cass. Soc., 14 nov. 2013, n° 12-14.070.

de droit au repos soient respectées[1]. Toutefois, le droit au congé et au repos s'analyse en un droit personnel au salarié. L'acquisition des jours de congé et de repos se compte individuellement par salarié lors de son emploi actuel. Concrètement, le droit à un effet relatif entre le salarié et son employeur. La création d'un mécanisme de don de jours de repos et de congé entre salariés conduit à remettre en cause le caractère personnel et relatif du droit. En effet, le salarié-tiers peut bénéficier de jours de congé ou de repos qui n'ont pas été acquis par lui auprès de l'employeur. Ils sont donc détachables de la personne du salarié lorsque ce dernier a une volonté altruiste. Le droit du travail confère ainsi au salarié la possibilité de céder un droit personnel. Le salarié ne peut renoncer à l'acquisition et au bénéfice de ses droits. Par conséquent, le seul cas où il possède la faculté de renoncer à ses jours de congé et de repos, c'est lorsqu'il le fait pour le bénéfice d'un autre. En d'autres termes, le législateur a favorisé l'altruisme aux droits conférés par la loi. Cette volonté ne se restreint pas aux seuls salariés. En effet, le droit du travail prévoit de plus en plus de dispositifs reposant sur l'altruisme des salariés et bénéficiant à des tiers à l'entreprise.

B) Le droit du travail, source de l'essor de l'altruisme des salariés en faveur des tiers

Parler d'altruisme en droit du travail revient à s'interroger sur la journée dite « de solidarité ». Elle est l'un des dispositifs les plus connus en faveur de personnes en dehors de l'entreprise[2]. Elle impose notamment une journée supplémentaire de travail non rémunérée pour le salarié qui permet le financement d'actions au profit des personnes âgées et en situation de handicap[3]. Pour autant, cela ne signifie pas qu'il s'agit d'un acte altruiste. En effet, « le travail d'une journée

---

[1] Concrètement, le salarié ne peut donner que des jours de congés de sa cinquième semaine.

[2] Loi n° 2004-626 du 30 juin 2004 relative à la solidarité pour l'autonomie des personnes âgées et des personnes handicapées.

[3] C. trav., art. L.3133-7.

supplémentaire constitue une obligation de solidarité nationale »[1]. Autrement dit, la journée de solidarité s'impose. Dès lors, la réalisation de la journée de solidarité ne peut constituer un acte altruiste. Toutefois, même s'il est impossible de considérer cette journée comme étant un dispositif légal favorisant l'altruisme des salariés vis-à-vis d'un tiers, il existe bien de tels mécanismes.

Depuis longtemps, le droit du travail permet au salarié de demander des congés afin d'aider son prochain. À titre d'exemple, les salariés qui résident ou travaillent habituellement dans une « zone touchée par une catastrophe naturelle » peuvent solliciter un congé non-rémunéré afin d'apporter une aide aux victimes[2] sachant que l'employeur ne peut le refuser qu'à la condition de motiver sa décision et après consultation des représentants du personnel[3]. De même, et ce depuis 1995, le salarié peut requérir un congé de solidarité internationale lorsqu'il s'engage dans une mission humanitaire à l'étranger[4]. Par ailleurs, la législation du travail prévoit l'absence pour des activités bénévoles en faveur de la Nation. Ainsi, le salarié peut bénéficier d'autorisation d'absence au titre des activités de la réserve opérationnelle, qui regroupe des volontaires venant en soutien aux armées, aux sapeurs-pompiers, …[5] Autrement dit, le droit du travail accorde traditionnellement des autorisations d'absences et le bénéfice de congés afin de permettre la réalisation d'actes altruistes. Le législateur permet donc au salarié de concilier ses aspirations professionnelles et ses activités altruistes. Technique traditionnelle, la modulation du temps de travail constitue toujours un outil du législateur pour favoriser l'altruisme. Tel est le cas dernièrement pour le don de sang. Afin de lutter contre le faible niveau de réserve nationale en produits sanguins, une proposition de loi ayant pour objectif de faciliter le don du sang des salariés prévoit l'insertion d'un nouvel article dans le Code du travail permettant une autorisation d'absence au titre du don

---

[1] D. Jacquat, Rapport au nom de la commission des affaires culturelles, familiales et sociales sur le projet de loi (n°1350) relatif à la solidarité pour l'autonomie des personnes âgées et personnes handicapées, n°1540, 13 avr. 2004, p. 16.
[2] Art. 5 de la loi n° 83-600 du 13 juil. 1982 relative à l'indemnisation des victimes de catastrophes naturelles.
[3] C. trav., art. L.3142-51.
[4] Loi n° 95-116 du 4 févr. 1995 portant diverses dispositions d'ordre social.
[5] C. trav., art. L.3142-89.

de sang[1]. Si le Code de la santé publique dispose déjà d'une autorisation d'absence pour ce motif, celle-ci est laissée à la discrétion de l'employeur[2]. Le nouvel article proposé conduirait non plus à demander l'autorisation de son employeur mais à simplement le prévenir de son absence. L'absence ne pourrait entraîner une diminution de rémunération et serait assimilée à une période de travail effectif autant pour l'ancienneté que l'acquisition des jours de congés payés[3].

De surcroît, la crise sanitaire a conduit à la multiplication d'actes altruistes et solidaires. Cela a eu comme conséquence la création de nouveaux dispositifs qui se détachent de la modulation du temps de travail. La loi du 30 juillet 2020 a créé un dispositif unique de don. En reconnaissance de leur engagement durant la pandémie, le salarié avait la possibilité d'offrir des chèques-vacances aux personnels des secteurs sanitaire et médical. Certes, possibilité temporaire, le don impliquait que les salariés renoncent à leur rémunération sur un ou plusieurs jours de travail ou à leurs jours de repos. Tout en gardant à l'esprit que le législateur a déjà instauré un dispositif de don de jours de repos, ce nouveau dispositif reste inédit. Là où le don de jours de repos ne s'applique qu'aux salariés du même employeur, le don de chèques-vacances dépasse la sphère de l'entreprise. Seule la qualification de l'activité permet de circonscrire le bénéfice de ce dispositif. À ce titre, certains pourraient critiquer cette limitation qui se veut arbitraire sur les efforts d'un domaine d'activité professionnelle pendant la pandémie. Par ailleurs, le dispositif de don jours de repos conduit à un don d'un temps d'absence rémunérée. Il convient de souligner que ce n'est pas le cas ici. En effet, il s'agit d'un don en argent, certes sous forme de chèques-vacances. Un tel don ne peut que se qualifier d'étonnant et au moins à double titre.

D'abord, les jours de repos, droits acquis par le salarié, sont transformés en capital. Si cette conversion existe déjà dans le cadre des congés payés non pris lors de la rupture du contrat de travail, il n'en reste que cela est dû uniquement au salarié concerné et n'est réalisé que dans ce cas. Par principe, les jours de repos et de congés payés ne

---

[1] Proposition de loi facilitant le don du sang des salariés, n°3569, enregistrée à la présidence de l'Assemblée nationale le 17 nov. 2020.
[2] CSP, art. D.1221-2.
[3] *Op. Cit.* Proposition de loi (nouvel article proposé L.3142-104-1).

peuvent donner lieu à capitalisation[1]. Ce don implique des remarques similaires au dispositif du don de jours de repos entre salariés à savoir l'attachement au droit au repos et le caractère personnel et relatif du droit. Cela est d'autant plus vrai, qu'il ne s'agit pas d'attribuer un temps de repos rémunéré à un autre salarié, mais un capital à un tiers à l'entreprise.

Deuxièmement, il est tout à fait surprenant d'accorder la possibilité au salarié de renoncer à une partie de sa rémunération, élément essentiel du contrat de travail. En principe, le droit du travail ne permet pas au salarié de renoncer à son salaire, ce dernier constitue non seulement une obligation pour l'employeur, mais il constitue également un élément de caractérisation du lien de subordination. Si l'activité du salarié devient bénévole pour lui du fait qu'il ne bénéficiera pas de la rémunération due pour son travail, il n'en reste qu'il ne s'agit pas d'un travail gracieux à proprement parler. Il s'agit simplement d'un transfert de la rémunération due à un tiers. La personne réceptrice et la forme du salaire changent : les chèques-vacances deviennent la forme de la rétribution et le personnel des secteurs sanitaires et médicaux, les titulaires de ce titre de paiement. Aujourd'hui, les salariés ne peuvent plus recourir à ce dispositif de don qui constituait un dispositif temporaire et exceptionnel. Il ne faudrait pourtant pas conclure que le salarié ne possède plus la possibilité de renoncer à une partie de son salaire. Certaines entreprises permettent le « micro-don sur salaire », pratique constituant à offrir la possibilité au salarié d'arrondir chaque mois leur salaire, à l'euro inférieur au bénéfice d'associations. Depuis 2009, le nombre d'entreprises prévoyant cette possibilité s'est multiplié. À ce propos, en 2022, le Parisien titrait un article ainsi « le don sur salaire séduit de plus en plus de salariés »[2]. Il est étonnant que le législateur n'encadre pas une telle possibilité de don. Cette absence se doit peut-être au fait que la renonciation au salaire ne repose que sur une partie très infime de la rémunération et que cela ne semble concerner aujourd'hui tout de même qu'un nombre restreint de salariés : 446 558 en 2020 selon le baromètre de l'entreprise solidaire

---

[1] Exception faite du compte épargne temps et du mécanisme de forfait jours.

[2] V. De Kerautem, « Le don sur salaire séduit de plus en plus de salariés », *Le Parisien*, 24 janv. 2022, [En ligne], consulté le 13 octobre 2020. Disponible sur : https://www.leparisien.fr/.

Microdon[1]. En outre, cette pratique s'organise généralement par des accords collectifs[2]. Si le don sur salaire a le vent en poupe, tel est le cas également du don de jours de repos non utilisés à une association. En février dernier, la présidence de l'Assemblée Nationale a enregistré une proposition de loi visant à permettre l'utilisation des congés payés et jours de repos non utilisés en dons pour les associations. Inspiré du mécanisme de don de jours de repos entre salariés, le salarié aurait la possibilité de renoncer à des jours de congés payés ou de repos afin qu'ils soient convertis en unité monétaire et offerts à l'association de son choix[3]. On retrouve ainsi, dans une certaine mesure, les mécanismes du dispositif de don de chèques-vacances prévus par la loi du 30 juillet 2020. En effet, les jours de congés payés ou de repos seraient capitalisés.

Deux tendances semblent être à l'œuvre aujourd'hui. La première consiste à favoriser les actes altruistes que le salarié peut effectuer par lui-même par l'aménagement du temps de travail. La seconde, *a contrario*, s'attache à favoriser, par l'altruisme des salariés, le financement des associations ayant elles-mêmes comme raison d'existence l'altruisme.

En résumé, les relations individuelles ne permettent pas aisément l'émergence de l'altruisme en raison de leur vocation première : encadrer les pouvoirs de l'employeur[4]. Cet encadrement conduit à des obligations pour ce dernier qui excluent le volontariat pour tous les actes réalisés en considération de celles-ci. De plus, en tant que chef d'entreprise, responsable de sa productivité et son développement, l'employeur peut difficilement être reconnu comme une personne désintéressée. Cette difficile reconnaissance des caractères de l'altruisme ne se limite pas aux agissements de l'employeur. Le juge et le législateur se méfient également des actes réalisés par le salarié en faveur de son employeur. Le salarié ne peut pas

---

[1] « Infographie Baromètre don sur salaire 2021 », Microdon, [En ligne], consulté le 17 octobre 2022, disponible sur : https://www.microdon.org/.

[2] V. à titre d'exemple, l'accord portant sur le micro-don de salaire en date du 25 mars 2021 de la Caisse régionale de Crédit Agricole Mutuel du Finistère ; l'accord sur arrondi sur salaire en date du 16 oct. 2020 du Crédit Agricole Alpes Provence.

[3] Proposition de loi visant à permettre l'utilisation des congés payés et jours de repos non utilisés en dons pour les associations, N°5085, enregistré à la Présidence de l'Assemblée Nationale le 22 févr. 2022, (article proposé L.3142-25-2).

[4] F. Guiomard, *Op. Cit.*

renoncer aisément à ses droits et lorsqu'il le peut, le droit du travail s'assure du volontariat et de l'existence d'une contrepartie. À l'évidence, l'organisation et la définition du travail subordonné réduisent le champ de la reconnaissance de l'altruisme, quand elle ne l'exclut pas. Pour autant, il ne faudrait pas conclure que le droit du travail ignore l'altruisme. Il convient de souligner qu'il organise, depuis longtemps, le temps de travail pour favoriser les actes altruistes des salariés. Dernièrement, le législateur s'efforce d'élargir ou de créer de nouveaux mécanismes les encourageant. Force est ainsi de constater que le droit du travail a acquis une nouvelle fonction : le « développement des comportements orientés vers autrui »[1].

---

[1] P. Steiner, « Comte et l'altruisme » in *Donner... Une histoire de l'altruisme*, PUF, Hors Collection, 2016, p. 80.

La conduite altruiste de la grande entreprise : une gageüre ?

Charline LACRAMPE-MOINE,

Doctorante contractuelle de l'Institut de Droit Privé, Université Toulouse Capitole

Avenir, altruisme et entreprise. « Agis de façon que les effets de ton action ne soient pas destructeurs pour la possibilité future d'une telle vie ». Tel était l'impératif que proposait de suivre Hans Jonas dans son éthique de l'avenir[1]. Cette idée rejoint le sens philosophique de l'altruisme donné par l'Académie française selon laquelle il représenterait la « doctrine qui assigne comme but à la conduite morale l'intérêt de nos semblables, en tant que tel »[2]. De manière instinctive, une incompatibilité pourrait se laisser subodorer entre une démarche se réclamant de l'altruisme et le fonctionnement d'une société privée, à tout le moins en retenant une conception traditionnelle libérale fondée sur la recherche de la richesse économique. En effet, celle-ci est « instituée par deux ou plusieurs personnes qui conviennent par un contrat d'affecter à une entreprise commune des biens ou leur industrie en vue de partager le bénéfice ou de profiter de l'économie qui pourra en résulter »[3] et doit « être constituée dans l'intérêt commun des associés »[4]. Quoique l'entreprise exerce une influence bénéfique par nature sur autrui par le biais de la création d'emplois, de richesses et

---

[1] H. Jonas, Le principe responsabilité. Une éthique pour la civilisation technologique, Flammarion, coll. « champ essais », 1990, spéc. p. 40.
[2] Dictionnaire de l'Académie française, 9e éd., v. « altruisme » (2).
[3] C. civ., art. 1832 al. 1.
[4] C. civ., art. 1833 al. 1.

d'innovations, en aucun cas ledit souci d'autrui *désintéressé*[1] n'apparaît dans les règles régissant le fonctionnement des sociétés[2].

Différentes conceptions de l'entreprise dite responsable. Depuis le XXe siècle, deux conceptions de l'entreprise se font face, du moins théoriquement. L'une, portée notamment par Milton Friedman, considère que « la poursuite des intérêts égoïstes des actionnaires [représente] la meilleure contribution possible à la prospérité générale de la nation ». L'autre, soutenue entre autres par R. Edward Freeman, estime que le système capitaliste ne peut survivre, en tout cas de manière légitime, qu'en prenant en considération plus largement les intérêts de tous ceux qui sont concernés par l'activité de l'entreprise[3].

Altruisme et responsabilité sociale et environnementale des entreprises. Cette dernière conception s'illustre dans l'émergence depuis le XXe siècle du concept dit de responsabilité sociale et environnementale des entreprises (ci-après dénommée RSE[4]). Celle-ci permet *a priori* un rapprochement entre l'attitude altruiste et la gestion d'une société. En effet, ce concept peut être défini comme désignant « la démarche volontaire engagée par certaines entreprises qui cherchent à aller au-delà des obligations juridiques applicables en adoptant une démarche vertueuse et éthique »[5]. L'enjeu serait de faire cohabiter la recherche de la rentabilité économique et la prise en compte

---

[1] Dictionnaire de l'Académie française, 9e éd., v. « altruisme » (1).

[2] G. Ripert écrivait : « Les dirigeants d'une société peuvent avoir personnellement l'âme charitable, la société elle-même ne connaît pas la générosité. C'est bien là ce qui fait sa force. Rien ne la détourne de sa tâche. Alors que les pauvres créatures humaines abordent les affaires avec toutes leurs passions, la société n'a aucun sentiment affectif. Son activité peut lui attirer des haines, elles se heurtent à son impassibilité », Aspects juridiques du capitalisme moderne, Librairie générale de droit et de jurisprudence, Paris, 1946, p. 79.

[3] V. sur ce point M. Villette, « Deux conceptions de l'entreprise "responsable" : Friedman contre Freeman », *The Conversation*, 1er déc. 2022 : https://theconversation.com/deux-conceptions-de-lentreprise-responsable-friedman-contre-freeman-195344 (consulté le 10/12/2022).

[4] L'acronyme est employé de manière variable. En effet, d'aucuns évoquent la « responsabilité sociétale des entreprises », d'autres la « responsabilité sociale des entreprises ». V. not. sur cet acronyme « multi-facettes » R. Family, « La responsabilité sociétale de l'entreprise : du concept à la norme », *D.*, 2013. 1558.

[5] V. Mercier, « Droit de l'environnement et innovation », *in* L. Merland, J. Mestre (dir.), *Droit et innovation : pour un monde meilleur ?*, PUAM, coll. « Droit des affaires », 2013, p. 505.

des répercussions sociales et environnementales de l'activité exercée. La notion de partie prenante est au cœur de ce concept. Celle-ci comporte les participants à la vie économique de l'entreprise (salariés, fournisseurs, actionnaires), ceux qui observent l'activité de celle-ci (syndicats, ONG) et plus largement la société civile dans son entièreté[1] ; dans ce cadre et en apparence, l'entreprise se soucierait d'autrui.

Mutations de la RSE. Ce concept n'est pas nouveau. Il s'agit d'une pratique importée des États-Unis, territoire dans lequel elle a été promue dans un contexte d'intervention minimale étatique dans les affaires sociales[2]. De plus et pour preuve, Howard R. Bowen — désigné comme le père fondateur de la RSE — considérait dès 1953 que celle-ci était « devenue à la mode »[3]. C'est donc moins la RSE en elle-même qui fait preuve de nouveauté que les « métamorphoses » qu'elle subit. En effet, celle-ci semble connaître un glissement conceptuel. Elle était définie par la Commission des communautés européennes en 2001 comme « l'intégration volontaire des préoccupations sociales et écologiques des entreprises à leurs activités commerciales et leurs relations avec les parties prenantes »[4] alors qu'en 2011, il s'agissait — pour la Commission européenne — de « la responsabilité des entreprises vis-à-vis des effets qu'elles exercent sur la société »[5]. Ce changement définitionnel pourrait démontrer l'accroissement de la responsabilité des entreprises par le passage de la prise en compte *volontaire* d'autrui à une considération d'autrui *contrainte*.

Élévation de la RSE. La RSE, pouvant être vue comme un « supplément d'âme autoproclamé »[6], devrait conduire l'entreprise à opter pour un libéralisme altruiste en prenant en compte les intérêts de

---

[1] V. Mercier, « Le rôle des parties prenantes dans l'évolution du droit des sociétés », *BJS.*, n° 11, p. 44.

[2] V. sur ce point A. Peeters, « La responsabilité sociale des entreprises », *Courrier hebdobadaire du CRIPS.*, 2004/3, n° 1828.

[3] H. R. Bowen, *Social Responsibilities of the Businessmen*, New York, Harper & Brothers, 1953, p. 48.

[4] Commission des communautés européennes, *Promouvoir un cadre européen pour la responsabilité sociale des entreprises*, Livre vert, 2001, p. 20, spéc. n° 20.

[5] Communication de la Commission au Parlement européen, au Conseil, au Comité économique et social européen et au Comité des régions, *Responsabilité sociale des entreprises : une nouvelle stratégie de l'UE pour la période 2011-2014*, 2011, p. 7, spéc. n° 3.1.

[6] Expression utilisée par Ph. Juen, « Évaluation de l'impact de la RSE sur la protection effective de l'environnement », *RLDC.*, 2013/84, n° 4690.

ses différentes parties prenantes. Autrement dit, l'entreprise serait libre d'adopter certains instruments dans l'objectif de se soucier des conséquences de ses activités sur autrui. Néanmoins, ce volontarisme originel reste à questionner. Est-il sincère ? Est-il dénué de toute conséquence sciemment recherchée ? Se suffit-il à lui-même ou doit-il être incité, voire contraint ? Par une sorte de gradation, la RSE — de l'éclosion d'une démarche volontaire (I) — est, semble-t-il, en train de s'élever en une démarche volontaire encadrée (II).

I- La RSE, éclosion d'une démarche volontaire

La souplesse caractérisant originellement le concept de la RSE sera envisagée (A) avant que ne soient exposées les conséquences certaines de cet engagement volontaire (B).

A) Un concept originellement fondé sur une approche souple

Conception éthique de la RSE. La RSE était effectivement pensée à l'origine comme reposant sur la seule volonté des entreprises. L'objectif résiderait dans le dépassement des exigences juridiques auxquelles toute société est soumise, sur la base du volontariat. L'idée de cette perspective purement volontariste est liée à la conception originelle de la RSE dite éthique. Celle-ci est héritée du paternalisme d'entreprise du XIXe siècle, repose sur des « valeurs morales, religieuses et fait appel à l'éthique du dirigeant d'entreprise ». Il s'agirait, dans ce cadre, de « guider la conduite et la moralité des individus sans avoir recours à la réglementation contraignante de pouvoirs publics susceptibles de limiter la liberté individuelle et de provoquer des effets pervers »[1].

Incitation institutionnelle par le droit international. Tout au plus, cette démarche volontariste s'inscrivait dans un contexte extérieur purement incitatif, provenant notamment des procédés internationaux dénués de toute valeur contraignante. Il est possible de mettre cette idée en lien avec l'un des rôles attribués au droit international ; celui-ci peut dès l'abord être utilisé, par sa souplesse, dans le but de faire germer une idée et en habituer les esprits pour provoquer un sentiment d'acceptation avant de recourir à l'encadrement par le droit interne en accroissant alors la normativité[2]. Les incitations à destination des acteurs économiques furent multiples. Elles étaient tout d'abord susceptibles d'émaner de procédés institutionnels s'illustrant dans l'édiction d'un droit souple international, ce qui constituait à cette époque un signal important démontrant l'intérêt de la communauté internationale à l'égard de la RSE. Entre autres, les « Principes directeurs de l'Organisation de coopération et de développement économiques à l'intention des entreprises multinationales » ont été adoptés en 1976 et mis à jour en 2011. Il s'agit de « principes et de normes non contraignants » comportant des « recommandations que les gouvernements adressent aux entreprises multinationales exerçant leurs activités dans les pays adhérents ou à partir de ces derniers »[3]. Également, le Pacte mondial — initiative lancée par l'Organisation des Nations Unies en 2000 — constitue un ensemble de principes universalistes auxquels les sociétés peuvent déclarer adhérer et s'engager à les mettre en œuvre. Celui-ci comporte dix principes dits « universels » structurés autour de quatre thèmes que sont les droits de l'Homme, les normes du travail, l'environnement ainsi que la lutte contre la corruption. Ces textes participent à la diffusion des pratiques conformes à la RSE quoiqu'ils ne soient en rien contraignants. De son aveu, le Pacte mondial demeure une « initiative purement volontaire »

---

[1] V. sur ce point M. Capron, « Conceptions de la RSE », *in* N. Postel, R. Sobel (dir.), *Dictionnaire critique de la RSE*, Septentrion, coll. « Capitalismes – éthique – institutions », 2013, spéc. p. 66.

[2] C'est notamment très fréquent dans le domaine du droit de l'environnement. Cette méthode tend vers l'efficacité, en ayant l'inconvénient de prendre davantage de temps.

[3] OCDE, Les principes directeurs de l'OCDE à l'intention des entreprises multinationales, Éditions OCDE, spéc. p. 3.

et « ne contrôle ni n'impose le comportement ou les actions des entreprises ». Il a pour mission « de stimuler le changement et promouvoir la durabilité des entreprises et encourager les solutions innovantes et les partenariats »[1]. C'est également entre autres le cas des normes élaborées par l'Organisme international de normalisation, dites « normes ISO ». Plus particulièrement, la norme ISO 26 000 propose aux entreprises des « lignes directrices relatives à la responsabilité sociétale » liées à l'adoption d'un « comportement éthique et transparent ».

Élaboration de normes privées. Au-delà de l'incitation institutionnelle, ces normes dites volontaires peuvent être édictées directement par les acteurs privés, les entreprises ayant l'habitude d'adopter elles-mêmes des codes de conduite ou des chartes éthiques. Ceux-là constituent des « déclarations officielles des valeurs » ; ils énoncent des normes minimales et attestent des engagements pris par les entreprises, qui se doivent de les observer d'une part et de les faire observer par leurs contractants, sous-traitants, fournisseurs et concessionnaires d'autre part[2]. Le recours à ces instruments par des acteurs privés n'est pas un phénomène nouveau ; il n'est que de prendre l'exemple de la société LAFARGE qui s'était dotée en 1977 d'un code de conduite. La volonté des entreprises est donc à la source de ces codes et ceux-ci possèdent une intensité normative variable[3].

Instruments de droit souple. La RSE est considérée comme l'instrument du droit souple par excellence. Howard R. Bowen l'analysa comme représentant une « troisième voie » entre celle de la régulation étatique et celle du laisser-faire. Ce système d'autorégulation des entreprises permettrait de contourner les écueils d'une réglementation trop importante et ceux afférents aux désastres sociaux[4]. Reprenant la mise en ordre du droit souple antérieurement opérée[5], la RSE serait un droit doux (incitatif, non obligatoire), flou (sans

---

[1] Disponible sur https://pactemondial.org/faq/ (consulté le 19/11/2022).

[2] Commission des communautés européennes, *Livre vert* préc., spéc. p. 27.

[3] M. Julien, « Code de conduite », *in* N. Postel, R. Sobel (dir.), *op. cit.,* p. 48.

[4] J.-P. Gond, J. Igalens, *La responsabilité sociale de l'entreprise*, PUF, coll. « Que sais-je ? », 7e éd., 2022, spéc. p. 14.

[5] C. Thibierge, « Le droit souple. Réflexion sur les textures du droit », *RTDciv.*, 2003. 599.

précision) et mou (sans sanction)[1]. Pourtant, en réponse à ceux pour qui les instruments de la RSE protégeraient les droits fondamentaux en s'armant d'un « sabre en mousse »[2], certains considèrent *a contrario* que le propre du droit souple est justement de « prétendre être capable d'orienter les comportements par d'autres voies que le commandement et la contrainte »[3]. Le droit souple deviendrait selon le Conseil d'État un « objet juridique » comportant des instruments répondant à trois critères cumulatifs. Ils auraient pour objectif « de modifier ou d'orienter les comportements de leurs destinataires en suscitant, dans la mesure du possible, leur adhésion ». Ils ne créent pas, « par eux-mêmes de droits ou d'obligations pour leurs destinataires ». Enfin, ils présentent, « par leur contenu et leur mode d'élaboration, un degré de formalisation et de structuration qui les apparente aux règles de droit »[4]. La norme de droit souple permettrait de *tracer*, c'est-à-dire de guider l'action[5]. À titre illustratif, les codes de conduite « *montrent-ils*[6] un chemin plus qu'ils n'y conduisent dans le sens de "diriger avec autorité" » en relayant des prescriptions qui peuvent s'apparenter à de « bonnes mœurs environnementales et sociales »[7]. Cet élément rejoint d'ailleurs l'idée selon laquelle serait normatif « ce qui fournit modèle »[8].

Attitude *a priori* altruiste de la société dans le cadre de la RSE. *Prima facie*, il serait possible d'avancer l'idée selon laquelle, par son engagement délibéré et non contraint dans une démarche de RSE, l'entreprise adopterait une attitude altruiste. Elle fait le choix de s'engager dans une démarche de prise en compte de ses différentes parties prenantes — donc d'autrui — par des instruments marqués du

---

[1] E. Mazuyer, « La mise en œuvre du Pacte. Quelques leçons d'une étude relative aux principes du travail », *in* L. Boisson de Chazournes, E. Mazuyer (dir.), *Le Pacte mondial des Nations Unies 10 ans après*, Bruylant, CERIC, p. 87.

[2] J.-P. Robe, M. Mazuyer, « Faut-il faire une évaluation sociale des entreprises ? », *RDT.*, 2010. 413.

[3] P. Deumier, « La responsabilité sociétale de l'entreprise et les droits fondamentaux », *D.*, 2013. 1564.

[4] Conseil d'État, *Le droit souple*, Étude annuelle, 2013, p. 9.

[5] C. Thibierge, « Au cœur de la norme : le tracé et la mesure. Pour une distinction entre normes et règles de droit », *APD.*, 2008, t. 51, p. 344.

[6] Nous soulignons.

[7] C. Jubault, « Les "codes de conduite privés" », *in* Association Henri Capitant, *Le droit souple*, Journées nationales, t. XIII, Boulogne-sur-Mer, coll. « Thèmes & commentaires », Dalloz, 2009, p. 36.

[8] C. Thibierge, art. préc.

seul sceau du volontariat. Autrement dit, un lien pourrait *a priori* être établi entre la conception originelle volontariste de la RSE fondée sur des instruments de droit souple et la conduite altruiste de l'entreprise. Néanmoins, rien n'est moins sûr. Il apparaît que par le biais de cette démarche, l'entreprise se consacre certes à se soucier d'autrui, sans pour autant que celle-là soit effectuée de manière purement désintéressée, puisque des conséquences en sont à dessein recherchées (B).

B) Les conséquences certaines de l'engagement volontaire

Conséquences réputationnelles de l'engagement volontaire. Le développement de la RSE est-il le fruit du volontarisme des directions d'entreprises fondé sur le réel souci de se préoccuper des conséquences sociales et environnementales des activités exercées ou celui-ci s'explique-t-il par de fortes incitations et contraintes extérieures ? En effet, le développement d'un volontarisme prenant en compte la situation sociale et environnementale de leurs activités par les entreprises constitue un point crucial de leur politique de communication[1]. Autrement dit, la conception volontariste de la RSE répond à un enjeu de légitimation de l'entreprise et possède des conséquences réputationnelles indubitables. L'image renvoyée par l'entreprise aux opinions publiques constitue un objectif primordial. Il en est également question par exemple dans la mise en œuvre — ou non — des principes édictés par l'OCDE. En effet, l'instauration de « points de contact nationaux » permet d'influencer l'image que renvoie une entreprise. Tout autant concernant l'adhésion au Pacte mondial, les entreprises doivent publier chaque année un rapport public, à

---

[1] V. sur ce point F.-G. Trébulle, « Responsabilité sociale des entreprises : entreprise et éthique environnementale », *in Rép. soc.*, Dalloz, 2003 (actualisation nov. 2022), spéc. n° 11 ; V. Mercier, « Responsabilité sociétale des entreprises et droit des sociétés : entre contrainte et démarche volontaire », *Dr. Soc.*, n° 4, avr. 2011, étude 6, spéc. n° 3.

destination de leurs parties prenantes, appelé « communication sur le progrès »[1].

Conception dite « utilitariste » de la RSE. Cette conception de la RSE a été développée en mettant en exergue l'influence que serait susceptible d'opérer la réalisation d'objectifs sociaux sur la compétitivité économique de l'entreprise. L'idée serait d'adopter une démarche de RSE — non pas en la regardant comme une externalité négative — mais plutôt comme susceptible de faire émerger des avantages concurrentiels[2]. Bien que la corrélation entre la performance sociale de l'entreprise et sa performance financière fasse l'objet dans les études de controverses, cette conception utilitariste[3] trouve à s'illustrer dans la doctrine promue par les pouvoirs publics[4], notamment de la part de la Commission européenne[5]. Une entreprise responsable serait plus rentable ; la prise en compte de l'intérêt général procurerait un « supplément de performance »[6] et plus encore, « l'injonction sociale croissante » constituerait désormais « une opportunité économique »[7].

Incidences liées aux politiques d'investissement et de financement. En outre, les entreprises sont informellement contraintes de s'engager dans une démarche de RSE sous l'assujettissement d'actionnaires voulant garantir la pérennité de leurs investissements. En effet, le volet RSE documenté est aujourd'hui exigé par de nombreux

---

[1] Disponible sur https://pactemondial.org/faq/https://pactemondial.org/faq/ (consulté le 19/11/2022).

[2] V. sur la RSE au service de la compétitivité V. Lefebvre, M. Radu Lefebvre, « Faciliter la détection d'opportunités entrepreneuriales par la RSE », *in* F. Dupuich (dir.), *Regards croisés sur la responsabilité sociale de l'entreprise*, L'Harmattan, coll. « Entreprises & management », 2012, p. 147.

[3] V. sur ce point M. Capron, art. préc., *in* N. Postel, R. Sobel (dir.), *op. cit.,* p. 67.

[4] Ibid.

[5] Communication de la Commission concernant la responsabilité sociale des entreprises : une contribution des entreprises au développement durable du 2 juillet 2002 (COM[2002] 347), spéc. §3. La commission tente de convaincre les entreprises de la rentabilité que représente la RSE : « Il s'agit d'une approche commerciale qui place les attentes des parties prenantes et les principes d'une amélioration et d'une innovation constante au cœur de la stratégie de l'entreprise ».

[6] E. Lamure, J. Le Nay, *Comment valoriser les entreprises responsables et engagées ?*, Rapport d'information du Sénat au nom de la délégation aux entreprises, n° 572, 25 juin 2020, spéc. p. 12.

[7] *Ibid.*, spéc. p. 13.

fonds d'investissement à l'occasion de l'entrée au capital social[1]. Ces considérations s'insèrent dans le mouvement plus large de l'investissement socialement responsable[2] représentant l'ensemble des « démarches qui consistent à intégrer des critères extra-financiers, en plus des critères financiers, dans les décisions de placement et la gestion de portefeuilles »[3]. Effectivement, les considérations sociales et environnementales jouent un rôle omniprésent dans les stratégies d'investissement[4]. Par ailleurs, une autre pression provient des établissements bancaires qui doivent réorienter de manière progressive leurs politiques de crédits en allouant les capitaux gérés aux sociétés les plus vertueuses, notamment d'un point de vue environnemental[5].

Possibles conséquences juridiques de l'engagement volontaire. Dans un autre ordre d'idées, ce n'est pas parce qu'un engagement est effectué de manière volontaire qu'il est dénué de toute conséquence juridique. En effet, de nombreuses conséquences — en droit — peuvent être attachées aux démarches volontaires et plus particulièrement à l'adoption de codes de conduite, antérieurement évoquée. Il suffit pour s'en convaincre de faire référence à l'arrêt *Erika* dans lequel les juges se sont fondés sur un engagement purement volontaire d'une compagnie pétrolière pour engager sa responsabilité civile[6]. De nombreux autres fondements sont évoqués, en fonction de la qualité du demandeur à l'action, pour sanctionner le non-respect d'engagements pris de manière volontaire, en allant de la bonne foi aux pratiques commerciales trompeuses du Code de la consommation[7].

---

[1] F. Aumont, H. Mroz, S. Thibert-Belaman, « La vocation sociétale de l'entreprise : une stratégie gagnante ? », *JCP G.*, n° 40, 10 oct. 2022, spéc. n° 9.

[2] Défini par trois critères dits « ESG » (environnement, social, gouvernance).

[3] V. Mercier (dir.), « L'investissement socialement responsable : quelle crédibilité ? », *BJB.*, 30 sept. 2014, n° 09, p. 407.

[4] V. not. concernant la sensibilité contemporaine des investisseurs à la RSE E. Lamure, J. Le Nay, Rapport précité, spéc. p. 19.

[5] V. sur ce point J.-M. Moulin, « Les entreprises face au défi (enthousiasmant) du risque environnemental », *BJS.*, n° 07-08, p. 6.

[6] Cass., crim., 25 sept. 2012, n° 10-82.938 : *JurisData* n° 2012-021445 ; bull. crim., n° 198 ; *JCP E.*, 2012, act. 600 ; *JCl., Environnement et Développement durable*, Synthèse 890, Contentieux pénal de l'environnement.

[7] J. Ferrari, « Responsabilité sociétale des entreprises », *JurisClasseur Travail Traité*, 1-50, 14 fév. 2022, spéc. n° 65 et s.

Présence d'un altruisme calculé. Finalement, moins que le passage d'un libéralisme égoïste à un libéralisme altruiste[1], la démarche de RSE, dans sa conception volontaire originelle, illustrerait un *altruisme calculé*. La RSE s'inscrirait dans un mouvement d'« instrumentalisation utilitariste des valeurs morales »[2]. L'enjeu n'est pas de tomber dans une naïveté voyant dans les entreprises des parangons de vertu ; il s'agit plus de dire — sans idéalisation ni diabolisation — qu'il semble naturel *volens nolens* que des conséquences économiques directes ou indirectes soient recherchées par les entreprises adoptant spontanément une démarche de RSE. Cette recherche de retombées positives de la part de sociétés commerciales n'a *per se* rien d'illégitime.

Une RSE originelle décriée. Pourtant, la RSE — prise au prisme de sa nature volontaire originelle par l'élaboration de normes privées — est souvent décriée dans son principe, sans que ces critiques soient dénuées de tout lien avec « l'assimilation de l'État, de la contrainte et du droit »[3]. Autrement dit, la méfiance à l'égard du droit souple a tendance à rejaillir sur la RSE[4]. Ce concept ne serait-il qu'un outil de manipulation de l'opinion publique, un « leurre visant à masquer la recherche du profit dans une économie mondialisée » ? La RSE pourrait, selon certains, être assimilée à une forme de « cosmétique organisationnel »[5]. Pareillement, d'aucuns ont pu considérer que l'intégration volontaire de préoccupations sociales « évoquait les promesses d'ivrognes jurant à la cantonade qu'ils vont cesser de boire demain »[6]. À moins d'envisager le durcissement de la normativité

---

[1] C. Jourdain-Fortier, « Voyage au cœur de l'empathie : Rapport de synthèse sur la responsabilité sociale des entreprises », *RLDA.*, 2013/84 ; S. Brunengo-Basso, « Responsabilité sociale des entreprises et Médiation : l'éthique au cœur du développement durable », *in* C. Malecki (dir.), Dossier « La responsabilité sociale des entreprises », *Journ. sociétés* 2015, n° 135, p. 34.

[2] Expression utilisée par B. Oppetit, *Droit et modernité*, PUF, coll. « Doctrine juridique », 1998, spéc. p. 275.

[3] V. sur ce point P. Deumier, « Les sources de l'éthique des affaires. Codes de bonne conduite, chartes et autres règles éthiques », *in Libre droit. Mélanges en l'honneur du Professeur Le Tourneau*, Dalloz, Paris, 2007, spéc. p. 348.

[4] M. Tirel, « Prendre le droit de la RSE au sérieux », *BJS.*, n° 11, p. 41.

[5] V. pour l'exposé de ces critiques J.-P. Gond, J. Igalens, *op. cit.,* spéc. p. 49.

[6] A. Supiot, « Du nouveau self-service normatif : la responsabilité sociale des entreprises », *in Études offertes à J. Pélissier. Analyse juridique et valeurs en droit social*, Dalloz, 2004, spéc. p. 548.

comme prévu *ab initio*, peut-être de manière implicite et une fois l'acceptation acquise par le biais des procédés non contraignants, les critiques semblent avoir été entendues et trouvent à s'illustrer dans le changement conceptuel que sont en train de subir les instruments émanant de la RSE ; en effet, ceux-ci se voient saisis par l'ordre juridique traditionnel (II).

II- La RSE, élévation en une démarche encadrée

La réception — par la contrainte — du concept souple de RSE sera envisagée (A) avant que n'en soient présentées cette fois-ci les conséquences incertaines (B).

A) Un concept souple réceptionné par une approche contraignante

Les deux visages du Janus. Le législateur se saisit de la RSE par une opération à différentes facettes, autant par des mouvements incitatifs que purement contraignants.

Réception de la RSE par le législateur : exemples incitatifs. Le législateur introduit la RSE, de manière incitative premièrement ; dans ce cadre, il propose directement aux entreprises d'adopter des démarches volontaires. En effet, le droit des sociétés vient à évoluer sous l'impulsion de la RSE, notamment par l'adoption de la loi PACTE[1], à destination de toutes les sociétés par définition. À l'alinéa premier de l'article 1833 du Code civil selon lequel « toute société doit avoir un objet licite et être constituée dans l'intérêt commun des associés », un second a été modifié pour disposer dorénavant que « la société est gérée dans son intérêt social, en prenant en considération les enjeux sociaux et environnementaux de son activité ». Dans le même

[1] Loi n° 2019-486 du 22 mai 2019 relative à la croissance et la transformation des entreprises.

ordre d'idées, cette loi permet — de manière facultative — de préciser dans les statuts de la société « une raison d'être, constituée des principes dont la société se dote et pour le respect desquels elle entend affecter des moyens dans la réalisation de son activité ». Enfin, un nouveau statut a été créé et inséré dans le Code de commerce à l'article L. 210-10. Une société commerciale peut faire publiquement état de la qualité de « société à mission » à la condition de respecter plusieurs critères[1]. Ces trois dispositifs ont été présentés lors des travaux parlementaires comme formant les trois étages d'une même fusée[2] impliquant un engagement *crescendo* de la part des sociétés concernées.

Réception de la RSE par le législateur : exemples contraignants. Le législateur ne se contente pas d'inciter les sociétés à adopter certains instruments extérieurs à la poursuite de leur activité principale sur la base du volontariat puisque dans un second temps, des instruments de RSE sont saisis cette fois de manière contraignante par celui-là. Tel est le sens de la loi NRE[3]. Dans ce cadre et pour les sociétés cotées, le rapport annuel de gestion présenté par le conseil d'administration ou le directoire doit comprendre « des informations sur la manière dont la société prend en compte les conséquences sociales et environnementales de son activité ». Cette disposition a été modifiée à plusieurs reprises, notamment par la loi du 12 juillet 2010 dite « Grenelle II » et par celle datant de 2017 instaurant une déclaration de performance extra-financière. L'évolution de l'information sociale et environnementale semble aller dans le sens d'une extension des données à fournir et d'un abaissement des seuils à partir desquels une société est concernée[4]. Le souhait que « l'information extra-financière trouve à terme un statut comparable à celui de l'information financière »[5] se fera certainement jour.

---

[1] Les statuts doivent notamment préciser une raison d'être au sens de l'article 1835 du Code civil et afficher un ou plusieurs objectifs sociaux et environnementaux que la société se donne pour mission de poursuivre dans le cadre de son activité.

[2] Expression utilisée par le rapporteur général à l'Assemblée nationale, R. Lescure.

[3] Loi n° 2001-420 du 15 mai 2001 relative aux nouvelles régulations économiques.

[4] V. sur cette évolution P. Le Cannu, B. Dondero, *Droit des sociétés*, LGDJ, coll. « Précis Domat », 9e éd., 2022, spéc. n° 1268.

[5] B. Le Maire, Lettre de mission adressée au président de l'Autorité des normes comptables relative au « développement des standards de rapportage extra-financier des entreprises au niveau international et européen », 15 janv. 2019.

De plus et après plusieurs tentatives parlementaires vaines, le législateur a instauré en 2017, à l'article L. 225-102-4 du Code de commerce, un devoir de vigilance pesant sur les sociétés mères et les entreprises donneuses d'ordre[1]. Celles-ci sont contraintes d'établir, de publier et de mettre en œuvre un plan de vigilance qui identifie et prévient les atteintes graves envers les droits humains et les libertés fondamentales, la santé et la sécurité des personnes et l'environnement. Cette loi a récemment été accompagnée par une proposition de directive européenne instaurant également un devoir de vigilance en matière de durabilité présentée par la Commission européenne le 23 février 2022[2]. Celle-ci propose de poser une règle générale à la manière du législateur français, mais elle est accompagnée d'une obligation de vigilance renforcée concernant certains secteurs particulièrement considérés à risque, dans un spectre social ou environnemental. C'est le cas parmi d'autres de l'industrie textile ou de l'extraction de ressources minérales. Cette proposition reste malgré tout assez vague, mais en l'état, un plus grand nombre de sociétés seraient concernées en comparaison à la loi française, les seuils fixés étant bien plus bas, quoique les sociétés les plus importantes continueraient d'être les seules impliquées, les petites et moyennes entreprises ne relevant pas — directement — de ladite proposition[3].

Réception de la RSE par le droit traditionnel. Il appert que la période contemporaine assiste à une réception de la RSE par les instruments juridiques traditionnels. Au-delà des mesures prises par les entreprises de leur propre initiative et de celles prises par certains États comme la France, la Commission européenne considère que « des

---

[1] Loi n° 2017-399 du 27 mars 2017 relative au devoir de vigilance des sociétés mères et des entreprises donneuses d'ordres. C. com., art. L. 225-102-4 : « Toute société qui emploie, à la clôture de deux exercices consécutifs, au moins cinq mille salariés en son sein et dans ses filiales directes ou indirectes dont le siège social est fixé sur le territoire français, ou au moins dix mille salariés en son sein et dans ses filiales directes ou indirectes dont le siège social est fixé sur le territoire français ou à l'étranger, établit et met en œuvre de manière effective un plan de vigilance ».

[2] La proposition va être soumise à l'approbation du Parlement européen et du Conseil. Les États membres auront deux ans pour transposer en droit interne la directive adoptée.

[3] V. cependant les critiques pouvant être faites à cette proposition de directive concernant les atteintes à l'environnement T. Bounfour, « Les atteintes à l'environnement dans la proposition de directive sur le devoir de vigilance des entreprises », *Dalloz actu.*, 5 déc. 2022.

améliorations à grande échelle, difficiles à obtenir au moyen de mesures volontaires, sont toutefois nécessaires »[1]. La RSE, notamment par la loi française de 2017 instaurant un devoir de vigilance, semble abandonner la conception purement volontariste et incitative pour adopter une conception légale assortie d'une possibilité de sanctions[2]. Autrement dit, à défaut d'une préoccupation franche des entreprises pour autrui, même intéressée, les pouvoirs publics réceptionnent les outils traditionnels de la RSE, sans pour autant que cette métamorphose entraîne des conséquences certaines (B).

B) Les conséquences incertaines de l'engagement encadré

Sanctions du devoir de vigilance : clarté ou obscurité ? Des sanctions préventives et curatives sont prévues quant à la méconnaissance de ce devoir, pouvant être vu comme la consécration la plus importante de la RSE dans le droit traditionnel. En effet, il ne s'agit pas d'une incitation opérée par le législateur. D'ailleurs, depuis 2021[3], les entreprises soumises au devoir de vigilance — mais défaillantes à ce titre — pourront se voir exclues de la procédure de passation d'un marché public ou d'un contrat de concession publique. Les sociétés assujetties audit devoir sont susceptibles d'être mises en demeure de concevoir, publier et mettre en œuvre un plan de vigilance.

---

[1] Communiqué de presse de la Commission européenne, « Une économie juste et durable : la Commission établit des règles relatives au respect des droits de l'homme et de l'environnement par les entreprises dans les chaînes de valeur mondiales », Bruxelles, 23 fév. 2022.

[2] P.-L. Perin, F. Flatres, « Le régime des sanctions associées au devoir de vigilance des grandes entreprises : la loi du 27 mars 2017 et au-delà », *Dr. Soc.*, n° 11, nov. 2022, étude 9, spéc. n° 21 ; v. également sur la « concrétisation de ces valeurs sociales » par le droit dur A.-V. Le Fur, « Intérêt et raison d'être de l'entreprise : quelle articulation avec les buts monumentaux de la compliance ? », *in* M.-A. Frison-Roche (dir.), *Les buts monumentaux de la compliance*, Dalloz, coll. « Thèmes & commentaires », 2022, spéc. p. 57.

[3] Loi n° 2021-1104 du 22 août 2021 portant lutte contre le dérèglement climatique et renforcement de la résilience face à ses effets.

Si elles n'y satisfont pas dans un délai de trois mois à compter de celle-ci, elles peuvent se voir enjoindre de les respecter sous astreinte par la juridiction compétente, y compris en référé[1]. Elles peuvent également voir leur responsabilité civile engagée sur le fondement du droit commun[2].

Incertitudes quant à l'effectivité de l'accès à la réparation. Les preuves d'une faute, d'un dommage et d'un lien de causalité entre les deux devront par conséquent être rapportées. Le manquement pourra certainement s'illustrer par l'absence de plan de vigilance ou par l'absence de conformité dudit plan aux objectifs de la loi. Les juges devront préciser les termes obscurs de ces dispositions quoiqu'*a priori*, rapporter la preuve d'un tel manquement ne paraisse pas aisé. D'ailleurs, le caractère abscons desdits termes est à l'origine de la validation opérée en demi-teinte par le Conseil constitutionnel. Il a validé le volet portant sur l'engagement de la responsabilité civile de droit commun en précisant que cette loi ne porte pas atteinte au principe de responsabilité, car les dispositions en cause n'instaurent pas un régime de responsabilité du fait d'autrui. Également et surtout, une amende civile d'un montant maximal de dix millions d'euros était à l'origine prévue. Elle a cependant été considérée comme inconstitutionnelle « compte tenu de la généralité des termes que [le législateur] a employés, du caractère large et indéterminé de la mention des "droits humains" et des "libertés fondamentales" et du périmètre des sociétés, entreprises et activités entrant dans le champ du plan de vigilance qu'il instituait »[3].

À côté de la difficulté à établir un manquement, une autre proviendra certainement de la difficulté à établir le rapport causal entre ledit manquement et le dommage puisque là encore, la loi n'a été déclarée constitutionnelle qu'en raison du renvoi sans ambages au droit commun des articles 1240 et 1241 du Code civil et dès lors de l'établissement d'un lien de causalité « direct »[4]. Il faudra par exemple prouver que le fait de ne pas avoir établi une cartographie des risques constitue la cause du dommage. Aucune décision n'a encore été rendue sur le fond, mais de nombreuses interrogations demeurent quant à

---

[1] C. com., art. L.225-102-4 II.
[2] C. com., art. L.225-102-5.
[3] Cons. const., 23 mars 2017, n° 2017-750 DC, spéc. cons. 13.
[4] Cons. const., 23 mars 2017, n° 2017-750 DC, spéc. cons. 27.

l'effectivité de l'accès à la réparation pour les demandeurs et montrent que « le fossé se creuse entre le droit incantatoire issu des débats parlementaires, et la réalité plus prosaïque vécue par les entreprises et les administrations »[1].

Incertitudes entourant l'introduction de la RSE dans le droit commun des sociétés. Une attitude encore plus circonspecte peut être adoptée concernant les conséquences de l'introduction des instruments de RSE dans le droit commun des sociétés[2]. La raison d'être de l'article 1835 du Code civil — notion « mystérieuse » qui « renverrait à une dimension transcendante qui dépasse la vision court-termiste et la recherche du profit pour tendre vers la satisfaction d'un intérêt collectif »[3] — n'est que suggérée. Son inscription dans les statuts n'est donc qu'une simple faculté. De plus, la nécessité d'une gestion conforme à l'intérêt social prenant en considération les enjeux sociaux et environnementaux de l'activité n'est que relative puisque l'article 1844-10 du Code civil exclut l'alinéa afférent à l'intérêt social du champ d'application des nullités[4]. Il en va de même pour la raison d'être. Bien que facultative, le choix de l'inscrire dans le statut obligera la société à s'y conformer, mais dans le même temps et toujours au regard de l'article susvisé, la nullité ne pourra en aucun cas résulter de ce fondement. Autrement dit, le législateur a fait le choix d'introduire ces deux standards dans le droit commun des sociétés du Code civil en veillant à en limiter certains effets. Accessoirement pourtant, l'inclusion des enjeux sociaux et environnementaux comme éléments de l'intérêt social pourrait être utilisée par le juge dans l'engagement de la responsabilité civile. Il est possible d'imaginer une prise de décision

---

[1] P.-L. Perin, F. Flatres, art. préc., spéc. n° 21.

[2] V. not. sur l'intérêt social et la raison d'être F.-X. Lucas, « Regard critique sur l'intérêt social et la raison d'être de la société », *BJS.*, 2018. 477 ; A. Tadros, « Regard critique sur l'intérêt social et la raison d'être de la société dans le projet de loi Pacte », *D.*, 2018. 1765 ; M. Roussille, « Projet de loi Pacte : quel impact ? Réflexion sur la consécration de l'intérêt social et de la raison d'être de la société », *Dr. soc.*, n° 8-9, août 2018, étude 10 ; D. Schmidt, « La loi Pacte et l'intérêt social », *D.*, 2019. 633 ; D. Poracchia, « De l'intérêt social à la raison d'être des sociétés », *BJS.*, 2019. 13.

[3] A.-V. Le Fur, art. préc., *in* M.-A. Frison-Roche (dir.), *op. cit.,* spéc. p. 56.

[4] La formulation est également à souligner. La « prise en considération » semble mettre en exergue une hiérarchie entre l'intérêt social et les enjeux sociaux et environnementaux.

profitable pour la société, mais critiquable au regard desdits enjeux[1]. Cette situation est susceptible de porter atteinte à la sécurité juridique étant entendu qu'il est « difficile de trouver un critérium plus vague et indécis que celui des enjeux sociaux et environnementaux »[2].

Contiguïté accessoire des sanctions. Quoi qu'il en soit, les instruments de RSE saisis par le droit traditionnel retrouvent peu ou prou les sanctions qui étaient celles de leur mise en œuvre volontaire par les entreprises. À titre d'illustration, il est légitime de se demander quelle image renverrait une société qui fait le choix de ne pas se doter d'une raison d'être. Également, la déclaration de performance extra-financière peut être au service de la communication de l'entreprise[3]. Tout autant, de l'aveu du législateur concernant la loi afférente au devoir de vigilance, celle-ci représenterait une opportunité et l'élaboration d'un plan dans ce cadre constituerait « la vitrine des engagements éthiques et environnementaux des entreprises »[4].

Mixité entre altruisme calculé et altruisme contraint. Finalement, d'une démarche purement volontaire, certes intéressée, mais possédant des conséquences certaines et sévères, quand bien même seraient-elles extra-juridiques, la RSE vient à être saisie par les

---

[1] V. sur ce point E. Gicquiaud, « Focus sur l'intérêt social et la raison d'être des sociétés : les standards de la loi PACTE », *LPA*., 23 nov. 2020, p. 13.

[2] F. Deboissy, G. Wicker, « Définition et rôle de l'intérêt social : le projet de loi Pacte ou la difficulté de développer une communication politique en jouant sur les règles techniques », *JCP E*., n° 13, 28 mars 2019 ; v. également sur ce risque A.-V. Le Fur, art. préc., *in* M.-A. Frison-Roche, *op. cit*., spéc. p. 64/65 : plus encore, l'auteur se questionne, d'un point de vue juridique, sur le fait de savoir « comment reprocher aux dirigeants sociaux d'avoir fait primer l'intérêt de la société sur des considérations sociales ou environnementales ? Comment leur faire grief de décider d'un plan social, de lancer une production essentielle malgré l'impact environnemental, si cela est nécessaire pour préserver l'activité et la pérennité de l'entreprise ? ».

[3] B. Teyssié, « La déclaration de performance extra-financière », *JCP E*., n° 28, 15 juil. 2021, spéc. n° 4 : l'auteur vise la période contemporaine comme « un temps où la mise en lumière des actions qu'elle conduit au nom de sa responsabilité sociale et sociétale est un instrument de séduction des consommateurs, des pouvoirs publics, dispensateurs d'aides, marchés ou autorisations, d'investisseurs ou de partenaires commerciaux préoccupés d'éthique ».

[4] O. Claude, L. Meziani, « Devoir de vigilance et greenwashing », *in* Dossier « Le devoir de vigilance : une obligation juridique en construction », *CDE*., n° 5, sept/oct. 2022, p. 27.

instruments de droit traditionnel[1] imposant une « contrainte graduée »[2], allant de l'incitation benoîte à adopter volontairement un comportement vertueux au pur devoir, sans pour autant que les conséquences de cette réception ne soient encore réellement cernées. Il convient néanmoins de se demander — après d'autres — s'il est certain, dans l'hypothèse où les entreprises ne devaient plus s'engager de manière spontanée dans une RSE devenue très contraignante, que le droit traditionnel s'y substituant serait capable d'assurer une protection plus effective des droits fondamentaux[3]. La moins mauvaise des solutions ne résiderait-elle pas dans une démarche altruiste des entreprises — leur permettant de porter une réflexion sur la nécessité de rendre compatibles les intérêts des différentes parties prenantes et ainsi d'envisager un « nouveau contrat social »[4] — quand bien même celle-ci serait calculée ? Puisqu'en tout état de cause, les motivations des actes importent moins que la solution résidant dans la réalisation d'objectifs du Droit, étant entendu qu'« en fait, il est absolument impossible de cerner par expérience avec une complète certitude un seul cas où la maxime d'une action par ailleurs conforme au devoir ait reposé purement et simplement sur des principes moraux et sur la représentation du devoir »[5].

---

[1] V. sur ce point C. Malecki, *Responsabilité sociale des entreprises. Perspectives de la gouvernance d'entreprise durable*, LGDJ, coll. « Droit des affaires », 2014, spéc. p. 18. L'auteur met en exergue la contrainte ayant succédé aux initiatives « donnant un subtil mélange d'une "norme d'un genre inédit" ».

[2] Expression utilisée par M. Tirel, art. préc.

[3] P. Deumier, « La responsabilité sociétale de l'entreprise et les droits fondamentaux », *D.*, 2013. 1564 ; dans le même ordre de réflexion P. Berlioz, « Droit souple ou droit dur, un (non) choix lourd de conséquences », *Rev. Soc.*, 2018. 644, spéc. n° 13 pour qui la RSE pourrait « y perdre sa force, sans y gagner en efficacité ».

[4] B. Siadou-Martin, A. Mione, J.-M. Ferrandi, M.-C. Lichtle, « Le marketing responsable, de la compréhension à l'action », *The Conversation*, 30 nov. 2022 : https://theconversation.com/le-marketing-responsable-de-la-comprehension-a-laction-194762 (consulté le 12/12/2022).

[5] E. Kant, *Métaphysique des mœurs. La fondation*, 1785, Flammarion, 1994, spéc. p. 78.

PROPOS CONCLUSIFS

Solenne Hortala

Maître de conférences à l'Université Toulouse Capitole

Institut de Droit Privé

Après avoir introduit, il y a quelques années, le premier colloque de l'ADIDP, qui portait alors sur le thème *Désir(s) et droit*, il m'est offert par les organisateurs du colloque *Altruisme et Droit* d'apporter quelques mots de conclusion à l'issue de cette passionnante journée d'étude et je tiens à les en remercier chaleureusement.

Même si le concept est plus ancien, le terme d'altruisme est un néologisme initié par Auguste Comte au milieu de XIXe siècle[1], en opposition à l'égoïsme, au sein d'un ouvrage intitulé *Système de politique positive ou Traité de sociologie instituant la Religion de l'Humanité*. Le terme n'a donc rien de juridique. Cette « disposition à se soucier d'autrui de façon désintéressée »[2] renvoie bien plus à une morale, laquelle est d'ailleurs souvent religieuse (les religions monothéistes voyant dans l'amour du prochain un principe fondateur). Quelle peut être alors la relation entretenue par le droit avec l'altruisme ? C'est la question à laquelle chacun des intervenants de ce colloque a tenté de répondre.

Nombre d'entre eux ont souligné la difficile, si ce n'est l'impossible conciliation entre ces deux termes. « L'altruisme, dans le sens qui lui est communément donné, n'existe [...] pas juridiquement »,[3] indique Alexandre Charpy dès son introduction.

---

[1] V. A. Comte, Système de politique positive ou Traité de sociologie instituant la Religion de l'Humanité, T. I, 1851.
[2] J. Julien, « Propos introductifs », v. *supra*.
[3] A. Charpy, « Le médecin a-t-il un devoir d'altruisme ? », v. *supra*.

D'autres intervenants, plus optimistes, voient des manifestations évidentes de l'altruisme dans le droit, mais nuancent très rapidement leur propos, peinant à identifier un véritable altruisme sur le plan juridique. Clément Mimran souligne : « L'altruisme de la donation ne ferait guère de doute, d'autant plus lorsqu'elle porte sur un organe. Seulement, à bien y réfléchir, et dans une seconde approche, l'évidence disparaît et laisse place au doute. »[1]

La lecture des actes du présent colloque pourrait donc laisser sans réponse le questionnement relatif aux relations entre l'altruisme et le droit, mais à y regarder de plus près, s'impose une distinction entre l'altruisme pur et l'altruisme impur. C'est d'ailleurs cette distinction qui a permis à l'altruisme de pénétrer la matière économique, seul l'altruisme impur – autrement dit celui ayant perdu sa valeur morale – pouvant être défini économiquement[2]. Il apparaît qu'il en va de même pour la matière juridique. Si l'altruisme pur n'existe pas (I), les manifestations d'un altruisme impur peuvent être prises en compte par le droit (II).

I- L'altruisme pur n'existe pas juridiquement

Il est difficile de concevoir en droit un pur altruisme, la matière juridique étant peu encline à la prise en compte de cette volonté de se soucier d'autrui de manière désintéressée. D'une part, car le désintéressement ne saurait être confondu avec la gratuité et d'autre part, car cet autrui, sujet de l'altruisme, doit être entendu de manière restrictive.

La gratuité n'est pas nécessairement signe d'altruisme. Cette assertion a été mise en évidence par plusieurs des intervenants de cette journée d'étude. Aussi, si les actes à titre gratuit sont connus du droit, ils n'induisent pas nécessairement l'existence d'un sentiment altruiste :

---

[1] C. Mimran, « Le don d'organe », v. *supra*.

[2] V. en ce sens : F.-R. Mahieu et H. Rapoport, « Avant-propos » *in* F.-R. Mahieu et H. Rapoport (dir.), *Altruisme. Analyses économiques*, Economica, 1998, p. 5.

« un acte gratuit peut s'accompagner de sécheresse de cœur »[1] indiquait déjà le Doyen Cornu.

Ainsi, le prêt à usage n'est pas toujours aussi désintéressé qu'il y paraît, malgré sa gratuité. Il suffit de penser à « la mise à disposition gratuite des caddies au supermarché ou encore [au] prêt de cuve aux pompistes. »[2] Plus largement, les relations entre les acteurs économiques se montrent peu propices à tout altruisme. L'altruisme affiché par certaines sociétés s'engageant dans une démarche RSE ne serait ainsi qu'un « altruisme calculé »,[3] souligne Charline Lacrampe-Moine. Le prisme utilitaire des actions réalisées par ces acteurs exclut l'existence d'un altruisme pur dans la mesure où les sociétés agissent dans l'espoir de l'obtention d'une contrepartie future.

À l'inverse, le caractère onéreux d'un acte ne saurait nécessairement être antonyme de désintéressement dès lors que le service rendu ne s'inscrit pas dans un esprit de lucre. C'est par exemple le cas de l'art médical qui, s'il doit être exercé de manière désintéressée, n'exclut pas l'existence d'honoraires au profit du médecin[4].

Si la gratuité est bien connue du droit, elle ne saurait donc être entendue comme synonyme d'altruisme. De même l'*autre*, ce sujet vers qui est orienté le comportement altruiste, ne peut s'entendre, dans une conception pure de l'altruisme, que comme un individu au singulier.

La singularité du sujet de l'altruisme. Autrui, ce destinataire de l'acte altruiste, doit être conjugué au singulier. En effet, la prise en compte de cet autre que moi suppose l'exclusion complète du « Je » et de ses intérêts pour caractériser l'altruisme. Dès lors, lorsque le droit européen se réfère, comme le souligne Evgeniia Volkova, à l' « altruisme en matière de données »[5] pour « encadrer le partage volontaire de données à caractère personnel […] à des fins d'intérêt général, telles que l'amélioration de la mobilité ou des services

---

[1] G. Cornu « Du sentiment en droit civil », *L'art du droit en quête de sagesse*, PUF, coll. Doctrine juridique, 1998, p. 71 ; cité par C. Borrel, « Altruisme et relation contractuelle », v. *supra*.

[2] C. Borrel, *op. cit.*

[3] C. Lacrampe-Moine, « La conduite altruiste de la grande entreprise : une gageure ? », v. supra.

[4] A. Charpy, *op. cit.*

[5] Règlement (UE) 2022/868 du Parlement européen et du Conseil du 30 mai 2022 portant sur la gouvernance européenne des données et modifiant le règlement (UE) 2018/1724.

publics »[1] peut-on vraiment parler d'altruisme ? Ou faut-il plutôt considérer avec Claire Borrel que « l'intérêt général […] sert tout le monde et personne à la fois et en ce sens, il est inévitable que le philanthrope ou le mécène bénéficie de répercussions positives »[2] ? Dans une conception pure de l'altruisme, un acte effectué dans l'intérêt général ne saurait être confondu avec un acte altruiste. À nouveau, cette vision restrictive de l'altruisme conduit à exclure du champ de l'étude un grand nombre de comportements pris en compte par le droit. Le ministère public qui met en œuvre l'action publique en vue de la condamnation d'une infraction agit donc dans l'intérêt général et non dans un but purement altruiste[3]. Plus largement, dès lors qu'un individu trouve un intérêt dans son action, il ne saurait agir de façon totalement désintéressée, même si son comportement bénéficie plus largement à un collectif. L'article L. 2132-3 du code du travail l'illustre parfaitement lorsqu'il énonce que les syndicats professionnels « peuvent, devant toutes les juridictions, exercer tous les droits réservés à la partie civile concernant les faits portant un préjudice direct ou indirect à l'intérêt collectif de la profession qu'ils représentent. ». Et même au-delà, lorsqu'il s'agit de défendre la sauvegarde d'une addition d'intérêts individuels, l'altruisme pur ne peut pas être caractérisé si aisément. Ainsi, l'association dont l'objet est d'assurer la défense collective des intérêts individuels de ses membres n'aurait pas une démarche purement altruiste dès lors qu'elle a aussi « un intérêt personnel à agir dans la mesure où les préjudices dont souffrent ses membres rejaillissent sur la collectivité qu'elle aspire à représenter en portant atteinte à son objet social »[4].

Il semble donc bien que l'altruisme pur n'existe pas juridiquement et la journée d'étude aurait pu s'achever sur cette note pessimiste. C'était cependant sans compter sur la pugnacité de l'ensemble de nos intervenants qui sont partis en quête d'un altruisme moins rigoureux. En effet, comme l'indique Abélisse Pinchon, retenir une « conception sacrificielle de l'altruisme, fondée sur un pur

---

[1] E. Volkova, « L'appréhension de l'altruisme en matière de données urbaines », v. *supra*.

[2] C. Borrel, *op. cit.*

[3] V. contra : L. Pelissier, « L'altruisme des associations en droit processuel », v. *supra*.

[4] L. Cadiet et E. Jeuland, *Droit judiciaire privé*, 11e éd., LexisNexis, coll. Manuels, 2020, §371.

désintéressement au profit des intérêts de l'Autre, réduit la manifestation d'actes altruistes à quelques occasions sporadiques, pour ne pas dire rarissimes. »[1] Finalement, si l'altruisme pur n'existe pas juridiquement, c'est peut-être, tout simplement, car l'altruisme pur n'existe pas. La Rochefoucauld n'affirmait-il pas déjà au XVIIe siècle que « L'intérêt parle toutes sortes de langues, et joue toutes sortes de personnages, même celui de désintéressé »[2] ?

Il faut donc, avec les participants de ce colloque, partir en quête des manifestations d'un altruisme impur afin de voir comment ces dernières sont saisies par le droit.

II- Les manifestations de l'altruisme impur sont prises en compte par le droit

Une fois acceptée une vision moins rigoureuse de l'altruisme, il faut distinguer sa part intériorisée de son extériorisation. Seule cette dernière peut être prise en compte par la matière juridique qui ne saurait sonder les cœurs. La dimension psychologique de l'altruisme se révèle toutefois, en droit, par l'expression d'une volonté. À défaut de volonté, point d'altruisme, ce dernier ne pouvant être contraint. C'est pourquoi, par exemple, la journée dite « de solidarité » ne peut être considérée comme un acte altruiste[3]. Condition *sine qua non* à l'altruisme, la volonté doit encore prendre corps dans des agissements pour être saisie par le droit, ce dernier pouvant alors intervenir soit pour encadrer les comportements altruistes, soit pour les encourager.

La limitation de l'altruisme par le droit. Il faut d'abord souligner que la matière juridique n'est pas la seule à venir limiter les actes altruistes. Ce sont parfois des éléments bien plus prosaïques qui lui font obstacle. En ce sens, même si l'altruisme peut apparaître de

---

[1] A. Pinchon, « Le financement participatif par prêt : une régulation altruiste de l'économie par le droit ? », v. *supra*.

[2] F. de La Rochefoucauld, Réflexions ou Sentences et maximes morales, 1665, maxime 39.

[3] V. en ce sens : M. Grange, « L'altruisme dans les relations individuelles de travail », v. *supra*.

prime abord « omniprésent dans la représentation du salarié »[1], Pierre Raynaud souligne rapidement que « le financement notamment des syndicats constitue le principal frein à une action syndicale altruiste. »[2]

Quant au droit, il vient souvent poser des conditions à l'altruisme. Par exemple, Loïc Pelissier démontre que « l'État garde un certain contrôle sur [l]es actions processuelles menées par les associations »[3], que ce soit indirectement par l'attribution d'un agrément leur donnant qualité pour agir ou plus directement en décidant de leur dissolution[4]. De même, le droit vient limiter l'altruisme du donneur d'organe en déterminant plusieurs conditions à ce don : le donateur doit avoir la capacité de disposer d'un organe, il doit survivre à ce don et il doit prouver l'existence d'un lien affectif particulier avec le receveur[5].

L'altruisme peut encore se voir encadrer en imposant des obligations en vue de protéger les acteurs altruistes. On peut, en ce sens, songer aux plateformes de financement participatif qui sont tenues à des obligations de vigilance, d'information et de mise en garde afin de limiter les risques auxquels s'exposent les prêteurs et porteurs de projets[6].

Parfois et paradoxalement, le droit ne vient pas tant encadrer l'altruisme que le chasser. La création de la Sécurité sociale a ainsi eu pour conséquence indirecte de réduire la plupart du temps à néant l'altruisme des médecins qui soignaient les patients désargentés[7]. De même, le développement important de la législation bancaire tend à faire perdre au financement participatif par prêt tout caractère altruiste[8].

Heureusement la matière juridique n'est pas toujours hostile à l'altruisme et nos intervenants ont également montré qu'elle peut, au contraire, l'encourager.

L'encouragement de l'altruisme par le droit. C'est parfois par son contenu que la matière juridique favorise un certain altruisme ou du moins tempère l'égoïsme. De nombreux standards juridiques

---

[1] P. Raynaud, « Représentation du salarié et altruisme », v. *supra*.
[2] *Ibid.*
[3] L. Pelissier, *op. cit.*
[4] Ibid.
[5] C. Mimran, *op. cit.*
[6] A. Pinchon, *op. cit.*
[7] V. en ce sens : A. Charpy, *op. cit.*
[8] A. Pinchon, *op. cit.*

incitent à la prise en compte des intérêts d'autrui. Il suffit de penser à la bonne foi dans les relations contractuelles ou à l'intérêt supérieur de l'enfant. Ce dernier a d'ailleurs été qualifié par Marc Benoist de « compas altruiste »[1] pour la Cour européenne des droits de l'Homme dans la résolution du contentieux de l'adoption.

Le droit encourage encore l'altruisme par la mise en œuvre d'un régime juridique favorable à celui qui adopte un comportement altruiste. C'est le cas avec le régime juridique de la convention d'assistance bénévole développé par la jurisprudence de la Cour de cassation en faveur principalement de l'assistant-bénévole[2] ou avec celui applicable aux représentants des salariés qui bénéficient du statut de salariés protégés[3].

Plus directement, les acteurs sont parfois incités à un comportement altruiste comme en matière de RSE où de nombreuses normes, notamment de droit souple, ont invité les entreprises à adopter une attitude moins égoïste, le législateur français ayant même récemment adopté des instruments plus contraignants à l'égard de plusieurs types de sociétés[4].

Enfin, la pratique altruiste est également accompagnée par le droit au point que certaines matières juridiques acquièrent, comme l'indique Maëlys Grange s'agissant du droit du travail, « une nouvelle fonction : le "développement des comportements orientés vers autrui" »[5]. Il existe effectivement en droit social, depuis 2014, une législation permettant le don de jours de congés payés ou de certains jours de repos entre salariés d'une même entreprise et, plus récemment, la possibilité de faire des dons s'est élargie en dehors de la sphère de l'entreprise afin d'autoriser les dons de chèques vacances aux personnels des secteurs sanitaire et médical[6].

Au regard des manifestations de l'altruisme prises en compte par la matière juridique, le lecteur pourrait conserver un goût d'inachevé. Seul l'altruisme dans une conception atténuée, impure, peut

---

[1] M. Benoist, « Altruisme ou égoïsme ? L'intérêt supérieur de l'enfant appliqué à l'adoption devant la CEDH », v. *supra*.

[2] V. C. Borrel, *op. cit.* et les nuances également rappelées par l'auteur, le régime prétorien n'ignorant pas la faute de l'assistant bénévole.

[3] V. P. Raynaud, *op. cit.*

[4] V. C. Lacrampe-Moine, *op. cit.*

[5] M. Grange, *op. cit.*

[6] Ibid.

être saisi par le droit. Ce serait toutefois une erreur de rester sur cette impression. L'altruisme pur suppose de sonder les âmes, les motivations profondes des sujets de droit, ce qui est évidemment impossible. L'être humain est complexe et ses motivations sont souvent plurielles, mais « quand des motivations multiples coexistent, la motivation altruiste trouve également sa place parmi les autres »[1]. Le droit aurait alors tort d'ignorer son existence et c'est ce que nos intervenants ont brillamment démontré.

---

[1] H. Viciana, « Altruisme », *in* G. Origgi (dir), *Passions sociales*, PUF, 2019, p. 14.

TABLE DES MATIERES

Structures éditoriales du groupe L'Harmattan

L'Harmattan Italie
Via degli Artisti, 15
10124 Torino
harmattan.italia@gmail.com

L'Harmattan Hongrie
Kossuth l. u. 14-16.
1053 Budapest
harmattan@harmattan.hu

L'Harmattan Sénégal
10 VDN en face Mermoz
BP 45034 Dakar-Fann
senharmattan@gmail.com

L'Harmattan Cameroun
TSINGA/FECAFOOT
BP 11486 Yaoundé
inkoukam@gmail.com

L'Harmattan Burkina Faso
Achille Somé – tengnule@hotmail.fr

L'Harmattan Guinée
Almamya, rue KA 028 OKB Agency
BP 3470 Conakry
harmattanguinee@yahoo.fr

L'Harmattan RDC
185, avenue Nyangwe
Commune de Lingwala – Kinshasa
matangilamusadila@yahoo.fr

L'Harmattan Congo
67, boulevard Denis-Sassou-N'Guesso
BP 2874 Brazzaville
harmattan.congo@yahoo.fr

L'Harmattan Mali
ACI 2000 - Immeuble Mgr Jean Marie Cisse
Bureau 10
BP 145 Bamako-Mali
mali@harmattan.fr

L'Harmattan Togo
Djidjole – Lomé
Maison Amela
face EPP BATOME
ddamela@aol.com

L'Harmattan Côte d'Ivoire
Résidence Karl – Cité des Arts
Abidjan-Cocody
03 BP 1588 Abidjan
espace_harmattan.ci@hotmail.fr

Nos librairies en France

Librairie internationale
16, rue des Écoles
75005 Paris
librairie.internationale@harmattan.fr
01 40 46 79 11
www.librairieharmattan.com

Librairie des savoirs
21, rue des Écoles
75005 Paris
librairie.sh@harmattan.fr
01 46 34 13 71
www.librairieharmattansh.com

Librairie Le Lucernaire
53, rue Notre-Dame-des-Champs
75006 Paris
librairie@lucernaire.fr
01 42 22 67 13

www.ingramcontent.com/pod-product-compliance
Lightning Source LLC
LaVergne TN
LVHW011038061026
849535LV00006B/2082
* 9 7 8 2 3 3 6 4 0 3 8 3 0 *